Ian Millthorpe
mit Lynne Barrett-Lee

Kein Tag ohne dich

Über den Autor:

Ian Millthorpe ist geboren und aufgewachsen in einem Bergbaugebiet in South Yorkshire, England. Ian stammt aus einer Bergbaufamilie. Nach 26 Jahren unter Tage musste er seinen Beruf aus gesundheitlichen Gründen aufgeben. Seit Angies Tod im Oktober 2010 ist Ian Vollzeitvater für seine 8 Kinder.

Ian Millthorpe
mit Lynne Barrett-Lee

Kein Tag ohne dich
Vom Abschied einer Mutter

Aus dem Englischen übersetzt
von Ulrike Werner-Richter

BASTEI LÜBBE TASCHENBUCH
Band 60815

Dieser Titel ist auch als E-Book erschienen

Vollständige Taschenbuchausgabe

Deutsche Erstausgabe

Für die Originalausgabe:
Copyright © 2013 by Ian Millthorpe und Lynne Barrett-Lee
Published by Arrangement with Simon & Schuster UK Ltd., London, UK
Titel der englischen Originalausgabe:
»Mum's Way. Angie's courage and her life lessons, remembered
by the husband and eight children she left behind«
Dieses Werk wurde vermittelt durch die literarische Agentur
Thomas Schlück GmbH, 30827 Garbsen

Für die deutschsprachige Ausgabe:
Copyright © 2014 by Bastei Lübbe AG, Köln
Textredaktion: Marion Labonte, Wachtberg
Titelillustration: © Masterfile/cultura
Umschlaggestaltung: Christin Wilhelm, www.grafic4u.de
Satz: Helmut Schaffer, Hofheim a. Ts.
Gesetzt aus der Adobe Garamond Pro
Druck und Verarbeitung: CPI books GmbH, Leck – Germany
Printed in Germany
ISBN 978-3-404-60815-7

2 4 6 5 3

Sie finden uns im Internet unter
www.luebbe.de
Bitte beachten Sie auch: www.lesejury.de

Ein verlagsneues Buch kostet in Deutschland und Österreich jeweils überall dasselbe. Damit die kulturelle Vielfalt erhalten und für die Leser bezahlbar bleibt, gibt es die gesetzliche Buchpreisbindung. Ob im Internet, in der Großbuchhandlung, beim lokalen Buchhändler, im Dorf oder in der Großstadt – überall bekommen Sie Ihre verlagsneuen Bücher zum selben Preis.

Ich möchte dieses Buch meiner geliebten Frau Angie
und all den anderen wunderbaren Müttern widmen,
die dem Krebs zum Opfer fielen, und ihnen versichern,
dass wir ihre Liebe auch nach ihrem Tod noch spüren.

KAPITEL 1

März 2010

»Mill«, ruft Angie. »Kannst du bitte mal kommen?«

Ich heiße Ian, aber Angie hat mich schon immer Mill genannt. Mill, die Kurzform von Millthorpe – und damit zugleich die kürzere und männlichere Version des Spitznamens, den man mir zu meinem Leidwesen in der Schule verpasst hatte und der schlimmer nicht hätte sein können: Milly.

Ich unterbreche das Abräumen des Frühstückstischs und mache mich auf den Weg zu ihr, um herauszufinden, was sie von mir will. Wie man das eben so macht, wenn die Ehefrau ruft, nicht wahr? Es ist ein Werktag, und wir machen gerade die jüngeren Kinder für die Schule fertig. Die fünf jüngeren, um genau zu sein. Die fünf jüngeren von insgesamt acht. Was bei uns zuhause einem strategischen Einsatz gleichkommt.

Ich finde Angie im Wohnzimmer, wo sie unserer Tochter Jade vor dem großen Spiegel, der über dem Kamin hängt, Zöpfe flechtet – so wie sie es jeden Morgen getan hat, seit Jade zur Schule geht.

»Stell dich hierhin, Mill«, sagt sie und zeigt unmittelbar neben sich. »Du sollst einfach nur hier stehen und zuschauen, wie ich es mache.«

Sie muss meinen Gesichtsausdruck bemerkt haben, denn sie lächelt mir zu. »Es ist ganz einfach, wenn man weiß, wie es geht«, versichert sie mir. »Bestimmt. Ganz ehrlich.«

Ich stehe da und schaue ihr zu. Ihre Hände bewegen sich flink und geübt. »Das werde ich nie lernen«, erkläre ich.

»Doch, das wirst du«, entgegnet Angie ruhig. »Weil ich es dir beibringen werde.«

Jade liebt diese Momente, in denen ihr Haar geflochten wird. Sie ist fast in Trance. Außerdem starrt sie wie gebannt auf den Fernseher, genau wie der Rest der jüngeren Kinder, der sich einen Zeichentrickfilm anschaut. »Warum willst du es mir beibringen?«, frage ich Angie, während unsere Blicke sich im Spiegel begegnen. Angie ist so dünn geworden. Obwohl sie es selbst nicht wahrhaben will und mir immer sagt, dass sie sich gut fühlt. Ihr Haar ist nach der letzten Chemo nachgewachsen und jetzt wieder wie immer – so dicht, weich und glänzend, wie es schon in ihrer Jugend war. Aber alles andere an ihr scheint vor meinen Augen zu schrumpfen. Sie muss ihre Jeans inzwischen mindestens hundertmal am Tag hochziehen.

Für einen Moment hält sie mit dem Flechten inne und schaut mich demonstrativ an. »Warum?«, wiederhole ich. »Warum willst du es mir beibringen, wenn du es doch selbst machen kannst?«

Wieder schenkt sie mir ein kleines Lächeln. Selbst die winzigste Andeutung eines Lächelns bringt ihr gesamtes Gesicht zum Strahlen. »Du weißt warum, Mill«, flüstert sie mir zu. »Weil du es eines Tages wirst machen müssen.«

Ich spüre, wie mir die Tränen kommen – Tränen, die niemand sehen darf, Angie nicht und Jade erst recht nicht. Also mache ich mich schnell wieder auf den Weg in die Küche. Es fällt mir so schwer, meine Tränen zurückzuhalten, aber ich weiß, dass ich es muss. Reece ist schon zur Arbeit gegangen. Alle Kinder außer Jake, der sich gerade oben die Zähne putzt, sind bei Angie im Wohnzimmer, und wenn es etwas gibt, das sie ganz bestimmt nicht brauchen können, dann ist es ein weinender Vater.

Dabei kommen mir die Tränen inzwischen so oft, dass ich

allmählich eigentlich besser damit umgehen können müsste. Und irgendwie ist dem auch so. Ich reiße mich zusammen, spritze mir kaltes Wasser ins Gesicht, trockne mich ab und kehre ins Wohnzimmer zurück, wo Angie gerade mit Jades Zöpfen fertig geworden ist.

»Los, Süße«, sagt sie. »Hol deine Schuhe und den Ranzen.«

Dann dreht sie sich zu mir um und schaut mich an. »Hör auf, dich aufzuregen, Mill«, sagt sie streng. »Du wirst noch krank davon.« Ihr Blick wird weicher. »Hör zu, Liebster, ich will dich nicht verrückt machen. Wirklich nicht. Aber ich muss sicher sein, dass du das hinkriegst.«

Ich spüre, wie meine Augen sich schon wieder mit Tränen füllen, und ich weiß, dass Angie es sieht. Wie kann sie nur so stark sein, während ich ständig von Gefühlen überwältigt werde?

»Ich muss sicher sein, dass du es hinkriegst, dich um die Kinder zu kümmern, Mill«, sagt sie. »Weißt du was? Du bringst sie jetzt zur Schule, und danach reden wir, okay?«

Ich nicke lahm, ihr Mut macht mich demütig. Vor mir steht meine bildschöne, wirklich bildschöne Frau und redet über Dinge, die mir widerfahren werden, wenn sie stirbt. Ich habe keine Ahnung, wie ich damit fertigwerden soll. Nur, dass ich es muss.

Unsere drei Mittleren – Connor und die Zwillinge Jake und Jade – besuchen die örtliche Schule, die Milefield Primary. Klein-Corey geht seit September zur Vorschule in derselben Einrichtung. Weil Angie keinen Führerschein hat, ist es mein Job, die Kinder dorthin zu bringen. Und das mache ich seit meiner Frühverrentung im Jahr 2004, als ich im Alter von nur zweiundvierzig Jahren eine Hirnblutung erlitt.

Der Weg zur Schule ist mir so vertraut, dass ich ihn vermutlich auch mit geschlossenen Augen fahren könnte.

Das mache ich natürlich nicht, aber innerlich habe ich in jedem Fall auf Autopilot geschaltet. Zwar spreche ich mit Connor, der zehn Jahre alt ist und neben mir auf dem Beifahrersitz fröhlich schwatzt, aber in meinem Kopf schwirren schreckliche, unausweichliche Gedanken herum.

Normalerweise fahre ich nicht sofort nach Hause, nachdem ich die Kinder abgeliefert habe. Angies Eltern wohnen nur ein kurzes Stück die Straße hinunter, und meistens halte ich auf dem Rückweg bei ihnen an und erkundige mich, ob sie irgendetwas brauchen. Herbert und Winnie kommen zwar gut klar, aber Winnie wird zunehmend gebrechlicher, und daher bemühe ich mich, ihnen schwere Arbeiten abzunehmen, Besorgungen zu erledigen und so weiter. Heute allerdings nicht. Heute fahre ich mit wild pochendem Herzen sofort nach Hause, zurück zu Angie.

Sie wischt gerade im Wohnzimmer Staub. Ich mache uns in der Küche zwei Tassen Tee, stelle sie auf den Tisch und setze mich auf das Sofa. »Okay, Angie«, sage ich und bemühe mich, meine Stimme möglichst normal klingen zu lassen, als sie sich neben mich setzt. »Was ist los, Liebes?«

Sie setzt ihre Teetasse ab und nimmt meine Hand.

»Mill«, sagt sie. »Ich habe viel nachgedacht, weißt du. Ich muss einfach sicher sein, dass ihr, du und die Kinder, zurechtkommt, falls ... sobald es passiert.«

»Mach dir darüber keine Gedanken«, entgegne ich. Weil es genau das ist, was du immer sagst, habe ich recht? Obwohl wir beide wissen, dass es längst nicht mehr um ein falls geht. Die Zeiten sind vorbei. Jetzt geht es nur noch um wann. »Wir schaffen das«, füge ich hinzu. »Ganz sicher. Wir werden zurechtkommen.«

Dabei werde ich allein mit den Gedanken daran schon nicht fertig, wenn ich ehrlich bin. Weshalb ich sie so oft wie möglich verdränge. Aber Angie fällt nicht darauf rein. »Kannst du denn Zöpfe flechten?«, fragt sie keck und lächelt mich an.

»Nein«, muss ich zugeben. »Du weißt, dass ich es nicht kann. Und ich kenne auch keinen einzigen Mann, der das kann.«

Jetzt lächelt sie nicht mehr. Ich sehe ihr an, dass sie ebenso mit dem kämpft, was sie mir zu sagen hat, wie ich damit, es mir anhören zu müssen. »Das weiß ich doch, Mill«, erklärt sie schließlich. »Aber du wirst anders sein müssen als die meisten Männer. Die meisten Männer müssen nämlich nicht gleichzeitig Mutter und Vater sein, oder? Du schon. Du wirst beides sein müssen.«

Ich nehme sie in die Arme und drücke sie an mich. Jetzt, wo niemand es sehen kann, beginnt sie zu weinen. Tränen strömen in kleinen Rinnsalen über ihr Gesicht. »Wir werden zurechtkommen, Angie, Liebes«, tröste ich sie. »Ich verspreche es dir.«

Sie rückt ein Stück von mir ab, schaut mir ins Gesicht und wischt ihre Tränen mit dem Handrücken fort. »Aber es wird so schrecklich anstrengend sein. Das geht mir einfach nicht aus dem Kopf. All unsere Kinder ... die ganze Logistik ... das alles wird so schrecklich anstrengend für dich. Ich habe viel darüber nachgedacht, auch darüber, wie ich es dir so einfach wie möglich machen kann. Ich werde dir einfach jeden Handgriff zeigen.« Sie schnieft die restliche Traurigkeit fort und gibt sich plötzlich ganz nüchtern. Diesen Blick kenne ich nur zu gut. Angie ist keine Frau, die leicht aufgibt. Niemand, der acht Kinder zur Welt gebracht hat, gibt leicht auf. »Ich werde dir alles beibringen. Ich werde sicherstellen, dass du alles weißt, was du wissen musst, vom Baden übers Kochen bis zum Hausaufgabenmachen und zum ... ja, bis hin zum Kuchenbacken. Das musst du unbedingt können, Mill. Es ist wichtig.«

»Kuchen backen?« Ich kann mir nicht einmal vorstellen, überhaupt irgendetwas in Richtung Backen erlernen zu können, geschweige denn einen Kuchen.

»Ja. Wenn die Kinder Geburtstag haben«, sagt sie und schaut

mich an, als hätte ich das von allein wissen müssen. Ich spüre, dass sie wirklich ernsthaft nachgedacht hat. Sie braucht die Sicherheit, dass wir ohne sie das gewohnte Leben weiterleben. Und dass ich zumindest einen Geburtstagskuchen zustande bringe.

»Einverstanden, Liebes«, sage ich. Ich bin einfach nur dankbar, sie wieder lächeln zu sehen. »Womit fangen wir an?«

Ich nehme an, jeder Mensch glaubt, dass die erste Liebe auch die einzige bleibt, vor allem, wenn man sich im zarten Alter von vierzehn verliebt, in dem man sehr beeinflussbar ist. Aber wie oft geschieht das wirklich? Doch eher selten.

Der 27. September 1976 ist ein Tag, den ich nie vergessen werde. Ich war am späten Nachmittag auf dem Heimweg von meinem Freund David, als mir plötzlich jemand von der anderen Straßenseite etwas zurief. Ich hob den Blick und sah ein Mädchen, das ich aus der Schule kannte, auf mich zulaufen. »Ian«, keuchte sie, »ich soll dich fragen, ob du Lust auf ein Date mit meiner Freundin Angie hast. Sie findet dich wirklich toll«, fügte sie als Lockangebot hinzu.

Ich lehnte sofort ab. Ich hätte liebend gern Ja gesagt, aber ich tat es nicht. Ich kannte Angie vom Sehen und fand sie ebenfalls toll, aber ich war erst vierzehn und was Mädchen betraf eher skeptisch, ich wusste ja, wie sie sein konnten. Ein solches Angebot war ganz sicher ein Scherz. Was sonst? Ich konnte mir nur allzu gut vorstellen, wie das Mädchen im Falle einer Zusage schnurstracks zu Angie laufen würde und die beiden sich auf meine Kosten vor Lachen ausschütteten.

Im Übrigen hatte es angefangen zu regnen, es schüttete förmlich, und ich wollte nicht im Regen herumstehen und nass werden. Wir befanden uns in den Siebzigern, und ich musste schließlich an meine Frisur denken. »Ach, komm schon, Ian«, flehte das Mädchen. »Im Ernst. Sie mag dich wirklich sehr! Sie redet ständig von dir«, fügte sie hinzu. »Komm schon. Bitte!«

Ich schwankte noch immer, weil ich befürchtete, zum Besten gehalten zu werden, beschloss aber schließlich, es aller Zweifel zum Trotz zu versuchen. Diese Angie Yoxall gefiel mir nämlich wirklich sehr gut, und wenn ich jetzt ablehnte, ließ ich möglicherweise die Chance meines Lebens sausen. Angie hatte riesengroße, braune Augen und war außergewöhnlich hübsch – wer weiß, vielleicht würde ein anderer Junge sie mir sogar wegschnappen. »Okay«, sagte ich und bemühte mich, so cool wie möglich zu klingen. »Sag ihr, wir treffen uns morgen nach der Schule um sechs im Park.«

Der Park lag nicht weit von der Schule entfernt, und einige von uns hingen dort gern herum. Er verfügte über die üblichen Anlagen – ein Bowling Green, ein paar Tennisplätze und einen etwas heruntergewirtschafteten Pavillon. Außerdem luden zahlreiche Bänke dazu ein, hier sonnige Nachmittage mit einem Mädchen zu vertrödeln. Sofern man eines hatte …

Das Mädchen, das übrigens ebenfalls Angie hieß, rannte zufrieden davon und versprach, der anderen Angie Bescheid zu sagen. Ich setzte meinen Heimweg fort, von einem Ohr zum anderen grinsend, und konnte es kaum fassen: mein erstes Date! Mein allererstes Date! Ich hatte eine Freundin! So lief das damals noch – längst nicht so umständlich wie das, was die Kids heute so auf Facebook treiben. Ich hatte ein Date, und das bedeutete, dass ich eine Freundin hatte – na ja, mehr oder weniger jedenfalls. Der Regen war mir jetzt egal, obwohl ich längst vollkommen durchnässt war. Der nächste Tag konnte gar nicht schnell genug kommen.

Und dann auch noch schnell genug vergehen, wie ich bemerkte. Die erste Liebe ist eine alles verzehrende Angelegenheit, und ich konnte mich kaum auf etwas anderes konzentrieren. Ich war viel zu beschäftigt damit, im Schülergewimmel nach Angie Ausschau zu halten. Normalerweise sah ich sie ständig irgendwo – ich entdeckte sie immer, weil sie mir so gut gefiel –, aber an jenem Tag schien sie mir auszuweichen. Pause, Mittagessen, nächste Pause. Sie war wie vom Erdboden verschluckt. Ob sie überhaupt zur Schule gekommen war?

Dann, als ich gerade nach Hause gehen wollte, stand sie auf einmal am Schultor. Und sie schien auf mich zu warten, wie ich an ihrer Art, aufzublicken, als ich auf sie zukam, erkannte. Ich bemühte mich, so lässig wie nur möglich dreinzuschauen. Sie löste sich von der Mauer, an der sie gelehnt hatte, und lief mir mit ihren Riesenaugen und ihrem Schokoladenhaar entgegen.

»Hi, Milly«, sagte sie schüchtern. Ihre schüchterne Art gefiel mir. »Sag mal, könnten wir uns heute vielleicht schon um fünf statt um sechs Uhr treffen?«

Sie wartete auf meine Antwort, ohne mir eine Erklärung für die Vorverlegung zu geben. »Klar«, sagte ich, achtete aber darauf, keinesfalls zu eifrig zu klingen. Zu eifrig zu klingen war das Peinlichste überhaupt. »Kein Problem«, fügte ich hinzu. »Wir sehen uns dann um fünf.«

»Danke«, sagte sie. Und war auch schon wieder verschwunden.

Auf dem Heimweg schwebte ich nun schon den zweiten Tag hintereinander wie auf Wolken. Mein Lächeln wurde mit jedem Schritt breiter. Mensch Meier, dachte ich in typischer und bestechender Teenagerlogik, sie kann nicht einmal bis sechs Uhr abwarten, mich zu sehen – sie muss wirklich sehr auf mich stehen! Ich ging schneller. Bis fünf Uhr hatte ich noch eine ganze Menge zu erledigen.

Kaum hatte ich die Haustür hinter mir geschlossen, als ich auch schon meine Schultasche fallen ließ und raketengleich die Treppe hinaufflitzte, um mir ein Bad einzulassen. Während sich die Wanne füllte, kümmerte ich mich um die Auswahl der Klamotten. Musikalisch unterstützt von David Bowie durchwühlte ich meinen Schrank, kramte meine beste Hose hervor und flitzte damit zu meiner Mutter. Die Hose war beige, hatte einen hohen Bund, große Taschen und eine Doppelreihe Knöpfe. Sie war mein coolstes Kleidungsstück, abgesehen von ein Paar kirschroten Doc Martens, die ich natürlich ebenfalls tragen würde. »Mum«, säuselte ich und lächelte sie ganz besonders freundlich an, »könntest du die hier vielleicht kurz für mich bügeln?«

Ich war das jüngste von acht Kindern (mein nächstältester Bruder Glenn war inzwischen achtzehn), und in meiner Eigenschaft als Nesthäkchen verwöhnte meine Mutter mich nach Strich und Faden. Manchmal, wenn ich ausging, folgte sie mir mit Geld in der Tasche, das sie mir zusteckte, wenn niemand in der Nähe war. Obwohl die anderen sich sicher nicht daran gestoßen hätten, denn genau genommen verwöhnte sie uns alle. Weil aber inzwischen außer mir nur noch meine drei Brüder Terry, Les und Glenn zu Hause wohnten, hatte sie ein bisschen mehr Zeit dafür als früher.

Sie lächelte mir zu, wie sie es immer tat, und streckte die Hand nach meiner Hose aus. »Du hast es ja ganz schön eilig, Junge«, stellte sie fest. »Hast du dir etwa eine Frau geangelt?«

Ich spürte, wie ich rot wurde. Das Blut explodierte geradezu in meinen Wangen, und ich konnte nichts dagegen tun. »Nein«, leugnete ich hastig. »Ich will nur eben rüber zu einem Freund.«

»Klar hast du dir 'ne Frau geangelt«, hörte ich sie hinter mir herrufen, als ich ins Bad eilte.

Mir blieb nicht viel Zeit, müßig in der Wanne zu sitzen und über mein Glück zu sinnieren. Die Zeiger der Uhr wanderten unerbittlich in Richtung fünf. Ich hatte gerade noch Zeit, mich abzutrocknen und meine Hosen abzuholen (und dabei so zu tun, als hätte ich den amüsierten Gesichtausdruck meiner Mutter nicht gesehen). Im letzten Augenblick – ich hatte den Garten schon halbwegs durchquert – kam mir ein Gedanke, und so schlich ich mich in Terrys Zimmer und erleichterte ihn um ein oder zwei Spritzer seines Brut Aftershave. Es war von wesentlicher Bedeutung, dass ich für Angie nicht nur gut aussah, sondern auch gut roch. Terry würde mich umbringen, wenn er davon erfuhr, doch das war eigentlich nicht zu befürchten. Und wenn er Verdacht schöpfte, würde ich ohnehin alles abstreiten. Ein Mann muss schließlich tun, was ein Mann tun muss. In diesem Fall das »Splash it on«, das mir der Boxer Henry Cooper regelmäßig in der Fernsehwerbung ans Herz legte.

Halb ging und halb rannte ich durch die abendlichen Straßen. Das Aftershave wehte wie eine Duftwolke hinter mir. Punkt fünf stand ich im Grimethorpe Park, bereit für mein Date.

Man sagt ja oft, beim Anblick einer besonderen Person setze das Herz einen Schlag aus oder Ähnliches, aber ich schwöre, dass genau das bei mir geschah, als ich Angie erblickte. Sogar zwei oder drei Schläge, um genau zu sein. Sie saß auf der dem Parkeingang am nächsten gelegenen Bank und war schöner denn je. Die Beete waren um diese Jahreszeit leer, die Geranien und Ringelblumen des Sommers waren verblüht. Aber selbst in voller Blüte hätten sie es nicht mit Angie aufnehmen können. Sie sah geradezu perfekt aus. Zu schön, um wahr zu sein.

»Hi«, begrüßte sie mich und wirkte dabei womöglich noch schüchterner als zuvor.

»Hi«, sagte ich und setzte mich neben sie. Sie trug verblichene Jeans und einen cremefarbenen, kuscheligen, offenbar selbst gestrickten Pullover. Ihr dichtes, glänzendes Schokoladenhaar fiel ihr auf die Schultern. Ich konnte den Blick nicht von ihr abwenden. Schon damals hatte sie ihr zauberhaftes Lächeln, und ich bin mir ziemlich sicher, dass ich mich schon an jenem Tag in sie verliebte.

Ich konnte mein Glück nicht fassen. Damals ebenso wenig wie heute. Sie war meine erste und einzige Liebe. Und meine letzte.

KAPITEL 2

Die Fähigkeit, das Flechten von Zöpfen zu erlernen, war mir nicht direkt in die Wiege gelegt worden. Es mag tatsächlich Männer geben, die sowas schon in frühester Kindheit lernen, aber dazu gehöre ich definitiv nicht. Ich entstamme einer traditionellen Bergarbeiterfamilie aus dem Dorf Grimethorpe bei Barnsley, wo das Flechten von Zöpfen nicht unbedingt ganz oben auf der Tagesordnung der Männer steht.

Grimethorpe ist wahrscheinlich hauptsächlich durch den Kohleabbau bekannt, die beiden Zechen dort gehörten zu den tiefsten in ganz England. Bis zur Schließung der Gruben arbeitete fast die Hälfte der örtlichen Einwohner in der Kohleindustrie, und anschließend war nicht nur ebendiese Hälfte der Bevölkerung arbeitslos, sondern es gab und gibt – infolge der vielen in finsteren Schächten verbrachten Jahre – noch immer eine Menge Invaliden.

Obwohl die Zechen längst geschlossen sind, ist der Zusammenhalt in der Bergbaustadt auch heute noch enorm, und wie so viele andere Städte in South Yorkshire ist auch Grimethorpe berühmt für sein Bergmannsorchester. Aber wie bereits der 1996 dort gedrehte Film Brassed Off – Mit Pauken und Trompeten deutlich macht, brachen nach den Zechenschließungen schwierige Zeiten an. Das Drehbuch des Films basiert auf der wahren Geschichte des Bergmannsorchesters zu jener Zeit. Glücklicherweise hat die Band bis heute Bestand und ist sogar bei den Olympischen Spielen in London 2012 aufgetreten.

Der Ort und seine Bewohner haben darüber hinaus noch auf eine andere Weise Berühmtheit erlangt. Ein enger Freund unserer Familie (ebenfalls ein ehemaliger Bergmann), Freddie Fletcher, spielte 1969 in dem Film Kes eine Hauptrolle. Unsere kleine Welt, die in diesem Film beschrieben wird, hat sich bis heute nicht grundlegend verändert. Die Landschaft mag etwas anders aussehen, aber die Leute sind noch genau wie damals. Immer noch ist das Gefühl der Zusammengehörigkeit und Gemeinschaft ausgesprochen stark. Und immer noch gibt es große, miteinander um viele Ecken verwandte Familien.

Für einen Vierzehnjährigen in den 1970er Jahren war die Frage der Berufswahl schnell beantwortet. Ich würde in die Fußstapfen meines Vaters treten und als Bergmann in die Grimethorpe Colliery einfahren. Und wie fast alle Jungen meines Alters war ich darauf sehr stolz.

Alle Gedanken an die Zukunft waren jedoch wie weggeblasen an dem Tag, als Angie Yoxall erklärte, mit mir gehen zu wollen. Die Zeit schien stillzustehen.

»Himmel, Mill, schau mal auf die Uhr!«, entfuhr es ihr plötzlich. Sie sprang von der Parkbank auf. Irgendwie waren fünf Stunden ins Land gegangen, ohne dass wir es bemerkt hatten. Es war stockfinster und eiskalt. Angie musste um zehn Uhr zu Hause sein.

»Ich bringe dich heim«, bot ich galant an, obwohl ich keine Ahnung hatte, wo sie wohnte. Als Belohnung für meine Ritterlichkeit ließ sie einen schüchternen Gutenachtkuss zu. Dieser Kuss gab mir den Rest. Als ich wie auf Wolken heimwärts schwebte, war mir klar, dass es mich erwischt hatte.

Wir verliebten uns Hals über Kopf ineinander, wie Teenager das eben so machen. Innerhalb weniger Wochen gab es in Grimethorpe keine Mauer mehr, auf die nicht einer von uns beiden unsere Namen geschrieben hatte. Wir sahen uns fast jeden Tag, trafen uns in der Schule, auf dem Sportplatz und dann wieder nach Unterrichtsschluss zu unserem Fünf-Uhr-Stelldichein im Park.

Inzwischen war es Winter und ziemlich kalt geworden. Wir verlagerten unsere Treffen von der Bank am Parkeingang auf eine Stufe des heruntergekommenen Pavillons, auf »unsere Stufe«, wie sie von Angie schon bald getauft wurde.

Rückblickend wundere ich mich noch heute, dass wir damals nicht erfroren sind. Stundenlang saßen wir eng umschlungen auf dem kalten Beton und redeten über Gott und die Welt, die beißende Kälte des Yorkshire-Winters bemerkten wir nicht einmal. Vielleicht hält Liebe ja wirklich warm.

Vor dem ersten Treffen mit Angies Eltern hatte ich große Angst, da ich, wie vermutlich jeder Junge in meinem Alter befürchtete, nicht gut genug für die Tochter zu sein. Aber es stellte sich schnell heraus, dass Angies Vater vor seinem Ruhestand wie mein Dad Bergmann gewesen war und viele Jahre mit meinem Vater zusammengearbeitet hatte.

Er hieß Herbert und hätte nicht netter sein können. »Ich kenne deinen Dad, Junge«, sagte er in seinem breiten Yorkshire-Akzent. »Wir haben zusammen unter Tage gearbeitet. Ein prima Kerl.«

Diese Worte waren gleichbedeutend mit der Aufnahme in seine Familie, was mich ausgesprochen erleichterte. Von diesem Tag an behandelten er und Winnie – die mir später fast eine zweite Mutter wurde – mich wie eines ihrer eigenen Kinder. Obwohl wir uns an Schultagen und Wochenenden immer noch im Park trafen, stand ich fast jeden Morgen gleich nach dem Aufstehen bei Angie auf der Matte, noch ehe sie sich den Schlaf aus den Augen gerieben hatte.

Aus irgendeinem mir unerfindlichen Grund wurde Angie meiner nicht überdrüssig. Wochen wurden zu Monaten, Monate zu Jahren. »Für immer vereint«, schworen wir uns und meinten es ernst. Selbst wenn es in Yorkshire ein noch perfekteres Mädchen gegeben hätte, verspürte ich nicht den Drang, danach Ausschau zu halten. Ich hatte es längst gefunden. Angie und ich gehörten zusammen.

Im Sommer 1978 beendeten wir beide die Schule. Da ich Bergmann werden wollte wie mein Vater, folgte ich nach der Aufnahmeprüfung der Familientradition und begann mit der Ausbildung über Tage. Angie hatte sich immer gewünscht, mit Kindern arbeiten zu dürfen, und begann eine Ausbildung in der örtlichen Kinderkrippe. Es war ihr Traumjob. Von Anfang an redete sie von nichts anderem mehr als davon, wie die kleinen Gesichter leuchteten, wenn sie ihnen eine Geschichte vorlas, und wie viel Freude es ihr machte, sich um diese Kinder zu kümmern. Für mich war es daher keine Überraschung, dass sie ein paar Jahre später in unserer Hochzeitsnacht gleich als Erstes vorschlug, doch direkt mit der Familienplanung zu beginnen.

Das entsprach durchaus auch meinem Wunsch – außerdem befanden wir uns in den Flitterwochen, und ich freute mich verständlicherweise sehr darauf, es zu probieren. Allerdings dauerte es zunächst einmal eine halbe Ewigkeit, bis wir den ganzen Reis aus dem Hotelbett geklaubt hatten, den Angies Bruder Neil heimlich darin verstreut hatte. Angies Wunsch ging schon bald in Erfüllung. Zwei Monate später kam sie eines Tages heim und wedelte mit einem kleinen braunen Umschlag aus der Apotheke vor meiner Nase herum. Er enthielt das Resultat eines Tests, den sie wenige Tage zuvor gemacht hatte.

»Und?«, fragte sie fröhlich. »Bin ich oder bin ich nicht?«

Zu meinem größten Stolz – immerhin hatte ich meinen Teil des Jobs ausgiebig erledigt – bestätigte das Schreiben, dass sie schwanger war.

Von diesem Augenblick an konnte man sich in unserem Haus vor lauter Babysachen kaum noch bewegen. Damals hausten wir in unserer ersten richtigen Wohnung, einer kleinen Doppelhaushälfte in einem Dorf namens Shafton, zwei Meilen von Grimethorpe entfernt. Alles drehte sich nur noch um das Baby und die nötige Rundumausstattung. Wir richteten ein Kinderzimmer ein, inklusive weißer Wolken, blauen Himmels und eines Regenbogens, und Angie las jede Babyzeitschrift, derer sie habhaft werden konnte. Sie konnte es kaum erwarten, Mutter zu werden, denn genau das war es, was sie sich wirklich wünschte: ein Leben inmitten vieler Kinder. Aber neben all dem Glück gab es auch traurige Momente. Leider war mein Vater nicht mehr da, als sein jüngster Enkel zur Welt kam. Wie so viele andere Bergleute zahlte er einen hohen Preis für die vielen Jahre harter und gefährlicher Arbeit. Der Kohlenstaub, den er über fünfundvierzig Jahre lang eingeatmet hatte, setzte seinem Leben mit achtundsechzig Jahren ein Ende.

Aber Angie verabschiedete sich auf die ihr ganz eigene Weise von ihm. Am vorletzten Tag seines Lebens weinte sie nicht etwa, sondern gab ihm einen dicken Kuss auf die Wange, streckte die Hände aus und griff nach seinen großen, abstehenden Ohren. Und dann begann sie zu lachen. Angies Lachen war wirklich etwas ganz Besonderes.

»Weißt du«, sagte sie grinsend, »diese beiden großen Henkel wollte ich schon immer einmal anfassen und ordentlich knuddeln.« Mein Vater lächelte unter Tränen.

»Komm her, Liebes«, sagte er und zog sie ein Stück näher zu sich heran, damit er ihren dicken Babybauch streicheln und sich von dem Enkelkind verabschieden konnte, das er niemals sehen würde. Ich erinnere mich, dass ich nur daran denken konnte, wie toll meine Frau war.

Einen guten Monat später kam unser erstes Kind Ryan Arthur zur Welt. An die Geburt erinnere ich mich, als hätte ich selbst entbunden. Ich weiß, dass die meisten Männer Schmerzen lange nicht so gut ertragen können wie Frauen, aber als unser Sohn Anstalten machte, sich zur Familie zu gesellen, litt ich unter jeder Wehe ungefähr so heftig wie Angie.

Und so kam es, dass ich vermutlich lauter schrie als sie. Denn sobald man ihr befahl zu pressen, suchte sie nach etwas, woran sie sich klammern konnte, und da mein Kopf gerade in Reichweite war (ich befand mich am Kopfende und nicht an der Seite, wo es zur Sache ging), grub sie beide Hände in meine Haare. Glücklicherweise waren die Presswehen von überschaubarer Dauer, sonst wäre ich wahrscheinlich heute kahlköpfig.

Als es schließlich geschafft war und wir Ryan endlich in die Arme schließen konnten, brach Angie in ihr berühmtes Lachen aus. Mein Gesicht war völlig zerkratzt, und mir fehlten ganze Büschel Haare. Ich sah aus, als hätte ich mit einem Löwen gekämpft und verloren.

Zu Hause gelang es Angie nur mit Mühe, unseren Sohn wenigstens ab und zu abzulegen. Während meine Fleischwunden langsam heilten und mein Haar nachwuchs, saß sie stundenlang da, stillte das Kind und genoss jeden kostbaren Moment. Beim Anblick der beiden ging mir trotz der Tortur, die ich dafür hatte erleiden müssen, das Herz vor Stolz und Liebe auf.

Schon bald starteten wir einen neuen Versuch. Angie wollte es keinesfalls bei nur einem Kind belassen, und mir ging es genauso. Wir stammten beide aus großen Familien und kannten es nicht anders.

»Dieses Mal hätte ich gern ein Mädchen«, sagte Angie. »Ich werde sie hübsch anziehen, ihr Haar flechten und mit ihr zusammen shoppen gehen, wenn sie älter ist; und dann werde ich sie eines Tages in einem wunderschönen weißen Brautkleid durch das Kirchenschiff schreiten sehen.«

Es war der Traum aller Mütter – warum also nicht auch Angies? Als dann aber Damon kam, war das alles vergessen. Wieder wurde sie zu einem kleinen Mädchen, dem man eine neue Puppe geschenkt hatte. Sie liebte Babys und scheute keine Mühe, was deren Wohlergehen betraf. Es war eine Aufgabe, für die sie geboren zu sein schien, und sie tat nur das, was ihre Bestimmung war.

Es überraschte niemanden, dass Nummer drei sich schon recht bald danach ankündigte. Reece wurde im Frühjahr 1991 geboren. Angie war entzückt. Zwei Mini-Mills rannten durch unsere Wohnung (okay, einer rannte, der andere kroch eher herum und stieß gegen Möbel), und nun betrachtete Angie begeistert Reece' dunkles Haar und bräunlichen Teint. »Na endlich!«, rief sie. »Jetzt habe ich wenigstens ein Kind, das ein bisschen so aussieht wie ich!«

Natürlich verlief unser Leben nicht so wie bei den Waltons. Obwohl Angie in Teilzeit in der Highschool gleich hinter unserem Haus putzte, war das Geld mit drei kleinen Kindern immer sehr knapp. Meine dunklen und staubigen Acht-Stunden-Schichten dehnten sich immer öfter auf zwölf Stunden aus. Aber das störte mich nicht. Ich hatte alles, was ich mir wünschte. Vorher hatte Glück für mich bedeutet, zusammen mit Angie einen Ausflug in meinem blauen Ford Capri zu machen, doch das hatte sich inzwischen geändert. Ich war glücklich. Ohne Wenn und Aber. Ich hatte Angie. Ich hatte meine Söhne. Und ich hatte ein Leben voller Liebe. Mehr brauchte ich nicht.

Doch das Schicksal hatte offenbar andere Pläne mit uns. Pläne, die an einem stürmischen Samstag im März 1993 offenbar wurden. Ich saß auf dem Sofa und fütterte Reece. Er war inzwischen fast zwei, und wir nannten ihn Mister Übermut. Man konnte ihn keine fünf Minuten in der Nähe eines Küchenschranks lassen, ohne dass er sämtliche Töpfe und Pfannen ausräumte.

Plötzlich trat Angie mit einem merkwürdigen Gesichtsausdruck ins Zimmer. Sie sah besorgt aus, und weil sie sonst meistens lächelte, war mir dieser Ausdruck fast fremd.

»Mill«, erklärte sie, »ich glaube, ich habe einen Knoten in meiner Brust gefunden.«

Ich setzte Reece ab, während Angie ihre Bluse aufknöpfte. »Hier, fühl mal«, sagte sie und führte meine Hand auf die betreffende Stelle. »Kannst du ihn tasten?«

Ich konnte. Es war eindeutig ein Knoten, aber er fühlte sich sehr klein an. Nicht größer als eine Erbse. »Ich glaube nicht, dass du dir deswegen Sorgen machen musst«, sagte ich. »Er ist winzig. Vielleicht ist es auch nur eine Zyste. Aber wir sollten das abklären, lass dir einen Termin beim Arzt geben. Aber ich bin ziemlich sicher, dass es nichts Schlimmes ist.«

Diesen Satz wiederholten wir bis zum Arzttermin. Was hätten wir auch sonst tun sollen? Angie war erst dreißig. Und Frauen erkrankten doch nicht schon mit dreißig an Brustkrebs, davon hatten wir jedenfalls noch nie gehört. Es erschien uns unmöglich.

Unsere Hausärztin war auch der Meinung, dass wir uns keine Sorgen machen sollten. »Der Knoten fühlt sich eher wie eine Zyste an«, bestätigte sie. »Aber um ganz sicherzugehen, überweise ich Sie ins Krankenhaus zu einer Biopsie.«

Zwei Wochen nach der Biopsie bekamen wir einen Brief, in dem Angie zu einem Gespräch über die Ergebnisse der Gewebeproben gebeten wurde. Wir machten uns immer noch nicht ernsthaft Sorgen. Der Knoten war klein, Angie war jung, und niemand in der Familie hatte Krebs.

»Sei nicht albern, Mill«, schimpfte Angie, als ich ihr vorschlug, mir den Tag freizunehmen, um sie zu begleiten. Angie besaß keinen Führerschein, und es wäre die einfachste Lösung gewesen, wenn ich sie hinfuhr. Aber sie blieb stur.

»Ganz ehrlich, Mill, es ist nicht nötig. Ich werde Mam bitten, mich zu begleiten.«

»Bist du ganz sicher?« Auch wenn es sicher nicht leicht werden würde, meine Schicht zu verlegen – ich arbeitete inzwischen im Bergwerk von Pontefract –, fühlte ich mich doch verantwortlich und wollte bei ihr sein.

»Ja, Mill«, erwiderte sie mit fester Stimme. »Geh zur Arbeit. Du musst für so etwas keinen Tag Urlaub opfern. Ich fahre mit Mam. Und hör endlich auf, dir Sorgen zu machen. Mit mir ist alles in Ordnung.«

Den ganzen Tag über dachte ich nur an Angie. Und das, obwohl wir uns immer wieder gegenseitig versichert hatten, dass sie nicht ernsthaft krank war. Aber was, wenn doch?

Als ich heimkam, fand ich alle Türen verschlossen und das Haus leer, was bedeutete, dass die Kinder offensichtlich noch bei meiner Mutter waren. Ein Schauder kroch über meinen Rücken. Es war halb drei am Nachmittag, den Termin hatte Angie um zehn Uhr gehabt. Wo zum Teufel war sie? Sie hätte längst zurück sein müssen.

Jetzt war ich wirklich beunruhigt. Ich wusste nicht, ob ich zu meiner Mutter gehen oder doch lieber hierbleiben und auf Angie warten sollte, und so wanderte ich schließlich im Wohnzimmer auf und ab und schaute immer wieder aus dem Fenster, während mir jede Minute, die verstrich, vorkam wie eine Stunde.

Es verging in der Tat noch fast eine Stunde, ehe ich sie schließlich am Ende der Straße erblickte. Langsam und steif lief sie auf das Haus zu. Jede ihrer Bewegungen wirkte fremd – ganz und gar nicht wie Angie. Ich glaube, ich ahnte schon in diesem Moment, dass sie mit schlechten Nachrichten kam. Ich lief zur Haustür und öffnete sie und erkannte an ihrer Haltung sofort, dass tatsächlich etwas Schlimmes passiert war. Mir sank das Herz in die Hose.

Erst als sie das Gartentor erreichte, sah sie mich, blickte mich an und schüttelte den Kopf. Sie weinte. Ich rannte ihr entgegen, nahm sie fest in die Arme und bemühte mich, stark zu sein für das, was jetzt kommen würde.

Unsere kleine Glücksblase stand kurz vor dem Zerplatzen. »Ich habe Krebs«, schluchzte Angie an meiner Brust.

KAPITEL 3

Zu meiner Erleichterung – ich habe nämlich zwei linke Hände – findet heute keine weitere Lektion im Zöpfeflechten statt. Alle Kinder sind inzwischen in der Schule, und der Haushalt erledigt sich leider nicht von selbst.

Angie hat ihre Tränen schon wieder getrocknet. Sie wirkt so entschlossen wie eh und je und präsentiert mir eine neue Idee. Ella Rose macht auf dem Sofa im Wohnzimmer gerade ihr Verdauungsschläfchen – und während sie schläft, soll ich kochen lernen.

»Chicken Curry«, beschließt Angie, nachdem wir in der Küche den Inhalt der Gefriertruhe inspiziert haben. »Du kannst mir helfen, das Lieblingsgericht der Kinder zu kochen.«

Nachdem wir alle nötigen Zutaten beisammenhaben, holt Angie nach und nach verschiedene Gerätschaften aus den Schubladen. Ich sehe ihr zu. Beobachte, wie sie sich zielgerichtet durch die Küche bewegt. Ein Schneidebrett, zwei Messer, eine Pfanne, dann eine zweite. Mir ist, als wäre sie der Kapitän eines Schiffes und ich ein ziemlich hoffnungsloser Fall von einem neuen Schiffsjungen.

Seit dreiundzwanzig Jahren wohnen wir nun schon in diesem Haus. Wir sind eingezogen, als Ryan noch ein Baby war, und haben es zusammen renoviert, jeden Feierabend und jedes Wochenende, haben endlose Tage damit verbracht, Tapete abzureißen. Und neue auszusuchen, was sehr lange dauerte, weil wir uns nie einigen konnten. Jedes Mal, wenn Angie etwas hübsch fand, gefiel es mir nicht und umgekehrt. Was natürlich damit endete, dass wir das Haus schließlich nach ihren Vorstellungen einrichteten. In Bezug auf unser Heim hat Angie schon immer den Ton angegeben.

»Los, jetzt du«, sagt sie auf einmal und zeigt auf einen Haufen Zwiebeln auf der Arbeitsfläche. »Die hacken sich nicht von allein.«

Ich bin nicht dumm. Natürlich kann ich Gemüse schälen. Aber wie fast alle Männer – vor allen Dingen Männer, die zwölf Stunden unter Tage arbeiten – hatte ich bisher nicht viel Gelegenheit dazu. Nicht viel Gelegenheit, Gemüse zu schälen. Punkt.

Damals, als Bergmann, arbeitete ich als Hauer. Ich war Teil eines Viererteams, und zwei der Männer, Danny und John, sind bis heute meine Freunde. Wir arbeiteten zwölf Stunden am Stück, machten nur Pause, um unsere mitgebrachten Brote zu verzehren, und bedienten turnusmäßig die Maschine. Diese sogenannte Teilschnittmaschine war ein riesenhaftes Gerät, das sich meterweise durch Kohle und Gestein fraß. Anschließend stützten wir den frisch gegrabenen Stollen mithilfe schwerer Eisenprofile ab. Wir montierten sie am Tunnelboden zusammen und brachten sie mit dem Ausleger der Teilschnittmaschine in ihre endgültige Position.

Es war Schwerstarbeit. Manchmal mussten wir die Eisenprofile bis zu dreißig Meter weit tragen – nur zu viert und bis zu den Knien in Matsch und Schlamm versunken. Aber wir gaben nie auf – wir wagten es schlicht nicht. Mein älterer Bruder Barry war unser Steiger, und er hatte scharfe Augen. Wenn er der Meinung war, dass jemand seinen Job nicht ernst nahm, gab er das an die Geschäftsführung weiter – ohne Ausnahme seines kleinen Bruders. Er hatte zwei Spitznamen, mit denen ich ihn bis heute aufziehe: Barry, der Bastard und der Lachende Mörder. Nichtsdestotrotz war das Betriebsklima dort unten einfach toll, und die Tatsache, dass er ein Pedant war, tat der Beliebtheit meines Bruders keinen Abbruch. Jeder schien unseren Barry zu mögen.

Unter Tage war es extrem heiß. Und unabhängig von der Wetterlage über Tage war es unten immer feucht. Wir kamen vor Hitze fast um, obwohl wir nichts als Stiefel, Helm und Shorts trugen. Eines der wichtigsten Utensilien war eine große Wasserflasche, die wir vor Dienstantritt mit Eiswürfeln füllten, um immer etwas Kühles zu trinken zu haben. Wenn wir zum Schichtende ausfuhren, waren wir schwarz. Schwarz bis tief in die Poren. Schwärzer als die Kohle selbst, wie wir zu sagen pflegten.

Wo ich jetzt hier in der Küche stehe und Zwiebeln hacke, während meine Frau mir Anweisungen gibt, erscheint mir das alles endlos lang her. Aber ich bin und bleibe lernwillig, denn mein Leben hat sich verändert und wird sich in absehbarer Zeit noch viel einschneidender verändern. Obwohl mich der Gedanke, bald ohne Angie weiterleben zu müssen, völlig aus der Fassung bringt, lasse ich mich darauf ein, die Dinge zu erlernen, die sie mir beibringen will. Natürlich schmerzt das Wissen um den Grund, weshalb ich all diese Fertigkeiten erlerne, aber ich möchte ihr den inneren Frieden schenken, den sie jetzt nötiger braucht als alles andere.

Ella ist wach geworden und weint, und Angie geht zu ihr. Ich fange an, die Zwiebeln zu hacken, die sie mir hingelegt hat. Unsere beiden Hunde Jess und Pebbles lassen mich nicht aus den Augen – es könnte schließlich sein, dass etwas Fressbares hinunterfällt. Ob Stücke von Hühnchen oder roher Zwiebel – da sind sie nicht wählerisch. Alle Zwiebeln sind gehackt, also höre ich auf. Was offenbar mein erster Fehler ist. Als Angie nämlich mit Ella auf dem Arm in die Küche kommt, um meine Fortschritte zu begutachten, bricht sie sofort in ihr ansteckendes Lachen aus.

Angies Lachen ist noch immer so stark wie früher. Es hat in keiner Weise an Kraft verloren. »Doch nicht so!«, tadelt sie mich. »Du musst sie viel feiner schneiden. Die Kinder rühren das Essen nicht an, wenn so dicke Stücke drin sind. Schau mal.« Sie reicht mir Ella, damit sie es mir zeigen kann. »Du musst sie viel feiner hacken. Etwa so, okay?« Sie nimmt eine Zwiebel, schält sie und zeigt mir, wie man sie kreuzweise einschneidet, um sie anschließend in feinste Würfel zu zerteilen. Während sie arbeitet, fällt mir auf, wie dünn ihre Handgelenke geworden sind. Sie ist weniger geworden. Punkt.

Ich lasse sie helfen, bis ich meine, den Dreh herauszuhaben, dann nehme ich ihr das Gemüsemesser ab. Aber je mehr ich schneide, desto aggressiver werden die Zwiebeln. Schon bald kann ich vor lauter Tränen nichts mehr sehen.

Ich wische sie nicht fort. Warum auch? Immerhin dienen sie mir als Deckung für den wahren Grund meines Weinens. Es sind nämlich nicht nur die Zwiebeln, die meine Augen überlaufen lassen. Während ich sie zu glänzenden Würfelchen zerkleinere, sehe ich ein Bild vor mir, das ich beim besten Willen nicht abschütteln kann. Darauf stehe ich hier in der Küche, genau wie jetzt. Überhaupt ist alles genau wie jetzt. Ich schneide Zwiebeln, um den Kindern ihr Leibgericht zu kochen. Ella ist dabei – vielleicht sitzt sie gerade mit einem Becher Saft in ihrem Hochstuhl –, und die Hunde wuseln um meine Füße, blicken bettelnd zu mir auf und hoffen auf Leckerbissen. Aber wenn es fertig ist, wenn ich Angies spezielles Chicken Curry ganz allein zubereitet habe, werde ich es an einem Tisch servieren, an dem ein Platz leer bleibt.

Als ich an jenem Tag im Jahr 1993 das Wort »Krebs« hörte, fühlte es sich an, als hätte man ein Messer in meine Brust gestoßen. Es schien viel zu unbegreiflich, um wahr zu sein. Wie konnte Angie in ihrem Alter Krebs haben? Ich konnte es einfach nicht glauben.

Und doch war es so. Wider alle Erwartungen hatte sie die tödliche Krankheit – eine Krankheit, vor der wohl jedem Menschen graut. Mich eingeschlossen. Bei dem Gedanken, Angie möglicherweise zu verlieren, blieb mir das Herz stehen. Ich wusste nicht, was ich sagen oder tun sollte oder wie ich ihr helfen konnte. Und so hielt ich sie einfach nur ganz fest.

Es war Frühling. Unser Vorgarten sah schon richtig hübsch aus. Damals war ich, wie alle Mitglieder meiner Familie, ein ausgesprochen eifriger Gärtner. Ich verbrachte einen Großteil meiner Freizeit im Garten und zog die meisten Pflanzen selbst im Gewächshaus. Auf unseren herrlichen Rasen war ich immer sehr stolz, und schon jetzt blühten in den Beeten Stiefmütterchen und Primeln, die ich bald durch Sommerblumen ersetzen würde. Plötzlich jedoch bedeutete das alles nichts mehr. Mit einem Mal erschien mir die ganze Welt dunkel. Die Worte, die ich gerade gehört hatte, ließen alles erblassen.

»Ich habe Brustkrebs, Mill«, flüsterte Angie wieder. Ihre Wangen waren nass von Tränen, und sie klammerte sich an mich und schluchzte. »Ich kann es nicht glauben. Ich kann es einfach nicht glauben.«

»Komm, Liebes«, sagte ich leise und führte sie ins Haus. Der Heimweg war Angie vermutlich endlos lang vorgekommen, und ich hätte mich ohrfeigen können, nicht auf ihrer Begleitung bestanden zu haben. Noch wütender machte mich, mich ständig der Illusion hingegeben zu haben, dass es eben nicht Krebs war. Ich war vollkommen unvorbereitet. »Komm, Liebes«, sagte ich, »lass uns ins Haus gehen. Drinnen ist es wärmer.« Dabei war es gar nicht kalt. Aber plötzlich fühlte es sich so an. »Alles wird gut, Schatz«, versuchte ich sie zu trösten. »Ganz bestimmt. Heutzutage ist Brustkrebs heilbar. Vor allem, wenn er so früh diagnostiziert wird wie bei dir. Ich bin sicher, dass er entfernt werden kann.«

»Mill, ich kann es einfach nicht fassen«, sagte sie wieder. »Ich habe Brustkrebs.«

Man würde ihr die Brust abnehmen. Das war das Nächste, was sie mir eröffnete, als wir schließlich drinnen auf dem Sofa saßen. Sie war auf dem Heimweg bei ihrem Vater vorbeigegangen und hatte es ihm erzählt. Ihre Eltern waren sicher ebenso schockiert wie ich. Angie war doch noch so jung!

»Aber das ist doch nicht schlimm«, sagte ich, aber noch während ich den Satz aussprach, fühlte er sich falsch an. Natürlich war es schlimm, dass sie ihre Brust verlieren würde. Vor allem für sie. Aber sie sollte wissen, dass es mir nichts ausmachte und dass das nichts zwischen uns ändern würde. »Wichtig ist nur, dass es dir wieder besser geht«, erklärte ich. »Und dass du geheilt wirst. Das ist alles, was ich will.«

Danach ging alles ganz schnell, was unser Gefühl verstärkte, dass Angies Erkrankung tatsächlich sehr ernst sein musste. Angie bekam einen Termin für die Mastektomie, auf die eine Strahlenbehandlung folgen würde. Wenn alles ohne Komplikationen verlief, so sagte man uns, wäre danach wieder alles in Ordnung, und unser Leben könnte weitergehen wie zuvor.

Dieser Tag konnte gar nicht früh genug kommen. Seit wir von der Existenz dieses Geschwürs wussten, konnten wir gar nicht mehr aufhören, daran zu denken und uns vorzustellen, wie der Krebs in Angies Körper lauerte und sich weiter ausbreitete. Wie schnell konnte er sich überhaupt ausbreiten? Die Onkologin versicherte uns, dass die Prognose sehr gut sei, trotzdem war jeder Tag des Wartens einer zu viel für uns. Aber irgendwann war es so weit. An einem heißen, sonnigen Dienstag Anfang Juli brachte ich Angie ins Barnsley Hospital, wo sie am nächsten Tag operiert werden sollte. Jetzt, wo es endlich losging, fühlte ich mich besser, denn schon bald würde man die Krankheit aus ihrem Körper entfernt haben. Danach würde ich sie nur noch davon überzeugen müssen, dass mir die eine fehlende Brust nichts ausmachte, fürchtete sie doch, dass der Anblick der Narbe mich erschüttern würde. Aber das stimmte nun wirklich nicht. Für mich zählte einzig und allein, dass sie wieder gesund wurde.

Mit gemischten Gefühlen machte ich mich auf den Weg zu meinem ersten Besuch nach der OP. Einerseits war ich erleichtert, dass man ihr den Krebsknoten entfernt hatte, andererseits ist die Abnahme einer Brust wirklich keine Kleinigkeit, und mir war klar, dass Angie um Fassung ringen würde.

Ich brachte Ryan zur Schule und Damon und Reece zu meinem Bruder Malc. Dabei fiel mir auf, dass ich mich schon nach dem Wecken, Anziehen und Frühstückmachen fühlte wie nach einem kompletten Arbeitstag.

Angies Bruder Neil und seine Frau Diana begleiteten mich. Neil stand Angie vom Alter her am nächsten (er war drei Jahre älter als sie und hatte am gleichen Tag Geburtstag), und seit Angie und ich zusammen waren, hatten wir vier eine sehr enge Beziehung zueinander entwickelt. Die beiden haben zwei Kinder, Lee und Jane, damals elf und acht Jahre alt, und Lee hatte, bevor Angie und ich eigene Kinder bekamen, auf allen unseren Wegen immer auf meinen Schultern reiten dürfen. Wir unternahmen viel miteinander und besuchten uns häufig. Beim alljährlichen gemeinsamen Sommerurlaub der gesamten Großfamilie in Rhyl waren wir vier immer die Übermütigsten. Was die Planung und Durchführung von Streichen betraf, konnte man uns schon fast als Profis bezeichnen.

Unsere vielleicht tollsten Ferien verbrachten wir in einem unserer ersten Jahre als Paar, kurz nachdem die beiden Familien zum ersten Mal gemeinsam in Urlaub gefahren waren. Wir trafen uns für gewöhnlich mit Angies Familie für zwei Wochen in Rhyl, und zwar nicht nur Angie und ich, sondern auch die Hälfte meiner Geschwister samt deren Partner. Nach dem Tod meines Vaters gesellte sich auch meine Mutter dazu. Wir waren wirklich eine große, glückliche Familie. In jenen Ferien, die ich meine, heckten wir so einiges aus, u. a. hatten wir in einem Scherzartikel-Laden Furzpulver gekauft.

Wir liebten, wie vermutlich jeder damals, die Besuche in diesen Läden und spielten den anderen regelmäßig irgendwelche Streiche. Wir kauften zum Beispiel kleine Folienteile, die man in Zigaretten steckte und die beim Anzünden entweder explodierten oder den Geschmack der Kippe in Richtung verbranntes Gummi abänderte. Oder Seife, die beim Waschen Hände und Gesicht schwarz färbte – eine davon habe ich in einem Urlaub sogar Angie untergejubelt. Schade, dass heute niemand mehr darauf hereinfallen würde.

An jenem Abend trafen wir uns alle in einem Pub gegenüber der Pension, in der wir wohnten. Wir hatten es auf Winnie abgesehen, und so schütteten Neil und ich jedes Mal, wenn sie vom Tisch aufstand, Furzpulver in ihren Drink. Auf ein Ereignis zu warten macht fast ebenso viel Spaß wie das Ereignis selbst, und Angie und Diane drohten vor unterdrücktem Lachen zu platzen, sobald sich ihre Blicke trafen.

Aber nichts geschah, und Winnie verließ den Pub so, wie sie ihn betreten hatte, immer noch ahnungslos und (soweit uns bekannt war) frei von Blähungen. Trotzdem waren wir einstimmig der Meinung, dass das offenbar wirkungslose Pulver seinen Preis wert gewesen war, denn wir hatten während des Wartens auf die erhofften Flatulenzen wirklich großen Spaß gehabt und viel gelacht.

Aber die Nacht war noch nicht zu Ende.

»He, Leute«, flüsterte Herbert, als er die Haustür aufschloss, »seid leise, wenn ihr die Treppe hinaufgeht, ja? Hier sind Leute, die schlafen wollen. Also bitte keinen Lärm.«

Wir waren alle leicht angeheitert, versprachen ihm aber, unser Bestes zu geben, und schlichen hinter ihm und Winnie die Treppe hinauf, konzentriert darauf, keine Stufe knarren zu lassen.

Was uns tatsächlich gelang. Aber gerade als wir in vollkommene Stille gehüllt unsere Etage erreicht hatten, geschah es: Winnie ließ einen fahren.

Und zwar beeindruckend laut. »Winnie!«, zischte Herbert und drehte sich entrüstet zu ihr um. »Sei leise!« Wir sahen uns an und bemühten uns verzweifelt, keine Miene zu verziehen, doch schließlich stieß Winnie selbst uns ins Verderben. Als sie zu kichern begann, war es um uns geschehen, wir hatten unseren Lachdrang schon viel zu lange unterdrücken müssen. Die Folge war unausweichlich: Angie würde irgendwann loslachen, und dann würde es kein Halten mehr geben.

Es kam, wie es kommen musste. Und wieder traf die Schelte die arme Winnie. »Jetzt hör dir bloß an, was du angerichtet hast, Weib! Sieh, was du bei unserer Angie ausgelöst hast. Mit diesem Lachen weckt sie doch die ganze Straße auf!«

Es ist vermutlich unnötig zu erwähnen, dass unser Geständnis bis heute aussteht.

An diesem Tag erwarteten wir nicht, dass Angie viel lachen würde; wir würden aber unser Bestes geben, sie ein wenig aufzuheitern. »Vielleicht schafft es ja der hier«, meinte Neil, als wir am Kiosk des Krankenhauses vorbeikamen, und zeigte auf einen blauen Heliumballon mit dem Aufdruck GUTE BESSERUNG. Und tatsächlich. Kaum hatte Angie das Ungetüm gesehen, als sie auch schon lauthals loslachte.

»Wie du aussiehst, mit diesem bescheuerten Ballon«, prustete sie, als ihr Bruder das Ding am Fußende ihres Bettes festband. »Du bist wirklich verrückt, Neil!« Sie griff sich theatralisch an die Brust. »Da platzt mir ja glatt die Naht auf!«

Ich konnte nicht fassen, dass es ihr offensichtlich so gut ging. Auch wenn sie sehr müde aussah und sicher auch Schmerzen hatte.

Außerdem konnte nichts über die Tatsache hinwegtäuschen, dass sie nicht einmal einunddreißig Jahre alt war und man ihr eine Brust entfernt hatte. Aber ihr Lachen schallte durch die ganze Station und war so ansteckend, dass die anderen Frauen schon bald mit uns lachten.

»Ich wünschte, ich könnte mir von ihr eine Scheibe abschneiden«, sagte die Frau im Nachbarbett. »Sie hört niemals auf zu lachen. Haben Sie ihr irgendetwas ins Wasser gekippt?«

An diesem Tag war ich unglaublich stolz auf Angie.

Rückblickend glaube ich, dass mir an diesem Tag auch zum ersten Mal wirklich klar wurde, was Angie tatsächlich jeden Tag leistete. Nach dem Besuch fühlte ich mich viel besser. Wesentlich fröhlicher brachte ich Neil und Diane nach Hause und holte die Kinder bei Malc und Eileen ab. Wir konnten alle kaum glauben, wie gut sie das Ganze zu verkraften schien. Und obwohl uns allen bewusst war, dass die Strahlenbehandlung ihr sicher noch schwer zu schaffen machen würde, freuten wir uns, dass sie so gut mit den Umständen zurechtkam.

Auf jeden Fall deutlich besser als ich, wie sich zeigen sollte. Ich konnte damals so gut wie überhaupt nicht kochen (ich brauchte es auch nicht zu können, denn das war Angies Hoheitsgebiet), und uns standen sicherlich ein paar mühsame Tage bevor, obwohl ich wusste, dass sowohl meine Mutter als auch Malc und Eileen mir so gut es ging helfen würden. An jenem Tag aber war ich mit den Jungen allein, und da alle Hunger hatten, beschloss ich, etwas zu kochen, was selbst bei mir nicht schiefgehen konnte. Bohnen auf Toast, dachte ich, das würde ich schon irgendwie schaffen.

Aber wie schaffte Angie das, mit drei wuseligen kleinen Jungen um sie herum? Bereits Minuten nach unserer Heimkehr sah das Haus aus, als hätte eine Bombe eingeschlagen. In der Spüle stapelte sich Geschirr, das ich am Morgen einfach dort hatte stehen lassen; der Teppichboden war voller Lehmspuren, nachdem

Ryan und Damon eine Runde durch den Garten gedreht hatten; und weil der zweijährige Reece überall dort seine Fingerchen hineinsteckte, wo er eigentlich nicht sein durfte, hätte ich eigentlich ein Paar Augen im Hinterkopf gebrauchen können.

Während ich herumwirbelte, die Bohnen umzurühren versuchte, nach dem Toast schaute, den Tisch deckte und mich um Getränke kümmerte, zerrten die Kinder ständig an meinen Hosenbeinen.

»Dad, dürfen wir ein Eis?«

»Dad, liest du uns was vor?«

»Dad, wann ist das Essen fertig?«

»Dad, ich habe Hunger.«

»Dad, ich habe Durst.«

»Dad, ich muss mal.«

»Dad, spiel mit mir.«

»Dad, Reece hat gerade die Kartoffeln aus dem Regal gezogen und verstreut.«

»Da-aad! Ryan hat mich gehauen!«

»Da-aad! Damon hat angefangen!«

»Dad, wann kommt Mum wieder nach Hause?«

Hoffentlich bald, dachte ich. Bald. Ich geriet ja schon jetzt ins Trudeln. Das Haus versank im Chaos, und ich wusste kaum, wo ich anfangen sollte. Wie konnte man überhaupt irgendetwas anfangen, wenn ständig drei kleine Jungen um einen herumrannten? Und selbst wenn man anfing – wie um alles in der Welt wurde man fertig?

Ich empfand Ehrfurcht und zugleich die Kernschmelze nahen. Irgendwie musste ich die nächsten zwölf Stunden überstehen, ohne dass einer von uns in der Notaufnahme landete oder das Haus niederbrannte. Als ich die Jungen endlich alle im Bett hatte, war ich so müde, dass ich vor dem Fernseher sofort tief und fest einschlief.

Meine zwölfstündigen Schichten im Schacht erschienen mir im Vergleich zu dem, was ich gerade durchgemacht hatte, längst nicht mehr so mühsam. Wie schaffte Angie das nur alles, zudem noch mit einem Lächeln?

KAPITEL 4

Angie ist offenbar wild entschlossen, mich zu einem Sternekoch zu machen, denn zwei Wochen (und ein paar frustrierende Flechtlektionen) später beschließt sie, dass ich nun die hohe Kunst des Backens erlernen muss.

Dabei geht es ihr nicht allein darum, mich in die Kunst der Haushaltsführung einzuweisen, das weiß ich. Wenn sie ins Wohnzimmer kommt, bleibt ihr Blick immer als Erstes an meinem Laptop hängen. Und ich weiß auch warum: Ich sitze in letzter Zeit ständig davor, auf der Suche nach Mitteln und Wegen, ihren Tod aufzuhalten. Das nimmt einen Großteil meiner Zeit in Anspruch und ist mir inzwischen wichtiger als viele andere Dinge. Auch wenn ich seit meinem Ausscheiden aus dem Bergwerk seit 2004 nicht mehr arbeite, war ich seitdem doch ständig mit irgendetwas beschäftigt. Ich habe mich um Angies Eltern gekümmert, am Haus herumgebastelt, war mit meiner Mutter einkaufen, habe mit den Kindern gespielt oder bin mit ihnen in den Park gegangen. Und ich habe unsere Wüstenbussarde trainiert, als wir noch welche hatten. Dann war da natürlich noch der Garten. In diesem Jahr jedoch habe ich das Interesse an der Gärtnerei völlig verloren. Ich mähe nur noch den Rasen vor und hinter dem Haus, damit es ordentlich aussieht, aber das war es dann auch schon.

Im Augenblick interessieren mich nur zwei Dinge wirklich: so viel Zeit wie möglich mit Angie zu verbringen, weil wir nicht wissen, wie lange sie noch da ist, und mich an jeden sich bietenden Strohhalm zu klammern.

Sie sieht, womit ich mich beschäftige, und sofort liegt Spannung in der Luft.

»Komm schon, Mill«, schimpft sie, und ich kann in ihrem Gesicht lesen, dass ein Nein keine Option ist. Ich weiß, dass sie es nicht leiden kann, dass ich nach Auswegen fahnde. Ich habe ein schlechtes Gewissen, aber obwohl ich den Laptop zuklappe und ihr in die Küche folge, weiß ich, dass ich nicht damit aufhören kann. Es geht einfach nicht.

Es ist Samstag. Überall im Haus sind Lärm und lautes Lachen zu hören. Wenn ich mich bemühe, kann ich mir fast vorstellen, wir wären eine ganz normale, glückliche Familie, über der nicht dieses Schreckgespenst Krebs schwebt.

Aber es ist okay. Meine Laune bessert sich, als wir in die Küche kommen.

Wir wollen heute mehrere Sachen backen: eine Bakewell-Tarte mit Kokosfüllung, Konfitürentörtchen und Cupcakes. Die Rezepte stammen aus Angies altem, inzwischen ziemlich eselsohrigem Be-Ro-Kochbuch, das sie gleich nach unserer Hochzeit von ihrer Mutter geschenkt bekommen hat. Diese hatte es damals für einen Gutschein bekommen, der in den 1970ern auf Mehltüten der Marke Be-Ro aufgedruckt war – wer hätte damals gedacht, dass es auch nach so vielen Jahren noch regelmäßig benutzt würde?

Angie bindet mir eine Schürze um und lacht. »Mensch, Mill, die steht dir wirklich super. Ich wünschte, deine Freunde würden dich so sehen.« Ihr Lachen ruft – wie immer – die Kinder auf den Plan. Alle kommen in die Küche und wollen wissen, was vor sich geht. Sie haben den ganzen Morgen gespielt und getobt, aber was ist das schon gegen das Vergnügen, ihrem in eine bescheuerte Schürze gehüllten Vater bei dem Versuch zuzusehen, Cupcakes zu backen? Schon bald drängen sich die fünf Jüngeren in der Küche. Jake kann nicht aufhören zu kichern und steckt den kleinen Corey damit an, während Angie Befehle bellt wie ein kleiner Feldwebel. Die Macht ist ihr offenbar zu Kopf gestiegen.

Die Kinder ziehen sich Stühle an die Arbeitsfläche, stellen sich darauf und wollen natürlich »helfen«. Alle außer Ella, die wie üblich auf Angies Hüfte sitzt. Als Erstes muss natürlich ein Teig gerührt werden. Weil Angie offenbar der Meinung ist, das sei noch zu kompliziert für mich, reicht sie mir Ella und erledigt diesen Teil selbst.

»Wir müssen immer etwas mehr Teig machen«, erklärt sie mir während des Rührens, »damit die Kinder eigene kleine Kuchen formen können.«

Jade und Jake streiten sich bereits darüber, wer welche Ausstechform benutzen darf. Der pfiffige Connor stürzt sich auf das Nudelholz, das er dem kleinen Corey wie ein Profi aus den Händen windet. Ich hätte nicht gedacht, dass ein kleines Stück Teig so viel Aufregung hervorrufen kann.

»Hier, Kinder«, sagt Angie, »eins für dich und eins für dich …«

Irgendwie sind Fett und Mehl verschwunden und haben sich in Windeseile in einen dicken, mehligen Teigklumpen verwandelt. Aber wie? Angie nimmt Connor das Nudelholz ab und rollt das größte Teigstück aus, wobei sie es mehrfach auf der bemehlten Arbeitsfläche wendet. Im Handumdrehen hat sie kleine Teigkreise auf das Backblech gesetzt, und obwohl ich ihren Erklärungen über das Schneiden, erneute Ausrollen und Bloß-nicht-zu-viel-mit-dem-Teig-Herumhantieren aufmerksam lausche, weiß ich, dass sie in wenigen Minuten etwas zustande gebracht hat, wofür ich sicher einen halben Tag brauchen würde.

»Okay«, sagt sie schließlich und verweigert mir jede weitere praktische Unterstützung, nachdem ich erst einmal angefangen habe. »Als Nächstes wiegst du zwei Unzen Zucker und zwei Unzen Margarine ab und verquirlst sie in der Schüssel da drüben.«

Ich wiege die Zutaten ab, die sie mir nacheinander reicht, während sie gleichzeitig die Plätzchenkreationen der Kinder überwacht, und verquirle sie so, wie sie es mir gezeigt hat: schnell und kräftig. Binnen kürzester Zeit bringe ich eine beeindruckende Mixtur zustande. Vielleicht habe ich ja dieses Mal nichts falsch gemacht.

»Erledigt, Sir«, melde ich stolz. Die Kinder kichern.

»Gut«, lobt Angie. Sie klingt noch immer wie ein Armeeoberst. »Als Nächstes brauchst du zwei Unzen Kokosflocken und ein Ei.«

Ich füge die Kokosflocken hinzu und nehme ein Ei aus dem Eierkarton. Ehe ich es aber hinzufüge, halte ich inne und betrachte es aufmerksam. Mein Blick wandert zu den Kindern hinüber, die in Erwartung irgendeines Unfugs aufgehört haben, ihre Teigklumpen zu bearbeiten. Ich lasse meinen Blick zu Angie und wieder zurück zu meinem Ei wandern. Angie hat mir den Rücken zugewandt, steht an der Küchenzeile und liest in einem der Rezepte. Wieder blicke ich die Kinder an und hebe dann die Augenbrauen.

»Tu es!«, ruft Jade und klatscht in die Hände. »Tu es, Dad! Zeig es ihr.«

»Ja!«, jubeln die anderen im Chor. »Tu es, Dad. Schlag es auf!«

Angie zuckt zusammen, hebt den Kopf und sieht das Ei, das über ihrem Kopf schwebt.

»Mill«, warnt sie, »ich habe mir erst heute Morgen die Haare gewaschen. Wag es bloß nicht!«

Was auf mich in etwa die gleiche Wirkung hat wie ein rotes Tuch auf einen wilden Bullen – vor allem in Anwesenheit dieser begeisterten Zuschauerschar. Und so zerdrücke ich mit meinen Fingern das Ei genau über ihrem Kopf.

»Das schreit nach Rache«, grinst sie, während Eigelb über ihre Augenbrauen läuft. »Warts ab, Mill, das bekommst du zurück.«

Sofort nach der Entlassung aus dem Krankenhaus begannen die Bestrahlungen. Angie fuhr deshalb zweimal in der Woche nach Sheffield, während ich zu Hause blieb und mich um die Kinder kümmerte. Das Krankenhaus stellte einen Fahrdienst, und als der Wagen zum ersten Mal vor dem Haus hielt, saß bereits eine junge Frau darin. Sie stellte sich als Jane vor und war ebenfalls auf dem Weg zur Strahlentherapie, und da sie nicht weit von uns wohnte, nahm der Fahrdienst gleich beide mit.

Jane lebte in Cudworth, etwa zwei Meilen von uns entfernt. Verständlicherweise wurden sie und Angie bald gute Freundinnen. Eines Tages, etwa einen Monat nachdem Angie mit der Bestrahlung begonnen hatte, saß Jane eines Morgens nicht im Wagen, und wir mutmaßten, dass es ihr vielleicht schlecht ging. Als Angie an diesem Tag von der Therapie zurückkehrte, brach sie in Tränen aus: Jane war gestorben. Und was die Sache noch schlimmer machte: Sie hatte erst kurz zuvor ein Kind entbunden – nur wenige Monate, bevor sie hatte feststellen müssen, dass der Krebs bei ihr erneut ausgebrochen war.

Wie man sich unschwer vorstellen kann, traf Janes Tod Angie tief. Als wir zwei Monate später den Friedhof in Cudworth besuchten, um Blumen auf das Grab ihrer Großmutter zu stellen, beschloss Angie, nach Janes Grab zu suchen. Nach einer ganzen Weile fanden wir es schließlich bei den neu angelegten Grabstätten, und so fuhren wir noch einmal zum Blumenladen und kauften einen weiteren Strauß. Angie weinte fast während der gesamten Rückfahrt.

Doch wir mussten positiv denken. Es gab keinen Grund mehr, es nicht zu tun, und so empfanden wir das Schreckgespenst Krebs im Laufe der Wochen, in denen wir allmählich zu unserem Alltagsrhythmus zurückfanden, als immer weniger bedrohlich. Wir hatten unsere gesunden und heranwachsenden Jungen, eine Familie, die uns nach Kräften unterstützte, und jede Menge Hoffnung. Natürlich hatte Angie eine Brust verloren, aber davon ließ sie sich nicht unterkriegen. Sie dachte nicht einmal an eine kosmetische Korrektur.

Eine Rekonstruktion hatte sie schon unmittelbar nach der OP abgelehnt. »Wie sieht es aus?«, fragte sie mich damals. Es war erst der zweite Tag nach der Operation, wir befanden uns allein im Zimmer, und ich durfte zum ersten Mal das Werk des Chirurgen begutachten.

»Nicht schlecht«, erklärte ich und meinte es auch so. Ich war überrascht, weil die Narbe so ordentlich aussah.

»Ganz ehrlich, Mill?«, hakte Angie nach. »Macht es dir wirklich nichts aus, das anzusehen? Bitte, sei ehrlich!«

Ich sagte ihr das, was ich immer sage. Dass ich sie liebte und begehrte. Und dass ich sie perfekt fand, so wie sie war. Schon immer und auch in Zukunft. »Aber wenn du eine Brustrekonstruktion willst«, fügte ich hinzu, »dann bekommst du eine.«

Sie blickte noch einmal an sich hinab, ehe sie entschlossen ihr Oberteil hinunterzog. »Dann bleibt es so. Ich brauche keinen kosmetischen Eingriff. Warum sollte ich mich noch einmal operieren lassen, wenn es nicht notwendig ist? Du bist ohnehin der Einzige, der die Narbe zu sehen bekommt, Mill.«

Damit war die Entscheidung gefallen und das Thema vom Tisch. Obwohl ich letztendlich doch nicht der Einzige blieb, der die Narbe zu sehen bekam. Auf dem Rückweg vom Krankenhaus bat sie mich, bei Neil anzuhalten. Sie wollte zu Diane.

Es ging in der Folge also vor allem nur um eine regelmäßige Medikation. Angie würde über fünf Jahre Tamoxifen einnehmen müssen, wodurch, so der Arzt, zwar große Hoffnung auf eine endgültige Heilung bestand – aber eben nicht immer.

»Während der Behandlung dürfen Sie auf keinen Fall schwanger werden«, warnte er außerdem. »Das Medikament ist sehr stark und könnte dem Ungeborenen schwere Schäden zufügen. Zum jetzigen Zeitpunkt müssen Sie eine Schwangerschaft unbedingt vermeiden.«

Sein Gesichtsausdruck ließ darauf schließen, dass er wegen

unserer drei Söhne ohnehin nicht davon ausging, dass wir ein weiteres Baby planten. In Bezug auf mich lag er damit durchaus richtig. Wir hatten jetzt ohnehin mehr als genug damit zu tun, die Angst vor Angies Krebs zu überwinden und drei energiegeladene Kinder zu bändigen. Abgesehen davon war mir nur wichtig, dass Angie wieder zu Kräften kam. Dazu brauchte ihr Körper Ruhe und keine neue Schwangerschaft. Wir hatten wirklich genug zu tun: Ich schob immer noch lange Schichten in der Grube von Pontefract, und Angie übte einen körperlich anstrengenden Teilzeitjob als Reinigungskraft in der Highschool hinter unserem Haus aus. Nein, dachte ich, wir denken definitiv nicht über weitere Kinder nach.

Aber ich hatte nicht mit dem gerechnet, was in Angies Kopf vorging.

»Mill«, sagte sie eines Abends, als die Kinder endlich schliefen und wir auf dem Sofa kuschelten, »meinst du, wir könnten nach dieser Therapie vielleicht doch noch ein Baby bekommen?«

Ich war schockiert – noch mehr schockierte mich allerdings die Geschwindigkeit, mit der ich mich für diesen Gedanken erwärmte. Oder vielleicht war ich doch nicht wirklich schockiert. Ich war schließlich selbst eines von acht Kindern, und fünf Jahre sind eine lange Zeit. In fünf Jahren wäre Reece sieben. Toll, dachte ich. Ein Plan. Etwas, worauf wir uns freuen können. Finanziell würden wir natürlich Abstriche machen müssen, aber das bekämen wir schon hin, wir gaben eigentlich nicht viel Geld aus. Abgesehen davon würde ich meiner Frau nie etwas verweigern – zumindest nichts von dem, was ich ihr bieten konnte. Und ganz sicher nichts, was mit einer größeren Anzahl von Kindern zu tun hatte, denn sie war geradezu dafür geboren, Kinder zu haben. »Klar können wir«, sagte ich. »Und das weißt du auch. Was immer du möchtest, Schatz.«

»Wirklich?«, fragte sie und strahlte mich mit großen Augen an.

»Wirklich«, nickte ich lachend. »So viele du willst.«

Nie hätte ich gedacht, dass sie mich beim Wort nehmen würde.

Ich glaube, mehr als alles andere werde ich ihr Lachen vermissen. Die Bakewells, Törtchen und Cupcakes sind jetzt zusammen mit den von den Kindern kreierten Plätzchen im Ofen. Im ganzen Haus duftet es köstlich nach Kuchen. Die Küche sieht aus, als hätte eine Bombe eingeschlagen. Ich fange an, aufzuräumen. Die anderen sind alle im Garten. Ich sehe sie nicht nur, ich höre sie auch. Angie und vier unserer Kinder. Sie spielen Fangen. Nur Ella Rose sitzt in ihrem Hochstuhl, nuckelt an ihrem Saft und sieht mir beim Abwaschen zu. Ich stehe vor dem Spülbecken, höre die anderen im Garten herumtoben und versuche, mir ein Leben ohne Angies Lachen vorzustellen. Vergeblich.

Und natürlich revanchiert sie sich für die Sache mit dem Ei. Ihr Timing ist geradezu perfekt. Sie wartet bis zum Nachmittag, als alle Törtchen und Kuchen fertig sind und Reece von der Arbeit nach Hause gekommen ist. Die Kinder fordern lautstark eine Kostprobe unserer Backkünste, ebenso wie Reece. Die Küche ist wieder sauber und aufgeräumt. Angie kommt mit frisch gewaschenem Haar und im Mantel herein.

»Ich schaue nur eben kurz nach Mam und Dad«, erklärt sie, beugt sich zu mir hinunter und küsst mich. Während aber ihre Lippen auf meinen ruhen, zieht sie ein Ei aus der Tasche, und noch bevor ich überhaupt ahne, was sie vorhat, ist es auch schon vorbei. Eine geschmeidige Bewegung von Angie später bin ich es, dem Ei im Gesicht klebt.

»Wir sehen uns später«, ruft sie uns zu und verschwindet, ehe ich sie mit Eigelb beschmieren kann. Den ganzen Weg die Straße hinunter höre ich sie lachen.

KAPITEL 5

Es ist Mitte Mai, und die Tage werden länger. Angie und ich beschließen, mit den jüngeren Kindern eine Woche in Urlaub zu fahren. Schnell sind wir uns einig, dass es nach Thornwick Bay gehen soll.

Wir lieben Thornwick Bay, diesen weitläufigen Caravan-Park auf der Kuppe des Flamborough Head, in der Nähe der kleinen Küstenstadt Bridlington an der Ostküste von Yorkshire. Er ist für uns eines der schönsten Fleckchen Erde. Ich kenne es seit meinem vierten Lebensjahr, als wir mit unseren Eltern zum allerersten Mal dort waren. Es gefiel uns so gut, dass wir jedes Jahr zurückkehrten.

Mein Bruder Les, der nie geheiratet hat und auch heute noch – ebenso wie Glenn – zu Hause lebt, erwarb Mitte der 1970er Jahre einen Wohnwagen auf dem Gelände, den seitdem die ganze Familie benutzen durfte.

An Thornwick Bay habe ich nur tolle Erinnerungen. Vor allem an das Jahr, in dem ich meinen Führerschein machte und mit Angie an den Wochenenden an die See fuhr und dort den Rest der Familie traf. In meinem frisierten Ford Capri fühlten wir uns damals ungeheuer lässig und sehr erwachsen. Seitdem ist kein einziges Jahr vergangen, in dem wir nicht zumindest für ein paar Tage nach Thornwick Bay fuhren – in manchen Jahren sogar zwei oder drei Mal. Angie liebt die Aufenthalte dort, insbesondere die Aussicht von den Klippen.

Urlaub bedeutet natürlich zunächst einmal, im Vorfeld lebensnotwendige Dinge zu besorgen. Außerdem ist Angie der Ansicht, dass ich eine Einführung in die Geheimnisse des Erstehens von Kinderkleidung brauche.

»Du musst sowieso einkaufen lernen, Mill«, erklärt sie mir auf der Fahrt zum Supermarkt. Da wir gleichzeitig auch unseren allwöchentlichen Lebensmitteleinkauf erledigen wollen, haben wir eine lange Liste erstellt und Ella bei meinem Bruder Glenn abgeliefert, der sie liebend gern beaufsichtigt. Er ist zwei Jahre älter als ich, hat ebenso wie Les nie geheiratet und auch keine Kinder. Außerdem ist er der einzige meiner Brüder, der nie unter Tage gearbeitet hat.

Glenn ist freundlich, einfühlsam und ein wirklich netter Mensch. Jahrelang litt er unter Depressionen, die der Grund dafür sind, dass er nur selten einer Arbeit nachgehen konnte. Trotz dieser Einschränkung – oder vielleicht teilweise gerade deswegen – ist er der geduldigste und beste Onkel, den man sich nur vorstellen kann. Da er meistens zu Hause ist, hilft er Angie und mir, wann immer er kann. Schon immer. Oft nimmt er uns die Kinder ab und geht mit ihnen in den Park oder lässt sie in seinem Schrebergarten bei der Gemüseernte helfen. Weil er nur selten ausgeht, stellt er sich gern als Babysitter zur Verfügung, wenn Angie und ich einmal abends etwas vorhaben.

Ich blicke Angie an, die neben mir sitzt und grinst. »Diese Behauptung ist eine Frechheit!«, kontere ich. Im Einkaufen ist Angie wirklich gut. Da sie nie den Führerschein gemacht hat, diene ich ihr meistens als Chauffeur. Und in meiner Eigenschaft als Mann kenne ich meinen Platz: Wie fast alle Männer im Supermarkt beschränke ich mich darauf, den Einkaufswagen zu schieben, damit er immer gleich in Angies Nähe steht, wenn sie etwas aus dem Regal nimmt.

Was natürlich auch eine nicht zu verachtende Kunst ist, versichere ich ihr, als wir vor dem Laden parken. »Vermutlich reicht die Gesamtstrecke, auf der ich irgendwelche Einkaufswagen hinter dir hergeschoben habe, mindestens einmal rund um den Globus«, trumpfe ich auf. »In einem Wettbewerb könnte ich glatt für Yorkshire antreten – mit und ohne Kind im Kindersitz.«

Angie lacht. Sie wirkt heute sehr glücklich, was daran liegt, dass wir bald nach Thornwick fahren. Auch ich bin glücklich. Endlich haben wir wieder einmal etwas, worauf wir uns freuen können. »Aber du weißt schon, dass es nicht das ist, was man gemeinhin als Einkaufen bezeichnet – oder?«, sagt sie und rollt mit den Augen. »Du musst die Mahlzeiten vorausplanen, du musst wissen, was du dafür brauchst, du musst im Kopf haben, was im Haus fehlt, und du musst prüfen, was im Sonderangebot ist, und dann überlegen, ob du es gebrauchen kannst. Das bedeutet Einkaufen!«

Natürlich hat sie recht. Wenn man so viele Kinder hat wie wir und das Geld gerade so eben reicht – seit ich nicht mehr arbeite, kommen wir zwar über die Runden, können aber keine großen Sprünge machen –, ist Einkaufen eine echte Herausforderung.

Als ich hinter Angie den Supermarkt betrete, spüre ich, wie mich eine leichte Panik überkommt. Plötzlich wird mir klar, welche Aufgabe mir bevorsteht.

Es ist wahrlich eine riesige Aufgabe! Ich bin ein Mann, und bei uns zu Hause herrschte seit jeher die traditionelle Rollenteilung. Jeder von uns hatte seinen festgelegten Aufgabenbereich. Meine Stärken sind Heimwerken und Gärtnern, ältere Verwandte ins Krankenhaus fahren, Besorgungen machen, Rezepte abholen, Löcher graben, verstopfte Abflüsse reinigen, schwere Kinder heben, Fahrräder und Skateboards reparieren, Sachen herumtragen, stark sein, Kaninchenkäfige (und Volieren für Greifvögel) bauen, Bohren – vor allem Bohren! – und Abwaschen.

Aber das hier? Wo soll man bloß anfangen? Es ist eine Sache, nur kurz in einen Laden zu schneien, um sich umzusehen oder schnell ein, zwei Dinge zu kaufen – jetzt aber wird mir zum ersten Mal klar, welch grundlegende Entscheidungen Angie zu treffen hat, ehe sie etwas kauft oder nicht kauft.

»Bei frischen Lebensmitteln musst du immer bedenken«, erklärt sie mir, als wir an Milch und Butter vorbeikommen, »dass sie nur begrenzt haltbar sind. Wenn du also zu viel davon kaufst, musst du es letztendlich wegwerfen. Nimm lieber Dinge, die relativ lange haltbar sind, auch damit du nicht ständig einkaufen gehen musst.« Sie lächelt mich an. »Du wirst dich daran gewöhnen, Mill, glaub mir. In null Komma nix.«

Ich fühle mich vor den Kopf gestoßen. »Ich begleite dich doch jede Woche hierhin«, begehre ich auf.

Angie wirft mir einen vielsagenden Blick zu und hält mir einen kleinen Vortrag über den Unterschied zwischen dem Einkauf von Lebensmitteln und dem Nachdenken über den Einkauf von Lebensmitteln – darüber, was gegessen, zubereitet und für die Zubereitung eingekauft werden muss, Woche für Woche aufs Neue.

Und das beschränkt sich nicht auf Lebensmittel. Es betrifft auch alle anderen Dinge. Wir sind jetzt in der Waschmittelabteilung, und mir wird klar, dass ich auch hier nicht wüsste, wo ich anfangen sollte, die Formen und Farben scheinen vor meinen Augen zu explodieren. Warum waschen manche Leute mit kleinen Plastiksäckchen voll glitzernder Flüssigkeit, während andere Kartons von der Größe eines mittleren Couchtischs nach Hause wuchten? Wozu genau braucht man Weichspüler? Und warum darf man ihn, wie Angie mir irgendwann erklärt hat, keinesfalls für Handtücher benutzen?

Meine diesbezügliche Ausbildung wird bei den einfachsten Grundlagen ansetzen müssen, das ist mir spätestens klar, als wir die Bekleidungsabteilung betreten. Ich habe nicht die geringste Erfahrung, was den Kauf von Kinderkleidung betrifft. Die brauchte ich bisher auch nicht. Angie fährt dazu schon seit Jahren jede Woche mit ihrer Mutter nach Barnsley. Einer der Gründe, warum Angie sich ganz besonders gefreut hat, zwei Töchter zu gebären, ist, dass sie eines Tages mit ihnen shoppen gehen wollte, wie ihre Mutter es immer mit ihr getan hatte. Dieser Gedanke erschreckt mich, und ich wünschte, er wäre mir nicht gekommen. Jade ist erst acht. Ich kann den Gedanken an die vielen Jahre kaum ertragen, die noch vor ihr liegen, ohne eine Mutter, die regelmäßig mit ihr shoppen geht. Und die kleine Ella wird dieses Gefühl überhaupt nie kennenlernen.

Ich beobachte Angie, die zwischen den Kleiderständern mit sommerlich bunter Kinderkleidung umherstreift, und frage mich, was sie wohl denkt. Denkt sie dasselbe wie ich? Dass es möglicherweise ihr letzter Sommer ist? Lieber Gott – hoffentlich nicht.

Ich versuche, mich zusammenzureißen, damit sie meinen Blick nicht bemerkt, falls sie sich umdreht.

Just in diesem Moment wirbelt sie herum. »Okay«, sagt sie, »wir sollten für alle Kinder zwei Paar Shorts und entsprechend T-Shirts kaufen. Ach ja, und Plastiksandalen für den Strand. Wie wäre es, wenn du dich in der Jungenabteilung umschaust und etwas für Jake und Corey suchst, während ich mich um die Sachen für die Mädchen kümmere?« Sie grinst mich an. »Das dürfte doch nicht zu kompliziert für dich sein, oder?«

Ihre sarkastische Äußerung ist durchaus angemessen, da ich mich bei den wenigen Gelegenheiten, an denen ich allein etwas für die Kinder erstanden habe, nicht sonderlich mit Ruhm bekleckert habe. Als logisch denkender Mensch bin ich immer von den Altersangaben auf dem Etikett ausgegangen – Angie braucht das nicht, sie entscheidet immer nach Augenmaß –, jedenfalls kann ich mich nicht erinnern, dass die von mir gekauften Klamotten auch nur einmal gepasst hätten, obwohl unsere Kinder eigentlich von ganz normaler Statur sind.

Ich erinnere mich an das eine Mal, als ich kurz vor unserem

Urlaub ein hübsches Mickymaus-T-Shirt für Connor kaufte, der damals gerade vier und vernarrt in Mickymaus war. Als ich es Angie zeigte, brach sie in schallendes Lachen aus. »Meine Güte, Mill, dass ist ein Schlafanzugoberteil, du Depp!«

Ich muss noch so viel über unendlich viele Dinge lernen. Ich bete, dass genügend Zeit dafür bleibt.

Kurz bevor Angie krank wurde, starb unsere Jack-Russel-Hündin Penny, und sobald es Angie wieder besser ging, kaufte ich einen neuen Welpen. Wir alle vermissten Penny. Sie war seit 1985 bei uns gewesen, nur wenige Monate nach unserer Hochzeit und dem Einzug in unser Haus in Shafton. Vorher war sie von ihrem Besitzer in Grimethorpe ziemlich vernachlässigt worden. Jedes Mal, wenn wir unsere Eltern besuchten, sahen wir sie auf den Straßen umherstreunen.

»Weißt du, was wir machen sollten?«, sagte Angie eines Tages, als wir wieder einmal in Grimethorpe waren und Penny in der Hoffnung auf ein paar Streicheleinheiten schwanzwedelnd vor uns stand. »Wir sollten den Besitzer fragen, ob er sie uns überlässt. Er will sie anscheinend doch gar nicht.«

Ich war mir da nicht so sicher. Manche Menschen legen großen Wert auf den Besitz eines Tieres, ganz gleich, wie schlecht sie es behandeln. Aber Angie hatte sich die Sache in den Kopf gesetzt, und eine Nachfrage kostete schließlich nichts. Zu meiner größten Überraschung ging Pennys Besitzer sofort bereitwillig auf unser Angebot ein, da er nicht mehr genügend Zeit für das Tier hatte.

Penny war ein wundervoller kleiner Hund. Sie blieb immer freundlich, auch wenn die Jungen ihr manchmal in der für sie typischen Art hart zusetzten. Ich glaube, wir haben sie kein einziges Mal knurren hören. Nachdem Angies Qualen endlich vorbei waren, schien der richtige Zeitpunkt für einen Nachfolger für

Penny gekommen. Ein kleiner Hund beinhaltete etwas Neues, etwas, das Aufmerksamkeit bedurfte, ein neues Familienmitglied. Und weil Angie kleine Dackel immer schon süß fand, kaufte ich bei einem Züchter in unserer Nähe eine Dachshündin.

Angie taufte sie Poppy. Sie war erst wenige Wochen alt, und unsere Jungen gingen sicher nicht gerade pfleglich mit ihr um, vor allem der zweijährige Reece nicht. Gut, dass auch Poppy ein Hund von eher ruhigem Gemüt war, denn Reece versuchte ständig, Poppy auf den Arm zu nehmen, und ließ sie dann auf den Kopf fallen, sobald sie sich seinem Griff entwand.

Das Leben machte uns wieder Spaß, und schon bald herrschte in unserer Familie wieder Routine: Ich ging meiner Arbeit unter Tage nach, während Angie sich um die Kinder und das Haus kümmerte. Die Jahre gingen ins Land, und irgendwann kam der Frühling 1998 und mit ihm der magische Tag des Endes von Angies Fünfjahresplan. Im Monat zuvor hatte sie sich im Krankenhaus Blut abnehmen und die Brust schallen lassen, und an diesem Tag hatte sie einen Termin bei ihrer Onkologin, um die Ergebnisse und das mögliche Absetzen des Tamoxifen zu besprechen.

Ich saß entsetzlich nervös in einem überfüllten, cremefarben gestrichenen Wartezimmer neben Angie, welche die Ruhe selbst zu sein schien. Doch bei der Ärztin kam sie sofort auf den Punkt; vielleicht war sie ja doch nicht so ruhig gewesen.

»Und?«, fragte sie knapp. Sie konnte die Spannung vermutlich kaum noch ertragen.

»Ihre Werte sind wieder vollkommen normal«, sagte die Onkologin. Wir seufzten beide erleichtert auf, wobei mir gar nicht bewusst gewesen war, dass ich unwillkürlich den Atem angehalten hatte. Die Ärztin lächelte. »Ich freue mich, Ihnen mitteilen zu können, dass Sie die Medikamente mit sofortiger Wirkung absetzen dürfen. Aus medizinischer Sicht betrachten wir Sie als geheilt.«

Das war es dann also. Wir fühlten uns, als hätte man uns aus einer Art Gefängnis befreit. Auch wenn wir nur selten darüber redeten, saß uns die Furcht doch eigentlich immer im Nacken.

Angie grinste von einem Ohr zum anderen. Sie sah unglaublich glücklich aus, und das sagte ich ihr auch.

»Weißt du, was mich so richtig glücklich machen würde?«, kicherte sie, als wir über den Parkplatz gingen und in unser Auto stiegen.

»Sag es mir. Was würde dich so richtig glücklich machen?«

»Ein Baby«, sagte sie sofort. »Am liebsten würde ich sofort loslegen.«

»Wow!«, entfuhr es mir. Auch ich grinste jetzt über das ganze Gesicht. Ich muss ausgesehen haben wie die Grinsekatze persönlich. Trotzdem schüttelte ich den Kopf. »Ich glaube, wir sollten wenigstens bis zu Hause warten, was meinst du? Hier könnte uns jemand sehen.«

Angie stieß einen theatralischen Seufzer aus: »Mensch, Mill, was bist du doch für ein Spielverderber!« Und dann brach sie in ihr schönes, schallendes Lachen aus, immer wieder, bis wir zu Hause ankamen. Und das dauerte nicht gerade kurz. Zunächst hielten wir nämlich bei ihrem Bruder Neil, um ihm die gute Nachricht zu überbringen, dann bei ihren Eltern und schließlich bei meiner Mutter, wo wir die obligatorische halbe Stunde verbrachten.

So war nun einmal die Regel: Man schaute nicht bei meiner Mutter vorbei, ohne eine Tasse Tee zu trinken. Man hatte kaum das Haus betreten, da wurde auch schon der Wasserkocher eingeschaltet, und Mam holte die Tassen aus dem Schrank.

Die letzten Schritte zu unserem Haus schwebte ich wie auf

Wolken. Angie war wieder gesund. Es war vorbei. Unser Leben konnte weitergehen. Es war ein Tag, den ich so schnell nicht wieder vergessen würde.

Und ich hatte ihr ein neues Baby versprochen. Wir übten redlich, und im Juni 1999 wurde unser vierter Sohn geboren. Wir nannten ihn Connor. Er war ein dickes Baby – neun Pfund, und das bei der zierlichen Angie! – und sehr robust, was ihm zugutekam, denn seine drei älteren Brüder kümmerten sich mit Feuereifer um ihn. Obwohl Angies linke Brust entfernt worden war, schaffte sie es, ihn zu stillen. Ich war wirklich stolz auf sie.

Ich befürchtete schon, sie wäre enttäuscht, dass es schon wieder ein Junge geworden war, doch das war absolut nicht der Fall. Glücklich und ganz in ihrem Element kümmerte sie sich um ihr kleines Quartett. »Außerdem liefert es mir ein tolles Argument«, scherzte sie. »Wir sollten versuchen, noch eins zu bekommen.«

Das taten wir. Und bekamen gleich zwei.

KAPITEL 6

Ist das Kofferpacken vor dem Urlaub Kunst oder Wissenschaft? Es ist Ende Mai, wir wollen in Urlaub fahren, und meine nächste Lektion ist zwar nicht ganz so lästig wie das Zöpfeflechten, offenbart aber ebenfalls riesige Wissenslücken.

Apropos Lücke! Das genaue Gegenteil einer solchen findet man beim Kofferpacken: Wie um alles in der Welt soll da alles reinpassen? Und bei so vielen Kindern muss man außerdem noch an alles Mögliche denken, vor allem im Hinblick auf die beiden Kleinen, Corey und Ella. Bettzeug, zum Beispiel – daran hätte ich nie im Leben gedacht. Ganz zu schweigen von den gefühlt siebenundvierzig »lebensnotwendigen« Dingen, an die ich nie einen Gedanken verschwendet hatte, die aber immer irgendwie aufgetaucht waren. Salben für zahnende Babys oder gegen wunde Popos. Pflaster. Nagelschere. Malbücher. Pillen gegen Seekrankheit. Ellas Schmusedecke. Connors Hausaufgabe für die Schule. Coreys Toy-Story-Figuren. Jakes Nintendo DS. Jades Rollschuhe. Dabei war ich immer davon ausgegangen, mein Aufgabenbereich – das Verstauen des Gepäcks im Auto – erfordere eine Art höheres, Männern vorbehaltenes Talent.

Es ist meine nächste Aufgabe, nachdem die Koffer endlich gepackt sind. Angie lässt mich auf der Straße inmitten der vielen Koffer und Tüten und Taschen stehen und saust zurück ins Haus, um Ella zu wickeln und alle anderen Kinder vor der Abfahrt noch einmal aufs Klo zu schicken.

»Da-ad?«, fragt Connor in einer Tonlage, die ich nur zu gut

kenne. Es ist die Stimme, die er benutzt, wenn er mich um den Finger wickeln will.

»Con-nor«, antworte ich, während ich mich bemühe, die letzten Gepäckteile in irgendwelche Zwischenräume zu quetschen. »Was ist? Was möchtest du?«

Er umrundet den gemieteten Van und fängt an, mir zu helfen, indem er mir die restlichen verbliebenen Tüten anreicht. »Darf ich den Laptop mitnehmen?«

Er spricht von unserem alten Notebook, das wir zur gemeinsamen Nutzung an die Kinder weitergegeben haben und das in Anbetracht der Anzahl an Kindern wirklich ständig in Gebrauch ist.

»Nein, Schatz, das geht nicht«, höre ich Angie sagen. Ich habe nicht einmal bemerkt, dass sie wieder herausgekommen ist.

»Aber Mum! Was ist mit meiner Hausarbeit?«, jammert Connor.

Angies Augen werden schmal. Sie setzt Ella in den Babysitz und schnallt sie an. »Wieso brauchst du den Laptop für deine Hausarbeit, Liebes?«

Connor schmollt. »Vielleicht muss ich ja mal etwas nachschauen.«

Angies Augen werden noch schmaler. »Hm«, sagt sie. »Das höre ich jetzt aber zum ersten Mal. Soviel ich weiß, musst du erst einmal etwas schreiben. Und wenn es dann tatsächlich etwas nachzuschauen gibt, hast du noch ausreichend Zeit, dich darum zu kümmern, wenn wir wieder zu Hause sind.«

Ich unterbreche meine Packerei. »Bist du ganz sicher, Liebes? Wenn er den Laptop wirklich braucht – wir finden noch irgendwo ein Plätzchen dafür und ...«

»Mill, er braucht ihn nicht. Connor, ich weiß genau, warum du den Laptop mitnehmen willst. Nämlich um vor Facebook oder MSN zu hocken und mit deinen Freunden zu chatten. Stimmt's?«

Connor fällt auf die Schnelle kein Gegenargument ein. Angie schüttelt den Kopf. »Kein Laptop«, erklärt sie mit fester Stimme und reicht mir noch ein paar Handtücher. »Wir wollen als Familie Urlaub machen, Zeit miteinander verbringen und zusammen Spaß haben. Die Betonung liegt auf zusammen. Wir fahren nach Thornwick Bay, um der schnöden Welt da draußen für ein paar Tage zu entfliehen, okay?« Obwohl sie mich bei diesen Worten nicht anschaut, weiß ich, dass sie eigentlich an mich gerichtet sind.

Für uns ist Thornwick Bay einer der schönsten Plätze der Welt, und so ist es kein Wunder, dass die Kinder am Ende der Packphase ziemlich aufgeregt und hibbelig sind. Ich übrigens auch. Ich kann die Ankunft kaum erwarten, und ich weiß, dass es Angie genauso geht. Es ist, als ob in dem Augenblick, in dem wir durch das Tor fahren und das Meer vor uns sehen, alle Sorgen von uns abfallen. Jedes Mal. Schon jetzt freue ich mich auf den Moment, wenn die Kinder zum Spielen ausgeschwärmt sind und wir uns bei einer gemütlichen Tasse Tee entspannen, bevor wir das Auto ausladen.

Wann immer es möglich ist, buchen wir das gleiche Chalet, Nummer zehn. Von dort aus kann man den riesigen Spielplatz überschauen und ein Auge auf die Kleinen haben.

Aber ehe es ans Auspacken geht, müssen wir erst einmal fertig packen, ermahne ich mich. Inzwischen sind von irgendwoher noch ein halbes Dutzend weiterer Utensilien aufgetaucht, vor mir liegt noch ein Berg Arbeit. Manchmal kommt es mir so vor, als ob es bei jeder Reise mehr wird, und das ist selbst mit dem riesigen Familienvan kaum noch zu stemmen. Vielleicht sollen wir uns in absehbarer Zeit doch wieder ein größeres Vehikel leisten – etwas Ähnliches wie den Shogun, den wir hatten, ehe dessen Motor den Geist aufgab. Danach habe ich erst einmal keinen teuren Siebensitzer, sondern einen ganz normalen, zuverlässigen Wagen gekauft und ab und an bei Bedarf einen Familienvan gemietet.

Schnell schiebe ich den Gedanken an mögliche Autotypen beiseite, er ist ein Hinweis auf die Zukunft, und daran will ich nicht denken. Ich muss mich auf das Hier und Jetzt konzentrieren.

»Weißt du was?«, sage ich grinsend zu Angie, um die unliebsamen Gedanken zu verscheuchen, während ich mich der verzwickten Aufgabe widme, eine Lücke für Jades Puppenwagen zu schaffen. »Wieso mieten wir nicht einfach einen Lkw? Da würden wir bestimmt alles unterkriegen.«

»Superidee!«, nickt Angie. »Ich habe mir immer schon mal gewünscht, oben im Führerhaus eines Sattelschleppers zu sitzen. So ein Ding mit CB-Funk und Betten in der Fahrerkabine.«

»Und mit einem kleinen Fernseher«, mischt sich Connor ein und reicht mir sein Skateboard. »Das habe ich mal im Fernsehen gesehen. Die sind wie richtige kleine Schlafzimmer.«

Nur ohne Laptop, denke ich. Zumindest bei uns. Angie hat recht. Es geht vor allem darum, Abstand zu gewinnen.

Ich finde tatsächlich noch einen Platz für das Skateboard und bin richtig stolz auf mein Werk. Auch wenn ich viele Dinge nicht kann – das hier kann ich. Als es mir mit viel Mühe sogar noch gelingt, Jakes Roller unterzubringen, kommt mir ein neuer schrecklicher Gedanke – der Gedanke an den Platz, den wir zusätzlich haben werden, wenn weder Angie noch ihre Sachen mehr mit von der Partie sind.

Solche Gedanken zu ignorieren fällt mir zunehmend schwer. Hör auf damit, befehle ich mir. Ich sehe Angie zu, wie sie die Kinder in ihren Kindersitzen anschnallt. Wir haben noch viel Zeit miteinander. Sie kann immer noch eine weitere Chemo machen. Genieße den Augenblick.

Das Dumme ist nur, denke ich, als ich zum Haus zurückgehe,

um abzuschließen, dass die Augenblicke so verdammt schnell vorüberrauschen.

Als Angie mir erzählte, dass wir Zwillinge erwarten, konnte sie sich vor Lachen kaum halten. Im Frühjahr 2002 wussten wir, dass sie schwanger war, und wie jedes Mal freute sie sich wie ein Schneekönig auf das Baby. Ryan und Damon waren inzwischen in der Oberstufe, Reece in der letzten Klasse der Grundschule, und der kleine Connor würde bald drei werden.

Wir hatten alle Hände voll zu tun. Ich arbeitete noch immer als Hauer in der Grube von Pontefract. Mein komplizierter Dienstplan umfasste acht- und zwölfstündige Schichten im Wechsel, dabei waren die Nachtschichten am anstrengendsten. Dann verließ ich um siebzehn Uhr das Haus, begann meine Schicht pünktlich um achtzehn Uhr, arbeitete bis sechs Uhr morgens und kam gegen sieben heim, wenn die restliche Familie gerade aufstand.

Normalerweise ging ich nicht sofort ins Bett, sondern brachte die Großen zur Schule, damit Angie Zeit für ihren Spaziergang mit Connor hatte. Danach legte ich mich für drei Stunden hin – mit viel Glück waren es manchmal sogar vier –, und wir aßen zusammen zu Mittag, ehe Angie zur Arbeit ging. Ich schnappte mir Connor, holte die Großen von der Schule ab, und dann kam auch schon Glenn, der auf die Kinder aufpasste, bis Angie zurück war. Ich hingegen machte mich auf den Weg zur nächsten Schicht.

Unser damaliges Leben war eine bemerkenswerte logistische Leistung. Rückblickend muss ich sagen, dass es manchmal ziemlich kompliziert war, aber dass alles dank der Unterstützung unserer Familien – vor allem der meines Bruders Glenn – rundlief. Wie in vielen anderen Familien auch.

Dieser Tag war ein guter. Meine Schicht verlief ohne besondere Vorkommnisse, und ich konnte sogar ein bisschen früher Schluss machen, weil sich in dem Schacht, in dem wir arbeiteten, ziemlich viel Wasser gesammelt hatte. Als ich zu Hause die Tür aufschloss, roch es nach Curry. Es war bisher also ein rundum gelungener Tag, und er sollte noch besser werden. Angie stand in der Küche, und Connor spielte neben ihr auf dem Boden. Als sie sich zur Begrüßung umdrehte, grinste sie von einem Ohr zum anderen.

»Was ist?«, fragte ich. Aber als sie es mir erzählen wollte, bekam sie einen Lachanfall.

»Was ist denn, Liebes?«, erkundigte ich mich neugierig. »Was ist so lustig?«

»Oh, Mill«, sagte sie, und es gelang ihr nur mit Mühe, sich zu beherrschen, »du wirst es nicht glauben. Ich kann es selbst kaum glauben.«

»Was glauben?« Ich hatte keine Ahnung, worauf sie hinauswollte. Ich war vor fünf Uhr morgens aus dem Haus gegangen und hatte völlig vergessen, dass sie an diesem Tag einen Termin in der Frauenklinik hatte, das fiel mir erst wieder ein, als Angie etwas aus ihrer Handtasche holte. Trotzdem war mir schleierhaft, was daran so witzig sein sollte.

»Setz dich«, befahl sie mir. Sie hielt etwas in der Hand.

»Ich soll mich setzen? Warum denn?« Ich sah zum Herd. »Das Abendessen ist doch noch nicht fertig, oder?«

Sie zog einen Stuhl heran. »Setz dich, Mill. Du wirst einen Stuhl brauchen, wenn du das hier siehst.«

Mit diesen Worten reichte sie mir ein Ultraschallbild. Für mich sah es zunächst aus wie all die anderen zuvor.

»Überraschung!«, rief sie, zeigte auf die beiden winzigen Herzen und musste schon wieder lachen.

Ich starrte das Bild an. Ganz langsam ging mir auf, was ich da sah. Ich schaute noch einmal genauer hin und konnte es kaum fassen. Wollte sie mich veräppeln? Scherze dieser Art passten zu ihr.

»Nie im Leben«, sagte ich.

»Doch, Mill«, entgegnete sie. »Es sind Zwillinge. Ganz ehrlich. Ist das nicht toll? Meine Güte, Mill, kannst du dir das vorstellen?« Sie winkelte beide Arme an. »Stell dir mal vor, wie es sich anfühlt, zwei im Arm zu halten! Und ich kann sie gleich anziehen – natürlich nur, wenn sie das gleiche Geschlecht haben – und ...«

»Warte«, sagte ich, »ich muss das erst mal in meinen Kopf kriegen. Wir bekommen Zwillinge?«

»Also, so überraschend ist das nun auch wieder nicht. Denk mal an Linda. Sie hat doch auch Zwillinge.« Linda war Angies Cousine und hatte ebenfalls Zwillinge. Wow, dachte ich. Wir kriegen wirklich Zwillinge.

Und je weiter es in mein Bewusstsein sickerte, desto besser fühlte es sich an. Ich reckte mich, um die schmerzenden Stellen im Rücken zu entspannen. »Hey, Angie«, grinste ich, »ich glaube fast, ich werde mit zunehmendem Alter immer besser. Jetzt schaffe ich es schon, gleich zwei auf einmal rauszuhauen.«

Lachend hob Angie Connor auf. »Hör dir den an«, sagte sie. »Jetzt tut er so, als wäre er eine Art Superbeschäler. Ganz ehrlich, Mill: Nimm es mir nicht übel, aber ich muss dich darauf hinweisen, dass ich es sein werde, die zwei auf einmal raushauen wird.«

Die Freude an diesem Tag war aber noch gar nichts im Vergleich zu den Glücksgefühlen beim nächsten Ultraschallbild. Es war in der zwanzigsten Schwangerschaftswoche, Connor hatte gerade seinen dritten Geburtstag gefeiert, und meine Schichten lagen in dieser Woche so, dass ich Angie zur Vorsorgeuntersuchung begleiten konnte.

Sie war schon seit dem frühen Morgen völlig aus dem Häuschen. Die Schwester hatte kaum die Tür geschlossen, da lag Angie bereits auf der Liege.

»Jetzt geht's los, Mill«, sagte sie und nahm meine Hand. »Mensch, bin ich aufgeregt!« Ich setzte mich neben sie, während sie sich an die Schwester wandte, die Gelkringel auf Angies Bauch verteilte. »Hatte ich Ihnen schon gesagt, dass wir gern das Geschlecht wüssten? Wenn es also irgendwie geht, wüssten wir es gern. Wissen Sie, wir haben schon vier Jungen und hoffen, dass dieses Mal vielleicht ein Mädchen dabei ist. Möglicherweise ja sogar gleich zwei!«

Die Schwester lächelte. Sie war eine schöne junge Frau mit dunklem Haar und einem gewinnenden Lächeln. »Nun«, meinte sie und schaltete das Gerät ein, »dann wollen wir doch mal schauen, was ich für Sie tun kann.« Sie grinste. »Ich habe selbst drei kleine Mädchen und kann Ihnen versichern, dass das durchaus nicht immer einfach ist.« Sie wandte sich an mich. »Und Sie hätten sicher auch gern ein Mädchen, stimmt's? Um sie nach Strich und Faden zu verwöhnen – jede Wette. Das tun nämlich alle Väter.«

Volltreffer! Meine Schwester war auch das einzige Mädchen in der Familie – und natürlich total verwöhnt.

»Dann mal los«, sagte die Schwester und ließ den Schallkopf über Angies Bauch gleiten. Wir sahen zu, wie sich das Bild aufbaute und veränderte. »Ah«, stieß sie schließlich hervor, drückte einen Knopf, um das Bild festzuhalten, und zeigte auf den Bildschirm. »Das hier ist eindeutig ein Junge«, erklärte sie. »Dann wollen wir doch mal sehen, ob das andere Baby dort seine Zwillingsschwester ist.«

Wieder drückte sie auf den Knopf, wieder veränderte sich das Bild. Ich spürte, wie Angie meine Hand fester umklammerte. Natürlich würde es weder für sie noch für mich das Ende der Welt bedeuten, wenn beide Babys Jungen wären. Ein kleines

Mädchen wäre für uns beide zwar das i-Tüpfelchen auf unserem Glück, aber zwei kleine Jungen hätten wir genauso lieb. Trotzdem drückte ich vorsichtshalber einmal den Daumen meiner freien Hand ganz fest.

»Aha«, ließ sich die Schwester wieder vernehmen, »hier haben wir … ja, ich denke schon.« Sie fuhr mit dem Schallkopf hin und her, um ein besseres Bild zu erwischen. Und dann grinste sie uns breit an. »Sieht ganz so aus, aus ginge Ihr Wunsch in Erfüllung. Das hier ist nämlich mit Sicherheit ein kleines Mädchen.«

Angie lachte und weinte gleichzeitig. Sie strahlte vor Glück. »Meine Güte, Mill«, schluchzte sie, »endlich kriegen wir unser Mädchen. Nichts wie heim, damit ich es Mam erzählen kann.«

Und das tat sie sofort nach unserer Rückkehr. Überhaupt sprach sie den ganzen Abend von nichts anderem mehr, sie sprach nur noch von den Dingen, die sie mit ihrer Tochter tun würde, von dem, was sie ihr beibringen, und von den hübschen Kleidern, die sie ihr anziehen würde.

»Und es geht hier nicht nur um mich«, fuhr sie fort, nachdem wir die Jungen zu Bett gebracht hatten. »Es ist passiert, stell dir das mal vor. Du bekommst eine Tochter! Und eines Tages wirst du sie zum Traualtar geleiten.«

Es war eine aufregende Zeit. Und eine sehr geschäftige obendrein. In ein paar Wochen würden wir eine Familie mit sechs Kindern sein, um die wir uns kümmern mussten, und das erforderte so einiges an Organisation. Wieder einmal füllten sich die Schränke mit Babykleidung. Klamotten für Jungen hatten wir inzwischen so viele, dass wir ein Geschäft hätten eröffnen können, doch die Sachen, die Angie von ihren Einkaufstouren mitbrachte, waren fast alle für Mädchen – rosa und mit Rüschen und Schleifchen.

Jake und Jade kamen an einem kalten Novembermorgen im Jahr 2002 zur Welt, und es war vermutlich der glücklichste Moment unseres Familienlebens. Natürlich mussten wir den Gürtel jetzt noch etwas enger schnallen, aber wir wollten unser Geld ohnehin nicht fürs Ausgehen verplempern. Nie war Angie zufriedener als in den Momenten, in denen wir samstagabends alle beisammensaßen, die Kinder schon im Schlafanzug, uns etwas vom Chinesen kommen ließen und sie mit einem Baby in jedem Arm – sie schaffte es tatsächlich, beide zu stillen – ihre geliebten Shows Pop Idol oder The X Factor sehen konnte. Und ich war einfach nur glücklich, weil sie glücklich war. Wie hätte ich es nicht sein sollen? Wir hatten alles, was wir brauchten, und das direkt bei uns zu Hause.

Kann man zu glücklich sein? Wollte uns das Schicksal auf die Probe stellen? Ich weiß es nicht, aber die Frage sollte sich schon bald stellen.

KAPITEL 7

Im März 2004 wachte ich eines Nachts plötzlich um ein Uhr auf. Das war eine denkbar ungünstige Uhrzeit, denn um sechs sollte meine Frühschicht beginnen, aber ich war mit einem Mal hellwach. Und ich fühlte mich irgendwie nicht wohl, ohne das Unwohlsein konkreter benennen zu können. Ich blieb still liegen und lauschte Angies sanftem Atem neben mir, ansonsten war alles ruhig und dunkel, abgesehen von der Digitalanzeige meines Weckers, der um 4 Uhr 30 läuten würde.

Trotz meiner unregelmäßigen Schichten hatte ich so gut wie keine Schlafprobleme. Sobald mein Kopf das Kopfkissen berührte, fielen mir die Augen zu. Aber in dieser Nacht kam ich aus irgendeinem Grund nicht mehr zur Ruhe. Ich versuchte herauszufinden, was mich geweckt hatte. Vielleicht unbewusste, verdrängte Sorgen? Es war ein ganz merkwürdiges Gefühl. Normalerweise hatte ich höchstens nach einer Nachtschicht mal Einschlafprobleme, weil es verständlicherweise nicht ganz leicht ist, zu schlafen, wenn alle um einen herum wach sind. Aber das war an diesem Tag nicht der Fall. Ich konnte mir nicht erklären, warum ich mich so seltsam rastlos fühlte.

Als ich mich zum soundsovielten Mal auf der Suche nach einer bequemen Stellung umdrehte, explodierte ein unglaublicher Schmerz in meinem Kopf. Ein Schmerz, wie ich ihn nie zuvor erlebt hatte. Als hätte mir jemand mit der flachen Hand die Stirn eingeschlagen. Natürlich hatte ich schon dann und wann einmal Kopfschmerzen gehabt, in letzter Zeit auch häufiger, aber ich hatte das für Migräne gehalten. Es hatte zwar ordentlich wehgetan, aber längst nicht so schlimm wie in diesem Moment.

Ich hatte plötzlich Angst und versuchte, mich aufzusetzen, aber das machte den Schmerz noch viel schlimmer. Und dann wurde mir ohne Vorwarnung furchtbar schlecht. Ich würde mich übergeben müssen und wollte noch aus dem Bett, aber es war schon zu spät. Ich konnte mich nur noch ein Stück vorbeugen und erbrach mich auf den Schlafzimmerboden.

Als ich mich bemühte, meine Beine aus dem Bett zu bekommen, bewegte sich Angie neben mir. Wie so viele Mütter hatte sie einen leichten Schlaf. Hastig setzte sie sich auf. »Mill?«, fragte sie und schlug die Bettdecke beiseite. »Was ist los?« Aber es war mir nicht möglich, ihr zu antworten. Ich konnte mich auf nichts mehr konzentrieren. Mir war schwindelig, und ich fand mich in der Dunkelheit nicht zurecht. Der Schmerz war so intensiv, dass ich an nichts anderes mehr denken konnte. Ich hatte das Gefühl, mich bewegen zu müssen. Ja, das war es. Ich musste ins Bad. Aber als ich versuchte, aufzustehen, gaben meine Beine unter mir nach.

Angie sprang auf, lief um das Bett herum und riss die Schlafzimmertür auf. Der Geruch des Erbrochenen ließ mich erneut würgen. »Ryan!«, rief Angie. »Ryan, wach auf! Du musst mir helfen!«

Die anschließenden Geschehnisse nahm ich kaum noch wahr; ich bekam wie durch einen Schleier mit, dass Ryan ins Zimmer polterte und Angie ihn anwies, bei mir zu bleiben, während sie selber nach unten rannte und einen Krankenwagen rief. Ich spürte, dass sie mich herumwälzten in dem Versuch, mir etwas anzuziehen. Ich konnte mich ganz offensichtlich nicht mehr selbst bewegen. Der Schmerz war überwältigend. Was zum Teufel war mit mir los? Ich hatte panische Angst.

An die Fahrt zum Barnsley District Hospital kann ich mich nicht erinnern. Das Nächste, was ich wahrnahm, waren helle

Lichter über mir und ein seltsamer, klinischer Geruch, der in meiner Nase kitzelte.

Jemand sprach mit mir. Ein Arzt.

»Mr Millthorpe?«, sagte er. »Können Sie mich hören? Wir haben eine Computertomografie gemacht. Sie hatten eine Hirnblutung, und wir verlegen Sie ins Sheffield Hallamshire Hospital. Okay?«

Ich versuchte zu nicken, aber es ging nicht. Alles um mich herum war verschwommen. Das Einzige, was ich deutlich hörte, war Angies Weinen.

Als ich das nächste Mal erwachte, hatte ich offensichtlich den Ort gewechselt und wurde auf einer Liege herumgefahren. Ich wusste, dass ich mich fortbewegte, weil über mir fluoreszierende Streifen vorbeihuschten. Angie war immer noch bei mir, ich konnte sie schluchzen hören. Tränen strömten über ihr Gesicht, während sie meine Hand hielt. Außerdem waren da noch andere Leute, unter ihnen mein Bruder Malc, meine Schwägerin Eileen sowie ein anderer Arzt, der leise und drängend auf mich einredete. Irgendwann hielten wir an, und rings um mich wurde es hektisch.

»Mr Millthorpe«, sagte der Arzt, der OP-Kleidung trug und somit vermutlich ein Chirurg war, »wir müssen Sie jetzt operieren. Wenn wir das nicht tun, sind Sie vermutlich binnen zwölf Stunden tot.«

Ich begriff nicht ganz, was er mir erklärte, spürte aber, dass Angie meine Hand drückte.

»Fühlen Sie sich in der Lage, die Einverständniserklärung zu unterzeichnen?«

Ich nickte. Was hätte ich sonst auch tun sollen? Zunächst aber, fuhr er fort, wolle er mich über die Risiken informieren. Und das tat er sehr offen. »Die Chance, dass Sie wieder ganz gesund werden, liegt bei etwa dreißig Prozent«, sagte er langsam. »Die

Möglichkeit, dass Sie den Eingriff nicht überleben, liegt ebenfalls bei dreißig Prozent. Und genausohoch ist auch das Risiko, dass Sie überleben, Ihr Gehirn aber bleibende Schäden davonträgt.« Er hielt inne. »Haben Sie das verstanden?«

Mathe war noch nie meine Stärke, aber diese Rechnung war nicht besonders schwierig. Ich würde entweder ganz sicher sterben, oder vielleicht sterben oder nur noch vor mich hin vegetieren. Andererseits konnte ich aber auch wieder gesund werden. Und Pech hatten wir schließlich schon zur Genüge gehabt; ich erinnere mich an diesen tröstlichen Gedanken, als wäre es erst gestern gewesen. Pech hatten wir definitiv zur Genüge gehabt. »Keine Sorge«, sagte ich zu Angie, die neben mir stand und herzerweichend weinte, »ich schaffe das. Ich weiß, dass ich es schaffe.«

Ich griff nach dem Kuli und unterzeichnete das Formular mit schlaffer, zittriger Hand. Angie küsste mich auf die Wange, dann rollte man mich in den OP. Als sich die Türen schlossen, hörte ich sie immer noch weinen.

Im OP ging es gleich wieder hektisch zu. Ich beobachtete, wie der Chirurg und seine Assistenten mich verkabelten, dann kam die Anästhesistin. »So, Ian«, sagte sie und schob eine Kanüle mit einer klaren Flüssigkeit in den Zugang in meinem Handrücken. »Ich werde Sie jetzt in den Schlaf befördern, okay?«

Ich erinnere mich, dass ich mich umblickte, jede Einzelheit aufnahm und überlegte, ob ich Angie und die Kinder je wiedersehen würde oder ob dieser hell erleuchtete Raum mit den piepsenden Geräten und zuckenden Lichtern das Letzte wäre, was ich je zu Gesicht bekommen würde. Die Wettquoten standen ganz sicher nicht zu meinen Gunsten.

Es gibt keinen himmlischen Spielberichtsbogen, so viel steht fest. Als ich nach der OP aufwachte, fühlte ich mich unendlich glücklich, denn es schien ganz so, als hätte das Schicksal doch zu meinen Gunsten entschieden. Ich war wach. Und ich lebte. Als Allererstes erblickte ich Angie. Sie saß, wie auch Malc und Eileen, ganz dicht neben mir.

»Alles wird gut, Mill«, waren ihre ersten Worte. »Es ist gut gelaufen.«

Sie beugte sich über mich, küsste mich und lächelte ihr wunderbares Lächeln. »Gott sei Dank«, seufzte sie leise. »Ich dachte schon, ich hätte dich verloren.«

Ich versuchte, meinen Blick zu fokussieren, konnte aber nur mit einem Auge sehen. All ihre Worte aber ergaben einen Sinn. Und ich konnte sie sehen, wenn auch nur verschwommen. Ich hatte überlebt.

»Du bist auf der Intensivstation«, erklärte sie, während ich den Blick über die neue Umgebung mit dem neuen Bett, jeder Menge Monitore und einem Haufen Röhrchen, die überall an mir befestigt waren, schweifen ließ. Und über einen Krankenpfleger, der sich laut Angies Worten um mich kümmern würde.

»Mein Auge«, sagte ich. »Es ist …«

Angie legte ihre Hand auf meine. »Das ist nur die Schwellung«, erklärte sie beruhigend. »Das kommt von der Operation. Dein Auge ist in Ordnung.«

Es schien sogar so, als sei ich tatsächlich in Ordnung. Ich verstand jedes einzelne Wort, das Angie sagte, und den Sinn ihrer Sätze. Was nur bedeuten konnte, dass mein Gehirn zumindest funktionierte, auch wenn sich mein Gesicht so dick und geschwollen wie ein Kürbis anfühlte.

Ich bemerkte, dass auch mein Bruder Barry da war, auf der anderen Seite des Bettes. Und dass draußen heller Tag war. Früher Nachmittag. Die Uhr zeigte zwei Uhr an. Mein Bruder grinste breit. Er weinte nicht, er grinste. Er zeigte auf meinen Kopf, den er im Gegensatz zu mir sehen konnte und der von ganz oben bis hinters Ohr mit zahlreichen Klammern zusammengeheftet war, was ich nicht wissen konnte.

»Sieht aus, als hätten sie dir einen Reißverschluss eingebaut, Kumpel«, kicherte er. »Damit könntest du locker bei Star Wars mitspielen.«

Am Tag nach der OP fühlte ich mich erstaunlich gut und durfte endlich etwas essen. Es gab Würstchen, Eier und Bohnen, und ich schlug ordentlich zu, denn ich war völlig ausgehungert. Aber irgendetwas stimmte nicht: Ich schmeckte nichts. Na prima, dachte ich, jetzt habe ich mir zu allem Überfluss auch noch eine Erkältung eingefangen. Abgesehen vom fehlenden Geschmackssinn fühlte sich nämlich auch meine Nase verstopft an, und wenn ich mich zu schnäuzen versuchte, kam Blut.

Ich dachte nicht weiter darüber nach, ich hatte schließlich wichtigere Dinge, um die ich mich kümmern musste. Zum Beispiel, mich möglichst schnell zu erholen und wieder nach Hause zu dürfen. Aber mit dem Abendessen – Rindfleischsuppe mit Klößchen – kam auch das Thema wieder auf den Tisch.

»Sieht ja super aus«, sagte Angie, die gerade mit Malc zu Besuch war.

»Ja, das stimmt«, bestätigte ich und schnüffelte daran. »Schade, dass ich nichts schmecke. Sieht mir echt ähnlich: Ich überlebe eine Hirnoperation und fange mir dann gleich einen Virus ein.«

Damit war das Thema für mich beendet. Ich war erkältet und konnte nichts riechen. Punkt. Erst ein paar Tage später unter der Dusche kam mir der Gedanke, dass vielleicht doch etwas mehr dahintersteckte. Angie hatte mir meine Toilettenartikel gebracht, unter anderem mein Aftershave. Es war ihr Lieblingsduft von Joop. Als ich es nach dem Rasieren benutzte, roch ich nichts. Ich schüttete mir ein wenig davon in die hohle Hand und hielt es mir unmittelbar unter die Nase. Nichts. Absolut nichts. Wie eigenartig. Selbst mit einer Erkältung würde ich einen derart starken Duft doch riechen müssen, oder? Offensichtlich war irgendetwas mit meiner Nase passiert.

Bei der morgendlichen Visite fragte ich den Arzt danach.

»Ah«, meinte er nur, »das kommt wahrscheinlich vom Eingriff.«

Er erklärte mir, dass sie, um das Aneurysma an meiner Hirnbasis erreichen und abklemmen zu können, mein Hirn hatten anheben müssen und dass dabei die Nervenbahnen zu meiner Nase beschädigt worden waren.

»Wird der Geruchssinn wiederkommen?«, fragte ich.

»Ich fürchte nein«, lautete die Antwort. »Diese Art Nerven können sich nicht regenerieren.«

Ende. Es dauerte eine ganze Weile, bis die Information mein Gehirn erreichte. Ich würde mein restliches Leben ohne Geruchssinn verbringen müssen.

Angie sah die Angelegenheit wie vermutet viel optimistischer. Als sie mich an diesem Abend besuchte und ich ihr mit mehr schlecht als recht gespielt tapferer Miene begegnete, forderte sie hartnäckig von mir, doch bitte positiv zu denken. Ich lebte, obwohl die Chancen wahrlich gering gestanden hatten. Ich würde meine Kinder aufwachsen sehen.

»Und noch etwas, Mill«, sagte sie zum Schluss und lächelte mich fröhlich an. »Denk doch einfach daran, um wie viel angenehmer es jetzt für dich ist, Windeln zu wechseln.«

Natürlich hatte Angie recht. Ich sollte Dankbarkeit empfinden, überhaupt am Leben zu sein. Aber ich musste einen ganzen Monat im Krankenhaus bleiben, das war eine gefühlte Ewigkeit. Man hatte Angie geraten, die Kinder nicht mitzunehmen, und so war ich entsprechend einsam. Abgesehen von den täglichen Besuchen von Angie und dem Rest der Familie zogen sich die Stunden schier endlos dahin, und die Tage wollten einfach nicht vergehen.

Da ich zu strikter Bettruhe verdammt war, konnte kaum etwas die Monotonie unterbrechen. Ich verschaffte mir lediglich etwas Abwechslung, indem ich verbotenerweise zu lange aufstand und mich anschließend von den Schwestern ordentlich abkanzeln ließ.

Als die Zeit der Entlassung nahte, zählte ich die verbleibenden Tage wie ein Häftling in der Zelle. Ich konnte es nicht erwarten, endlich nach Hause zu kommen, und nichts auf der Welt würde mich daran hindern. Also erwähnte ich mit keinem Wort, dass ich zwei Tage vor meiner Entlassung beim Gehen Hüftschmerzen bekam. Wahrscheinlich war es ohnehin eine Bagatelle. Ich hielt mich für gewöhnlich körperlich fit, und vermutlich nahm mir mein Körper einfach nur die lange Zeit der Untätigkeit übel. Aber ich war kaum zu Hause angekommen, da musste ich mir eingestehen, dass es vermutlich doch ernster war. Je weiter der Tag voranschritt, desto stärker wurden die Schmerzen. Als ich ins Bett gehen wollte, konnte ich mich kaum noch bewegen.

»Kommst du mit nach oben?«, erkundigte sich Angie nach dem Fernsehen.

Ich schüttelte den Kopf. In diesem Augenblick konnte ich mir nicht einmal vorstellen, auch nur von der Couch aufzustehen. »Ich glaube, ich schlafe lieber hier unten«, sagte ich. »Geh du nur nach oben. Ich würde dich mit meinem Gezappel ohnehin nur wach halten.«

»Aber warum denn?«, erkundigte sie sich. »Ist alles in Ordnung, Mill?«

»Mir geht es bestens«, schob ich ihre Besorgnis beiseite. »Ich fühle mich nur ein bisschen steif. Irgendwie unbehaglich.«

»Dann schlafe ich hier unten bei dir.«

»Brauchst du nicht. Geh einfach hoch, und hol dir eine Mütze Schlaf.«

Mir gelang das nicht, ich verbrachte die Nacht mit fürchterlichen Schmerzen. Inzwischen konnte ich kein Körperteil mehr bewegen, ohne vor Qual aufzustöhnen. Was war das nur? Etwa noch eine Hirnblutung? Wieder bekam ich es mit der Angst zu tun. Als Angie ins Wohnzimmer kam, konnte ich die Fassade nicht länger aufrechterhalten.

»Ich leide Höllenqualen«, gestand ich ihr. »Mir tut wirklich alles weh.«

Angie verlor keine Zeit mit Diskussionen. Sie ging auf direktem Weg zum Telefon und rief einen Krankenwagen. Und zitierte Glenn herbei, der Ryan bei der Beaufsichtigung der Kleinen helfen sollte, als Angie und ich auch schon im Krankenwagen zurück ins Krankenhaus fuhren.

Malc und Eileen folgten im eigenen Auto, und auch mein Bruder Barry kam zum Hospital. Mir ging es so unglaublich schlecht, dass ich der Überzeugung war, sterben zu müssen. Es konnte einem doch nicht so schlecht – und von Minute zu Minute schlechter – gehen, ohne dass etwas Lebensbedrohliches dahintersteckte!

Wie sich herausstellte, hatte ich recht. Es war tatsächlich lebensbedrohlich. Nach einer Lumbalpunktion stand innerhalb einer Stunde die Diagnose fest: Meine Schmerzen waren auf eine schwere postoperative Meningitis zurückzuführen, und ich musste zurück ins Royal Hallamshire. Um zehn Uhr abends lag ich bis zur Halskrause mit Medikamenten zugedröhnt in just dem Krankenhaus, das ich erst am Tag zuvor verlassen hatte.

Ich erinnere mich an eine Krankenschwester, die ich in jener Nacht geradeheraus fragte, ob ich sterben müsse. Und ich erinnere mich auch an ihre beängstigende Antwort: »Wir tun alles, was in unserer Macht steht.«

Eigentlich hätte ich drei weitere Wochen im Krankenhaus bleiben und dreimal täglich an einen Tropf mit Antibiotika angeschlossen werden müssen. Und nachdem ich dem Tod nun ein weiteres Mal und so knapp nach dem ersten gerade so noch einmal von der Schippe gesprungen war, hätte ich eigentlich auch in den sauren Apfel beißen und genau das tun sollen. Aber ich konnte es nicht ertragen. Mehr als einen Monat hatte ich die Kinder kaum gesehen, und ich wollte nur noch nach Hause und mich einigermaßen normal fühlen.

Im Nachhinein bin ich froh, dass ich die Ärzte überreden konnte, mich zu entlassen und mir meine Medikamente von der Bezirkskrankenschwester verabreichen zu lassen, denn kaum war ich daheim, da bahnte sich auch schon die nächste Katastrophe an. Eines Tages wartete ich im Haus auf die Schwester, als Angie durch das Fenster unseren Dackel Poppy in einer Blutlache in der Auffahrt liegen sah. »Komm schnell, Mill«, rief sie. »Poppy blutet.« Ich ging zu Poppy, die aus dem Hinterteil blutete und sehr krank wirkte.

Angie hatte keinen Führerschein, und ich durfte noch nicht fahren, also riefen wir meinen Bruder Malc an, ob er den Hund zum Tierarzt bringen könne. Er tat es. Nachdem die Schwester da gewesen und mir meine Medikamente verabreicht hatte, rief Malc an und sagte, der Tierarzt habe Poppy geröntgt und ihm mitgeteilt, die Kleine habe Krebs und es sei das Beste, sie einschläfern zu lassen.

Angie war am Boden zerstört. Sie liebte Poppy wie eines ihrer Kinder. Nie werde ich ihren Blick vergessen, als Malc mit Poppys kleinem Halsband in der Hand aus dem Auto ausstieg.

Es war schön, wieder zu Hause zu sein, aber je mehr Zeit verging und je gesunder ich wurde, desto mehr wurde mir bewusst, wie viel ich verloren hatte. Es war nicht nur mein Geruchssinn, auf den ich verzichten musste. Es sah ganz so aus, als würde ich auch ohne meine Arbeit leben müssen. Und zwar nicht nur wegen der Hirnblutung. Unmittelbar nach meiner OP hatte der Arzt mir erklärt, der Eingriff sei wegen des äußerst schlechten Zustands meiner Lunge sehr riskant gewesen. Die Anästhesistin hatte gar befürchtet, ich würde nicht überleben – nicht wegen des Aneurysmas, sondern wegen meiner Lungenschwäche. Die Arbeit unter Tage hatte offenbar ihren Tribut gefordert. Meine Lungenfunktion war zu 50 Prozent eingeschränkt.

Plötzlich waren die Aussichten düster. Es würde so oder so noch mindestens ein Jahr bis zu meiner Gesundschreibung dauern, dazu mussten alle Symptome verschwunden sein. Als Folge der Hirnblutung litt ich noch mehrere Monate unter fürchterlichen Kopfschmerzen und gelegentlichen Blackouts. Und obwohl ich die Hoffnung lange Zeit nicht aufgab, wusste ich im Grunde Bescheid. Ich würde den medizinischen Test nie und nimmer bestehen, selbst wenn die Folgen der Hirnblutung endgültig behoben waren, dafür würden meine Lungen schon sorgen.

Ich hatte keine Wahl. Mein Leben als Bergmann war vorbei. Mit nur zweiundvierzig Jahren musste ich in den vorgezogenen Ruhestand gehen.

Die Umstellung fiel mir sehr schwer. Ich hatte meinen Beruf immer geliebt und mich über ihn definiert. Natürlich war die Arbeit hart, aber die Atmosphäre in der Grube war einfach toll. Wir waren ein Team, ein starkes Team, in dem jeder auf den anderen achtete. Außerdem gab es kein schöneres Gefühl, als nach einer langen Schicht nach Hause zu kommen, sich zu entspannen und zu wissen, dass man gute Arbeit geleistet und für Frau und Kinder gesorgt hatte.

Aber ich fand mich damit ab. Ich musste es. Meine Gesundheit war wichtiger – und zwar für uns alle. Außerdem wollte ich keinesfalls so enden wie mein Vater, der viel zu früh starb und zum Schluss um jeden Atemzug kämpfen musste. Mir war auch klar, dass man in Angies Familie ziemlich alt wurde und dabei gesund blieb. Welchen Nutzen hätte ich noch für sie, wenn die

Kinder eines Tages aus dem Haus wären und ich dank des eingeatmeten Kohlenstaubs als halber Krüppel an ihrer Seite stünde?

Finanziell war meine Verrentung eine Katastrophe. Natürlich bekam ich eine Rente, aber mit sechs Kindern waren wir nun ärmer denn je. Trotzdem ist meine intensivste Erinnerung aus dieser Zeit nach meiner vollständigen Genesung das Gefühl, ein echter Teil der Familie zu sein. Ich hatte so viel Zeit in der Grube verbracht und so viel vom Wachstum und der Entwicklung der Kinder verpasst. Jetzt genoss ich es, dabei zu sein. Vielleicht passiert genau das, wenn man so knapp am Tod vorbeigeschrammt ist: Das Leben fühlt sich in jeder Beziehung reicher an.

Rückblickend müssen wir in dieser Zeit sogar besonders glücklich gewesen sein. 2005 wurde nämlich Corey Ian geboren. Und dann wurden wir zu unserer großen Freude im folgenden Jahr auch noch Großeltern, weil Damon und seine Freundin Natalie einen kleinen Jungen bekamen.

Angie war völlig hingerissen. Großmutter zu sein, sei das beste Gefühl der Welt, behauptete sie, bevor sich zeigte, dass sie auch als Mutter noch taugte. Als sie im Jahr 2007 unsere zweite Tochter Ella Rose zur Welt brachte, scherzte ich, dass ich vielleicht den Chirurgen aufsuchen sollte, der mein Aneurysma abgeklemmt hatte, damit er mir etwas anderes abklemme …

KAPITEL 8

Unglaublich, dass Ella nun schon bald drei wird und Ryan inzwischen sechsundzwanzig ist. Vielleicht gründet dieses Gefühl der Verwunderung ja darin, dass sich seit Ellas Geburt so gut wie alles von Grund auf verändert hat. Unglaublich auch, dass Angie schon länger als ihr halbes Leben Mutter ist und acht wunderbare Kinder zur Welt gebracht hat.

Und sie hat das wirklich gut gemacht und kann sehr stolz auf sich sein. Die drei ältesten Jungen stehen alle in Lohn und Brot, auch wenn sie nicht in meine Fußstapfen getreten sind. Keiner arbeitet in der Grube, zumal seit der Krise 1984 im Kohleabbau keine Karriere mehr zu machen ist. Trotzdem arbeiten sie gewissermaßen immer noch im Bergwerk: Ein Küchenhersteller hat das Gelände übernommen, und bei ihm schuften sie schwer für einen guten Lohn.

Auch die Jüngeren machen sich prima. Connors Grundschulzeit endet jetzt, Jade und Jake gehen noch hin. Zu Hause sind jetzt nur noch Corey und Ella, und mit ihnen genießen wir jede Sekunde.

Es bricht mir fast das Herz, zu wissen, dass Angie bald nicht mehr hier ist, dass ihre jüngsten Kinder ohne ihre Mutter aufwachsen müssen und dass diese grässliche Wirklichkeit mit jeder Geburtstagsfeier in der Familie näher rückt. Obwohl es natürlich auch ein Grund zum Feiern ist, dass sie noch bei uns ist und uns noch nicht verlassen hat.

Heute haben wir Ella bei Damons Freundin Natalie abgegeben – unsere Tochter spielt liebend gern mit unserem Enkel

Warren – und sind zu Toys"R"Us gefahren, um ein Geburtstagsgeschenk für sie zu erstehen.

Ich bin schon oft hier gewesen, aber heute fühlt es sich ganz anders an, weil ich den Laden plötzlich mit Angies Augen sehe. Zumindest nehme ich an, dass Angie wegen der Kürze der Zeit, die ihr noch bleibt, jedes noch so kleine Detail in gewisser Weise verzerrt wahrnimmt.

Der dritte Geburtstag gilt in einem Spielzeuggeschäft als eine Art Meilenstein. Eine Hürde, die es zu überwinden gilt. Drei bedeutet den Zugang zu einem völlig neuen Spielzeugbereich jenseits der Markierung »0-3«. Kilometerlange Regalreihen sind bis zum Dach vollgestopft mit buntem Spielzeug, das Angie bald nicht mehr für ihre Kinder wird kaufen können.

Ich versuche, an etwas anderes zu denken und den Augenblick zu genießen, wie sie es mir ans Herz gelegt hat. Und während ich Angie zusehe, die unentschlossen um Puppenkleider und Puppenwagen herumschleicht, wird mir plötzlich bewusst, dass ich genau das tue. Ich genieße den Augenblick. Stünde nicht der Tod vor der Tür, wäre ich vermutlich überhaupt nicht hier, um etwas mit Angie zu teilen, was ihr offensichtlich großen Spaß macht.

Nachdem die Geschenke ausgesucht sind und wir schon an der Kasse stehen, ändert Angie ganz plötzlich noch einmal ihre Meinung.

»Oh, Mill«, ruft sie, als sie einen kleinen weißen Spielzeughund entdeckt. Er sieht aus wie ein West Highland Terrier, hat Halsband und Leine, und zu Angies Entzücken bellt er sogar, wenn man ihn hinter sich herzieht.

»Jetzt weiß ich wirklich nicht, wie ich mich entscheiden soll«, murmelt sie, nimmt den kleinen Hund aus dem Regal und streichelt ihn, als wäre er echt. Angie liebt Hunde. »Ich glaube, Ella wäre begeistert«, meint sie. »Sie könnte ihn mitnehmen, wenn wir mit Pebbles Gassi gehen.«

Wir können es uns zwar nicht leisten, aber ich rate ihr, den Hund auch noch mitzunehmen.

Pebbles hatte ich Angie an Weihnachten 2006 geschenkt. Wir hatten zwar schon Jeff, aber der war eigentlich Reece' Hund. Sie kam einige Monate nach Poppys Tod ins Haus. Zu diesem Zeitpunkt hatte Malcs Hündin Junge bekommen, und als wir sie uns anschauten, verliebte Reece sich auf den ersten Blick in Jeff, und so erlaubten wir ihm, den Welpen zu behalten. Weil ich aber wusste, wie sehr Angie für Dackel schwärmte, erkundigte ich mich nach Züchtern und entschied mich schließlich für eine winzige rote Langhaardackeldame.

An Heiligabend erklärte ich Angie nachmittags, ich müsste noch etwas erledigen, und fuhr dann dreißig Meilen, um den kleinen Hund abzuholen. Ich konnte es kaum abwarten, Angies Gesicht beim Anblick des Tieres zu sehen – auch wenn ich dazu erst einmal das Wo-warst-du-so-lange-Gesicht ertragen musste. Da nur Reece in meinen Plan eingeweiht war, musste ich mit List vorgehen.

Weil ich einen acht Wochen alten Welpen schlecht einpacken und unter den Christbaum legen konnte, nahm ich das zitternde Fellbündel noch im Auto aus der Reisebox und steckte es mir unter die Jacke.

Angie war mit den Kindern im Wohnzimmer und wärmte sich die Hände am Kaminfeuer.

»Hi«, begrüßte ich sie und bemühte mich redlich, nicht loszuprusten. »Mein Weihnachtsgeschenk für dich steckt hier unter meiner Jacke.«

Angie blickte mich zunächst ziemlich seltsam an, doch ihre Augen weiteten sich zu ungläubigem Staunen, als ich den Reißverschluss öffnete und das kleine Hundegesicht zum Vorschein kam. Angie sah ohnehin aus wie das blühende Leben – sie war im dritten Monat mit Ella schwanger –, aber jetzt strahlte ihr Gesicht heller als unser Christbaum. In diesem Jahr waren wir wirklich sehr glücklich.

Leider sollte dieses Glück nicht von Dauer sein. Im November 2007, sechs Monate nach Ellas Geburt, bekam Angie einen merkwürdigen Husten. Sie wurde ihn einfach nicht los, und ich lag ihr in den Ohren, endlich zum Arzt zu gehen. Da es ihr aber ansonsten gut ging, schob sie den Arztbesuch auf die lange Bank.

»Mir geht es gut, Mill«, behauptete sie immer wieder. »Hör endlich auf, dir Sorgen zu machen.«

Ich konnte aber nicht damit aufhören. Was, wenn es doch etwas Ernstes war? Eigentlich gab es keinen triftigen Grund, so zu denken, denn Angie hatte nie geraucht, und ihr Brustkrebs lag so lang zurück, dass er mir kaum noch präsent war, aber nachdem ich selbst gerade so eben noch einmal überlebt hatte, hatte ich einfach das Gefühl, ein wenig Wachsamkeit könnte nicht schaden. Ich erinnerte mich noch allzu deutlich an meine Angst, meine Kinder nicht aufwachsen zu sehen. Angie und ich hatten seit unserer Teenagerzeit davon gesprochen, dass wir nicht ohneeinander leben wollten. Beide wünschten wir uns, vor dem anderen zu sterben.

Ich quengelte also weiter, und als sie schließlich auch noch mit Atemnot zu kämpfen bekam, machte ich einen Arzttermin für sie aus, fuhr sie hin und ging mit ihr hinein.

Der Arzt nahm ihren Husten offensichtlich auch nicht auf die leichte Schulter, sondern überwies Angie zum Röntgen ins Krankenhaus. Den Termin bekam sie allerdings erst zwei Wochen später. Auch dieses Mal fuhr ich sie hin und begleitete sie hinein.

»Es wird schon nichts Ernstes sein, Mill«, sagte Angie, als

wir im Wartezimmer des Arztes saßen. Auch er untersuchte sie gründlich und hörte sie ab, ehe er sie zum Röntgen nach unten schickte. »Es ist ganz sicher nichts Ernstes«, erklärte sie, als sie aus der Radiologie zurückkam. »Warts ab, Mill. Du machst dir einfach zu viele Sorgen.«

Wir händigten der Vorzimmerdame des Arztes den braunen Umschlag aus. Sie schickte uns in ein Behandlungszimmer und sagte, der Arzt käme zu uns, sobald er sich die Bilder angesehen hätte.

»Ich habe riesigen Durst«, sagte Angie, als wir schließlich saßen. »Mein Mund ist strohtrocken. Könntest du vielleicht zum Krankenhauskiosk gehen und mir ein paar Kaugummis und eine Flasche Limo besorgen? Das hier wird wohl noch eine Weile dauern.«

Brav machte ich mich auf die Socken. Ich war froh, etwas zu tun zu haben, denn diese Warterei im Krankenhaus macht mich immer ganz kirre. Davon habe ich schließlich in meinem Leben mehr als genug gehabt. Und natürlich sollte ich mir nicht wegen jeder Kleinigkeit gleich graue Haare wachsen lassen. Positiv denken, wie Angie mir regelmäßig predigte. Im Gehen bemühte ich mich, mir das Gefühl dräuenden Unheils auszureden. Vielleicht war es ja wirklich nichts Schlimmes. Irgendetwas, das man mit entsprechender Behandlung bald wieder unter Kontrolle bekam. Als ich endlich Kaugummi und Getränk erstanden hatte und wieder auf dem Rückweg war, hatte ich mich fast überzeugt. Doch als ich den Vorhang der Kabine zurückzog, in der sich Angie bereits mit dem Arzt unterhielt, erkannte ich an ihrem Gesichtsausdruck sofort, dass ich mich zu früh gefreut hatte.

Angie redete nicht lang um den heißen Brei herum. »Schlechte Nachrichten«, sagte sie mit tonloser Stimme. »Auf meiner Lunge ist ein Schatten.«

Sie wandte sich wieder dem Arzt zu, und ich stand einfach

da, erstaunt und fassungslos, mit dem Kaugummi in der einen und der Limo in der anderen Hand. »Könnte es eine Lungenentzündung sein?«, erkundigte sie sich. Ich hörte die Angst in ihrer Stimme.

Der Arzt schüttelte den Kopf. »Ich weiß es nicht«, sagte er. »Ich fürchte, wir müssen eine Biopsie machen, dann wissen wir mehr.«

Ich blickte Angie an, aber sie nickte nur ruhig. »Wann?«
»In den nächsten Tagen. Länger sollten wir keinesfalls warten.«
»Also irgendwann um Weihnachten?«
»Ja«, bestätigte der Arzt. »Irgendwann um Weihnachten.«

Es war ein schwieriges Weihnachtsfest, aber wir bemühten uns, den Mut nicht sinken zu lassen. Schließlich standen die Chancen für Angie keinesfalls schlecht. Sie hatte nie geraucht – damit schied Lungenkrebs weitestgehend aus. Und was den Brustkrebs betraf – da konnte doch gar kein Zusammenhang bestehen, oder? Siebzehn Jahre war es her, dass sie für gesund erklärt worden war. Die Krankheit war längst Geschichte. Wir beschlossen, dass es eine Lungenentzündung sein musste. Ziemlich wahrscheinlich sogar. Und eine Lungenentzündung war heilbar. Das wussten wir, weil Angies Schwester – sie hieß ebenfalls Diane – erst im letzten Jahr eine durchlitten hatte. Sie war ein paar Tage im Krankenhaus gewesen und längst wieder quicklebendig.

Den Termin zur Besprechung der Ergebnisse der Biopsie hatten wir Anfang Januar, als die Kinder schon wieder zur Schule gingen. Es war ein trockener, bitterkalter Tag. Auf den Rasenflächen und dem Bürgersteig glitzerte Reif. Obwohl ich mir redlich Mühe gab, positiv zu denken, kroch mir die Angst in den Nacken. Was, wenn es doch etwas Schlimmes war? Was dann? Im Wartezimmer umklammerte ich Angies Hand so fest, dass ich ihr fast das Blut staute. Ich wusste einfach nicht, wohin mit mir. Angie saß nur da und starrte Löcher in die Luft. Lieber Gott, flehte ich innerlich, bitte, bitte, lass es eine gute Nachricht sein.

»Angela Millthorpe!«

Wir sprangen beide auf, und sofort umklammerte mich die Angst wieder mit eiskalter Hand. Jetzt war es so weit. Wir folgten der Schwester ins Sprechzimmer und setzten uns.

Der Arzt starrte auf seinen Monitor, ehe er Angie ansah.

»Dieser Schatten auf Ihrer Lunge«, begann er, »haben Sie irgendeine Vorstellung, was das sein könnte?«

Verwirrt über die Frage blickte Angie ihn an. »Lungenentzündung vielleicht?«

Er schüttelte den Kopf. »Nein, das ist es nicht. Was könnte es denn sonst noch sein?«

Angie dachte lange nach. »Also«, meinte sie schließlich, »1993 hatte ich Brustkrebs ...«

Sie brach ab. Am Gesicht des Arztes konnten wir beide ablesen, was nun kommen würde.

»Es tut mir sehr leid«, sagte der Arzt langsam, »aber es ist Ihr Brustkrebs.« Er schwieg einen Augenblick, ehe er fortfuhr: »Er ist zurückgekommen und hat in die Lunge gestreut.«

Ich saß da wie vom Donner gerührt und konnte es nicht fassen. Ihr Brustkrebs? Es war mir einfach unerklärlich. Nach siebzehn Jahren und fünf weiteren Kindern war dieser winzige Knoten in Angies Brust – ein Knoten von der Größe einer Erbse – zurückgekehrt, um unser Leben zu zerstören? Ich bemühte mich, die Tränen zurückzuhalten, aber es wollte mir nicht gelingen. Ich konnte es kaum ertragen, Angie anzuschauen, aus Angst, dann endgültig zusammenzubrechen, und als ich es dann doch tat, sah ich, dass sie zitterte. Sie zitterte, aber sie weinte nicht. Sie zwang sich zur Ruhe, und sie war es auch, die tröstend den Arm um mich legte.

»Schon gut, Mill«, sagte sie und drückte meine Schultern. »Ich bin okay. Und du auch.«

Aber sie konnte doch nicht okay sein, wo doch ihr Krebs zurückgekehrt war. Und wie hätte ich okay sein können? Überhaupt irgendeiner von uns?

»Ich werde Sie an einen Onkologen überweisen«, sagte der Arzt, während Angie und ich uns aneinanderklammerten. »Mit ihm können Sie die Möglichkeiten durchsprechen. Aber bitte so schnell wie irgend möglich.«

Ich nahm kaum noch etwas wahr. Die Schwester, die sich ebenfalls im Sprechzimmer aufhielt, trat auf uns zu und legte Angie die Hand auf die Schulter. »Möchten Sie einen Augenblick miteinander allein sein?«, fragte sie freundlich.

Angie schüttelte den Kopf. »Nein«, sagte sie. »Komm, Mill, bring mich nach Hause. Ich möchte möglichst schnell nach Hause. Bitte!«

Die Schwester nickte, und wir verließen das Sprechzimmer. Ich erinnere mich an die Leute im Wartezimmer und ihre Gesichter. Ein Blick genügte, um zu wissen, dass wir extrem schlechte Nachrichten erhalten hatten. Es war, als stünde auf unserer Stirn groß und breit das Wort »Krebs« geschrieben.

Als wir am Auto ankamen, waren wir beide jedoch schon wieder wild entschlossen, positiv zu denken. Wir durften auf keinen Fall vom Schlimmsten ausgehen, bevor wir nicht alle Fakten kannten. Gut, der Krebs war zurückgekommen, aber das bedeutete noch lange nicht, dass es keine Hoffnung mehr gab. »Lass uns erst mal abwarten, was der Onkologe sagt«, beschwichtigte mich Angie. »Wer weiß, vielleicht können sie den Tumor ja einfach wegoperieren wie beim letzten Mal. Und danach noch eine Chemo, und alles ist wieder okay. Das hat letztes Mal ja auch funktioniert.«

Ich nickte und wischte mir über die Augen. Als wir im Auto

saßen, beugte ich mich zu Angie hinüber und küsste ihre nasse Wange. »Ja, mein Liebling. Wahrscheinlich wird es so sein.«

Die zwei Wochen bis zum Termin beim Onkologen vergingen unendlich langsam. Seit wir wussten, was hinter Angies Symptomen steckte, kam uns jede Minute wie eine Ewigkeit vor – eine Ewigkeit, während der der Krebs in ihrer Lunge weiter wuchs. Und je größer er wurde, desto schwieriger würde er zu entfernen sein.

Die Hoffnung aber, den Krebs auch dieses Mal schnell loszuwerden, wurde uns von der Onkologin gleich zu Beginn des Gesprächs genommen.

»Es tut mir sehr leid«, sagte sie freundlich zu Angie, »aber dieses Mal können wir Sie nicht heilen, Mrs Millthorpe. Uns bleibt nur der Versuch, Ihr Leben mit Chemotherapie zu verlängern.«

Wir starrten sie verständnislos an. Angie war steif vor Schreck; blass und mit zusammengebissenen Lippen saß sie da. Schlimmer hätte es nicht kommen können. Unheilbar. Lebensverlängernde Maßnahmen. Wie lang konnte man verlängern? Am liebsten hätte ich geschrien, gebrüllt, um mich getreten und irgendetwas kurz und klein geschlagen. Es war einfach nicht fair! So brutal. So endgültig. Das Todesurteil für eine unschuldige, junge Frau. Und keine Begnadigung. Nun würde ich sie wirklich verlieren. Wir würden sie verlieren. Es war vorbei.

Auf dem Heimweg weinten wir beide. Angie schluchzte haltlos. Ihre Schultern zuckten. Tränen tropften auf ihren Schoß. Ich war kaum fahrtüchtig. Tränen trübten meinen Blick. Die Vorstellung, bald ohne Angie leben zu müssen, zerriss mich fast. Als wir aber in unsere Straße einbogen, setzte Angie sich plötzlich auf. »Hör zu, Mill«, erklärte sie und tupfte sich das Gesicht ab, »wir sollten die jüngeren Kinder noch nicht einweihen. Den drei Ältesten müssen wir es sagen, aber die Kleinen halten wir außen vor, solange es eben geht, okay? Ich könnte es nicht ertragen, wenn sie es wüssten. Und helfen würde es ohnehin nichts. Sie würden sich höchstens fürchten. Wir können es ihnen nicht sagen, es geht einfach nicht.«

Ich nickte, und sie nahm meine Hand. »Weißt du«, sagte sie leise und schaute mich an, »wenn sie mir wirklich nicht mehr helfen und mein Leben nur mit einer Chemo ein bisschen verlängern können, dann möchte ich die verbleibende Zeit wenigstens genießen. Okay? Wir machen einfach weiter wie bisher – zumindest, soweit das möglich ist. Dieser Krebs kostet mich vielleicht das Leben, aber er wird mir keinesfalls die Zeit verderben, die mir noch bleibt. Einverstanden?«

Wir umarmten uns. Ich konnte nicht sprechen und erstickte fast an meinem Schluchzen. »Mill«, sagte Angie schließlich, wich ein Stück zurück und blickte mich streng an. »Los jetzt, Mill. Reiß dich zusammen. Bitte. Die Kinder dürfen dich auf keinen Fall so sehen.« Sanft wischte sie mir mit den Händen die Tränen von den Wangen. Plötzlich blickte sie an mir vorbei. »Mach schon, Mill«, flüsterte sie. Ich drehte mich um. Meine Brüder Barry und Malc sowie Malcs Frau Eileen kamen auf uns zu. Mir war sofort klar, dass wir ihnen die schreckliche Wahrheit nicht zu sagen brauchten, sie hatten sie schon auf unseren Gesichtern gelesen.

Wir stiegen aus. Eileen begleitete Angie ins Haus. Malc und Barry bemühten sich, mich zu trösten, aber es wollte mir einfach nicht gelingen, mich zusammenzureißen.

»Komm schon, Ian«, meinte Malc. »Es ist hart, aber du musst es wenigstens versuchen. Die Kinder dürfen dich so nicht sehen. Reiß dich zusammen. Tu es für Angie.«

Ich sah meine Brüder an und bemühte mich wirklich verzweifelt, aber es ging nicht. Der Gedanke an ein Leben ohne Angie und daran, dass unsere Kinder ihre Mutter so jung auf so grausame Weise verlieren würden, überwältigte mich einfach. Ich konnte ihn nicht ertragen. Und während wir schließlich langsam auf das Haus zugingen, wuchs in mir eine unglaubliche Wut – gegen einen Feind, gegen den ich nichts auszurichten vermochte. Und ehe Barry oder Malc es verhindern konnten, versetzte ich der Hauswand einen ungeheuren Faustschlag. Aber besser fühlte ich mich danach keineswegs.

Ich fürchtete mich vor dem Gespräch mit unseren Großen. Wie beginnt man überhaupt ein solches Gespräch? Zumal in meinem Zustand! Aber Angie wollte es, das war deutlich.

Während Malc, Eileen und Barry also die Kleinen im Wohnzimmer bespaßten, riefen wir Reece, Ryan und Damon in die Küche. Danach ging alles ganz schnell.

Reece kam als Erster, während ich noch versuchte, meine blutende Hand vor Angie zu verbergen, und ehe ich mich überhaupt sortiert hatte, legte Angie ihm schon den Arm um die Schulter und erzählte es ihm. Als die beiden anderen erschienen und ihren verwirrten und verstörten Bruder erblickten, nahm ich sie mit in den Garten und übermittelte auch ihnen die schreckliche Nachricht. Es war einer der traurigsten Tage meines Lebens.

»Wie lang hat sie noch?«, fragte Ryan mit Tränen in den Augen. Es war so viele Jahre her, seit ich ihn hatte weinen sehen, und es brachte mich fast um. Damon ging es ähnlich. Er brachte kein Wort heraus und bemühte sich verzweifelt, sich zusammenzureißen.

Aber es war zwecklos. Ich zog sie beide an mich, und wir weinten gemeinsam draußen im Garten, vor den restlichen Mitgliedern unserer Großfamilie: Jades Kaninchen Snowdrop hoppelte in seinem Gehege herum, und in der Voliere saßen unsere beiden wunderschönen Wüstenbussarde Taz und Jess.

Taz gehörte Reece, Jess mir. Die Vögel waren so etwas wie unsere Leidenschaft. Nachdem ich Angie überzeugt hatte, dass ein Hobby an der frischen Luft für Reece sicher nicht das Schlechteste sei, hatte ich am Ende unseres Gartens eine große Voliere gebaut und mich schnell von dem Virus anstecken lassen. Weil die Vögel täglich fliegen mussten, begaben wir uns jeden Tag mit ihnen in die Moore und Wälder der näheren Umgebung und ließen sie dabei frei über unseren Köpfen fliegen. Unsere beiden Bussarde waren einfach wundervolle Haustiere – wild, aber trotzdem treu. Sobald wir sie riefen, kehrten sie zu uns zurück.

Jetzt betrachtete ich sie. Sie begrüßten uns mit ihren durchdringenden, traurig klingenden Stimmen, als ob sie sich wunderten, wieso wir sie noch nicht hatten fliegen lassen, obwohl wir doch alle zu Hause waren. Und als ob sie versuchen wollten, einen Zustand wiederherzustellen, der nicht mehr existierte und den es niemals mehr geben würde. Unser Leben hatte sich für immer verändert.

»Meine Güte, Mill, was hast du denn da gemacht?«, fragte Angie an diesem Abend im Bett, als sie meine geschundenen und geschwollenen Fingerknöchel entdeckte, die inzwischen höllisch wehtaten. Sie nahm meine Hand, drehte sie nach allen Seiten und stöhnte. »Das sieht aber ziemlich schmerzhaft aus.«

»Ach was, halb so schlimm«, sagte ich und beugte und streckte die Finger. »Ich bin bloß eben die Treppe hinaufgestolpert, als ich die Vögel füttern wollte.«

Sie schien mir zu glauben, und darüber war ich froh, denn inzwischen schämte ich mich längst für den Wutanfall draußen vor der Tür. Angie brauchte mich jetzt, und ich musste stark für sie sein. Um nichts in der Welt wollte ich ihr auch noch die Sorge um mich zumuten.

KAPITEL 9

Zu Ellas Geburtstagsparty kommen nur die engsten Familienmitglieder. Obwohl das Fest wirklich schön ist, weiß ich, dass es eine bittersüße Erinnerung sein wird, weil von nun an jeder Moment vom Gefühl der Endgültigkeit überlagert wird. Ist es das letzte Mal, dass Angie einen Geburtstagskuchen für ihre jüngste Tochter gebacken hat? Das letzte Mal, dass sie ihr beim Auspacken der Geschenke zusieht? Das letzte Mal, dass sie der Kleinen erklärt, sie dürfe sich beim Ausblasen der Kerzen etwas wünschen, mit dieser schrecklichen Wahrheit im Hinterkopf? Wäre Ella alt genug, zu verstehen, was um sie herum geschieht, würde sie sich wahrscheinlich wünschen, ihre Mum behalten zu dürfen. Ein Wunsch, der nicht in Erfüllung gehen würde. Und eine Qual.

Ich erinnere mich, wie Ella das Päckchen mit dem kleinen Hund öffnete. Angies Wangen waren tränenüberströmt, aber ich durfte mir diese Blöße nicht geben, das war mir klar.

Angie braucht meine Stärke und Kraft. Für sie ist wichtig, mich in die Lage zu versetzen, uns auch ohne ihre Hilfe durchzubringen. Deshalb verfolge ich konzentriert alles, was sie mich lehrt.

Im Augenblick steht Bügeln auf dem Stundenplan. Allmählich werde ich richtig gut darin, obwohl ich in dieser Disziplin eigentlich blutiger Anfänger bin. Bügeln war immer Angies Aufgabe, und weil ich keine Ahnung von dieser Kunst habe, ging ich bei den seltenen Gelegenheiten, in denen ich einmal ein Hemd brauchte und Angie gerade nicht zu Hause war, einfach ein paar Türen weiter zu Eileen.

Mittlerweile aber klappt es recht gut. Zwischendurch gab es natürlich auch Fehlschläge. Einmal klebte die Hose von Connors Schuluniform am Bügeleisen, und einmal, noch schlimmer, bügelte ich die Applikation auf einem von Jakes T-Shirts. Die geschmolzenen Plastikfetzen von der Sohle des Bügeleisens zu pulen dauerte Stunden. Aber allmählich begreife ich die komplizierten Beziehungen zwischen Temperatur, Dampfstoßfunktion und Knitterfalte.

Das ist allerdings auch nicht wirklich ein Wunder, denn inzwischen lässt Angie mich fast alles bügeln. Am Anfang durfte ich mich nur über den halben Bügelkorb hermachen, aber inzwischen bügele ich nahezu den ganzen Stapel.

Das Einzige, was ich noch immer nicht beherrsche, ist die Kunst des Flechtens. Flechten ist ungeheuer schwierig – lassen Sie sich da bloß von niemandem was anderes erzählen. Ich habe damit wirklich Probleme. Eines Tages aber hatte Angie einen genialen Geistesblitz.

»Weißt du was«, sagte sie eines Abends, als wir gemütlich vor dem Fernseher saßen, »du könntest doch an meiner Perücke üben.«

Die Idee ist so großartig, dass ich mich frage, warum wir nicht schon früher darauf gekommen sind. Erfreut steht sie auf und holt die Perücke aus der Schachtel im Schlafzimmer, wo sie lag, seit Angies Haar wieder nachgewachsen war.

»Aber du willst sie doch nicht aufsetzen?«, erkundige ich mich. Kamm, Bürste und ein paar Haarspangen hat sie ebenfalls mitgebracht.

»Spinnst du? Natürlich nicht«, lacht sie. »Ich kann es dir doch nicht zeigen, wenn ich das Ding auf dem Kopf habe. Nein. Rück mal ein Stück. Und hoch mit dem Bein.«

Ich hebe mein rechtes Bein ein wenig an, kapiere aber nicht

worauf sie hinauswill. Als sie die Perücke über mein Knie stülpt, begreife ich.

»So, und jetzt zeig mir, was du draufhast. Wenn ich hier mit dir fertig bin, kannst du nicht nur flechten, sondern sogar einen eingeflochtenen Zopf zaubern.«

Ich schüttele den Kopf. Ich weiß ja nicht einmal, was ein eingeflochtener Zopf ist. Das ist mir viel zu hoch.

Ich glaube, dass jeder, der eine schlechte Nachricht erhält, ständig darüber nachdenken muss. So auch ich. Als ich erfuhr, dass Angies Krebserkrankung nicht heilbar war, versank ich in einen Nebel aus Wut und Verzweiflung und war kaum mehr in der Lage, normal zu funktionieren. Warum ich, fragte ich mich immer wieder. Warum wir? Warum unsere Kinder – warum sollten ausgerechnet sie ihre Mutter verlieren? Am meisten aber quälte mich die Frage: Warum sie? Warum meine schöne Angie? Warum diese Frau, die nie im Leben etwas Böses getan hat? Wenn es einen Gott gab, warum tat er ihr das an?

Ich musste für Angie und die Kinder da sein, das verstand sich von selbst. Trotzdem hatte ich an den beiden ersten Tagen das unbändige Verlangen, fortzulaufen – und zwar so weit wie nur möglich. Entweder das, oder mich hinzulegen und selbst zu sterben. Ich hatte das Gefühl, zu zerbrechen, und hatte ständig ziemlich nah am Wasser gebaut. Am zweiten Tag – wir waren alle noch zutiefst erschüttert – kamen Damon und Natalie mit Warren vorbei. Und obwohl wir über ganz unverfängliche Dinge sprachen, kamen mir plötzlich die Tränen.

Ich wollte nicht, dass Angie oder Natalie mich weinen sahen, und flüchtete mich aus dem Zimmer. Da aber im ganzen Haus Kinder herumwuselten und ich keinen geeigneten Rückzugsort fand, ging ich hinaus und stieg in mein Auto. Ich hatte keine

Ahnung, wohin ich fahren wollte, ich musste nur erst einmal zur Ruhe kommen.

Ein paar Minuten später vibrierte mein Telefon. Mein Bruder Barry war dran. »Hey, Ian«, sagte er, »ich wollte nur wissen, ob alles okay ist.«

Ich sagte, alles wäre in Ordnung, aber an meiner brüchigen Stimme konnte er unschwer erkennen, dass das nicht stimmte.

»Wo bist du?«, wollte er wissen.

Ich wischte mir die Augen. »Ich sitze in meinem Wagen in der Auffahrt.«

»Gut«, meinte er, »dann komme ich jetzt zu dir.«

»Lieber nicht«, entgegnete ich. »Angie soll nicht merken, dass ich heulend hier draußen sitze.«

»Okay, dann kommst eben du zu mir«, gab er zurück. »Ich geb dir eine Viertelstunde. Wenn du nicht in fünfzehn Minuten bei mir bist, komme ich zu euch und klingele alle raus. Kapiert?«

Also fuhr ich ins etwa eine Meile entfernte Brierley. Vor dem Haus warteten schon Barry und seine Frau Lynn auf mich. Ich bemühte mich um Fassung, aber allein die Tatsache, dass die beiden dort standen, ließ mich erneut in Tränen ausbrechen.

»Warum?«, schluchzte ich. »Warum ausgerechnet meine Angie?« Ich war so neben der Spur, dass ich vor den beiden heulend auf die Knie sank.

Sie zogen mich ins Haus und bemühten sich, mich zu beruhigen und zu trösten, was aber auch ihnen nicht leichtfiel. Was kann man einem Menschen in einer solchen Situation auch sagen? Wie kann man es ihm leichter machen?

»Das ist doch unglaublich, dass du immer so viel Pech hast«, sagte Barry. »Du ziehst wirklich jedes Mal die Arschkarte.«

Dem war nichts hinzuzufügen. Ich fühlte mich nur noch trost- und hilflos und konnte nichts dagegen tun. Niemand konnte etwas dagegen tun.

Abgesehen davon, für uns da zu sein. Glücklicherweise ließ mich meine Familie nie im Stich. Nach einer Stunde intensivem Gespräch und vielen Tassen Tee fühlte ich mich irgendwann stark genug, zurückzukehren und mich dem Leben zu stellen.

»Hör zu, Kleiner«, sagte Barry, bevor ich ging, »wir sind immer für dich da. Wenn du also irgendetwas brauchst – ganz egal, was –, dann sag es einfach. Okay?«

Ich nickte nur, und mir gelang sogar ein Lächeln, als mir aufging, was er da gerade gesagt hatte. Barry hatte immer gut für sich gesorgt. Jahrelang hatte er hart in der Grube gearbeitet und war mit Geld sehr umsichtig umgegangen. Die ganze Familie witzelte über seine Knauserigkeit und zog ihn damit auf.

»Okay Baz«, sagte ich. »Würdest du uns vielleicht tausend Pfund leihen?«

Barry grinste mich an. »Ich sagte irgendetwas. Von Geld war nicht die Rede.« Aber dann veränderte sich sein Gesichtsausdruck. »Quatsch. Meinetwegen auch Geld. Du musst es nur sagen.«

Es spielte keine Rolle, dass dies eine dieser Situationen war, in denen auch Geld nicht weiterhelfen konnte. Hier ging es ums Prinzip. Eine Familie zu haben war das Beste, was mir passieren konnte.

Aber trotz all der Dinge, in die ich mich würde finden müssen, wenn Angie uns verlassen hatte, musste ich die Zukunft erst einmal mehr oder weniger ausschalten. Im Augenblick ging es nur noch um das Hier und Jetzt. Und um Angie. Wir mussten alles dafür tun, ihr die Zeit, die ihr noch blieb, so angenehm wie möglich zu gestalten.

Die zugegebenermaßen schreckliche Chemotherapie würde ihr einen Zeitaufschub gewähren. Daran glaubte ich felsenfest. Aber natürlich würden auch Kosten entstehen, und zwar höhere als beim letzten Mal.

Angie war nach der Mastektomie nur bestrahlt worden, deshalb hatte sie ihre Haare behalten. Nun würde sie Medikamente einnehmen müssen, durch die nicht nur die Krebszellen angegriffen, sondern auch ihre Haare ausfallen würden.

Es tat mir in der Seele weh, dass sie das durchmachen musste; Angie hatte immer sehr schönes Haar gehabt und es hingebungsvoll gepflegt. Und leider ging alles sehr schnell. Gleich nach der zweiten Chemo fand sie jeden Tag mehr Haare in ihrer Bürste.

»Jetzt geht es richtig los«, sagte sie eines Morgens zu mir. »Mir fallen die Haare aus, Mill, und es sieht scheußlich aus. Weißt du was? Wir gehen heute Abend zu Neil und bitten Diane, mir eine Kurzhaarfrisur zu schneiden.«

Neils Diane war gelernte Frisörin. Seit dem Ende ihrer Schulzeit arbeitete sie in einem Salon namens Lesley Frances in Barnsley. Sie und Angie standen sich sehr nah und hatten den gleichen Humor. Außerdem wusste ich genau, dass sie mit der Situation umgehen konnte, ohne die Nerven zu verlieren.

Ich sollte recht behalten. Reece und seine Freundin Sophie passten auf unsere jüngeren Kinder auf, und schon auf dem Weg zu Neil und Diane ging es Angie besser, weil sie diesen Entschluss gefasst hatte.

Während sich die Frauen in der Küche mit Angies neuer Frisur befassten, sahen Neil und ich fern. Zumindest versuchten wir es. Aber die beiden Damen nebenan lachten so laut, dass wir schließlich von Neugier gepackt nachsehen gingen, was genau so lustig war.

Wir betraten die Küche, und da saß Angie, von einem Ohr zum anderen grinsend, mit einer Bürste voll glänzender, brauner Haare in der Hand. Der Anblick brach mir fast das Herz, aber gleichzeitig bewunderte ich meine Frau. Da saß sie, hielt die Hälfte ihrer Haare in der Hand und verlor trotzdem nicht ihren Humor. »Schau dir das an, Mill«, sagte sie mit ihrem typischen, ansteckenden Lachen, »bis wir heimfahren, bin ich komplett kahl.«

An diesem Abend flößte Angie mir wirklich Ehrfurcht ein. Ihr Mut und ihre Stärke beschämten mich. Am folgenden Tag beschloss ich, ihr den Haarverlust so wenig schmerzhaft wie möglich zu machen. Sie besaß bereits eine Perücke, die man ihr im Krankenhaus gegeben hatte, aber die war langweilig und sah aus wie Plastik. Ich wusste, dass Angie die Vorstellung hasste, damit herumzulaufen.

Trotzdem hätte sie es getan, so war sie nun einmal. Hätte ich ihr aber verraten, was ich vorhatte, hätte sie mich ganz sicher einen Spinner genannt und mir verboten, so viel Geld auszugeben. Daher wartete ich bis zu ihrem nächsten Besuch bei ihrer Mam, kramte ein Foto von ihr hervor und fuhr damit nach Barnsley.

Ich hatte mich im Internet bereits kundig gemacht und fand das Perückengeschäft ziemlich schnell. Es schien genau das zu sein, wonach ich suchte. Ich gab der Verkäuferin das Foto, auf dem Angies Haarfarbe und Frisur gut zu erkennen waren. »Hätten Sie etwas, das genau so aussieht?«, fragte ich. »Es müsste allerdings aus Echthaar sein.«

Sie ging ins Lager und kam mit einer Perücke zurück, die geradezu perfekt aussah – aber auch einen stolzen Preis hatte: 280 Pfund. Diese Haare waren genau das, was Angie jetzt brauchte, und jeden einzelnen Penny wert – schon allein wegen ihres Gesichtsausdrucks, als sie zu Hause die Schachtel öffnete. Ihre Augen strahlten, und sie schnappte nach Luft. Es war wie ein verfrühtes Weihnachtsgeschenk. »Mensch, ist die schön, Mill!« Plötzlich blickte sie mich besorgt an. »Können wir uns so etwas leisten? Die muss doch ein Vermögen gekostet haben.«

Ich schüttelte den Kopf. »Gerade mal hundert Pfund.«

Sie riss die Augen auf. »Ernsthaft?« Sie nahm sie aus der Schachtel und streichelte sie. Dann wurden ihre Augen schmal. »Komm schon, Mill. Ganz ehrlich?«

Es ging nicht. Ich konnte sie nicht belügen. Nicht, wenn ich ihr ins Gesicht schaute. Also beichtete ich. »Mensch, Mill«, sagte sie, legte mir die Arme um den Hals und küsste mich, »du hältst wirklich große Stücke auf mich, nicht wahr?«

Eigentlich hätte ich diese Frage nicht beantworten müssen, tat es aber trotzdem. »Klar halte ich große Stücke auf dich. Und das wird immer so sein.«

Nur wenige Wochen später waren Angie fast alle Haare ausgefallen, aber jetzt war sie zumindest perfekt vorbereitet. Dianes Tochter Jane, ebenfalls Frisörin, hatte die Haare der Perücke so geschnitten und gestylt, dass sie genau wie Angies eigene Frisur aussahen. Mit der Perücke auf dem Kopf war nicht zu erkennen, wie krank sie war.

Die Chemo schien ihr nichts auszumachen. Im Gegenteil. Vor der Chemo hatte Angie am sogenannten Horner-Syndrom gelitten, was zur Folge hatte, dass eines ihrer Augen halb geschlossen war, weil der Tumor auf den Nerv drückte. Doch das war weg, ebenso wie die Atemnot, und nach und nach nahm sie auch wieder ein bisschen zu. Wenn sie die Perücke trug, war kaum zu erkennen, dass sie unheilbar krank war. Auch war sie weder müde noch niedergeschlagen, sondern wirkte lebendig und voller Tatendrang. Sie kümmerte sich wie eh und je um die Kinder, und da wir derer so viele hatten – unter anderem ein zehn Monate altes Baby –, war das an sich schon eine Herausforderung. Es gab Zeiten, da rückten die Gedanken an die Zukunft weit in den Hintergrund. Manchmal vergaß ich stundenlang, dass der Krebs Angie langsam, aber sicher umbrachte. Wie konnte jemand sterben, der so voller Leben war?

Vor allem ihr Humor war es, der mich erstaunte und gleichzeitig beschämte. Angie liebte Soaps und saß fast jeden Abend vor dem Fernseher, um diesem Hobby zu frönen. Eines Abends sahen wir uns Coronation Street an. Die kleineren Kinder schliefen schon, Connor spielte oben mit seiner geliebten Xbox, und Reece war mit seinem Kumpel Benji zu dessen Bauernhof in der Nähe unterwegs.

Reece und ich waren kurz zuvor von unserem Ausflug mit den Vögeln zurückgekommen und hatten die Tiere gefüttert. Wir gaben den Vögeln tagsüber nichts zu fressen, damit sie zurückkehrten, wenn wir sie freiließen, verrückt auf das Stück Fleisch, das wir ihnen in der behandschuhten Hand hinhielten. Die beiden waren wirklich wundervolle Haustiere, aber ich hatte mich entschlossen, sie zu verkaufen. Reece war älter, hatte viele Freunde und war dauernd unterwegs. Neben allem anderen hatte ich weder Zeit noch Lust, mich weiterhin ausgiebig um die Vögel zu kümmern. Ich musste mich auf Angie und die Kinder konzentrieren.

Was zum Beispiel beinhaltete, mir zusammen mit ihr Coronation Street anzusehen. Doch es sah so aus, als hätte Angie ganz andere Pläne: Sie ließ ihre Hand in meine gleiten und lächelte mich auffordernd an.

»Mill«, sagte sie, als die Werbung anfing, »würdest du mir einen kleinen Gefallen tun?«

Ich blickte sie fragend und begehrlich an.

Angie lachte auf. »Nein, du Depp, nicht diese Art von Gefallen. Ich wollte dich bitten, mein Haar zu waschen, während ich mich weiterhin Corrie widme.«

Zunächst begriff ich nicht recht. Doch dann zog sie sich die Perücke vom Kopf und warf sie mir in den Schoß.

Sie lag dort wie ein totes Tier. Angie lachte sich fast kaputt. Tränen liefen über ihre Wangen. »Ist das nicht toll?«, keuchte sie. »Du kannst mir die Haare waschen, während ich es mir hier gemütlich mache, fernsehe, Ferrero Rocher esse und Tee trinke.«

Aber die Chemotherapie hat die unangenehme Eigenschaft, ihre Opfer einzuholen, was wohl jeder bestätigen kann, der so etwas schon einmal durchgemacht hat. Auch wenn es lange Zeit so schien, als ob Angie ihre Behandlung locker wegsteckte, kam irgendwann der Punkt, an dem es kippte.

Eines Morgens kam ich von einem Besuch bei Herbert zurück, nachdem ich die Kinder in der Schule abgeliefert hatte. Kaum hatte ich die Haustür aufgeschlossen, da hörte ich Würgegeräusche. Ich rannte nach oben, wo Angie über das Waschbecken gebeugt stand und sich übergab. Ich streichelte über ihren Rücken, bis sie fertig war.

»Geht's dir wieder gut, Liebes?«, erkundigte ich mich besorgt.

Mir hätte nichts Schlechteres einfallen können. »Sehe ich etwa gut aus?«, fuhr Angie mich an, richtete sich auf und wandte sich zu mir um. Sie sah schrecklich aus. Ihre Haut war grau und feucht, ihre Augen gerötet und ihre Wangen tränenüberströmt. Nein, dachte ich. Natürlich geht es ihr nicht gut. Sie stirbt.

Als sie meinen Gesichtsausdruck sah, ließ sie die Schultern sacken. Es passte überhaupt nicht zu Angie, ihre Mitmenschen anzufahren. Sie seufzte tief, griff nach einer Rolle Toilettenpapier und wischte sich das Gesicht ab. »Nein«, sagte sie schließlich ruhiger, »mir geht es alles andere als gut.« Sie setzte sich auf den Badewannenrand. Tränen strömten wieder über ihr Gesicht. »Mir geht es miserabel. Es ist die Chemo. Ich weiß, dass sie mir gut tut, aber ich fühle mich einfach schrecklich. Dauernd ist mir schlecht. Ich fühle mich schlapp und einfach nur scheußlich, Mill.«

»Ich weiß, Liebes. Aber es ist bald vorbei. Wie viele Zyklen hast du noch? Zwei?« Ich setzte mich neben sie, legte ihr den Arm um die Schultern und drückte sie sanft. »Und wenn es dann vorbei ist, wirst du dich viel, viel besser fühlen.« Aber auch das war nicht der richtige Trost. Wieder starrte sie mich wütend an. »Nein, Mill, das werde ich nicht!«, schimpfte sie mit sprühenden

Augen. »Ich muss dann vielleicht nicht mehr kotzen, aber es wird mir nicht besser gehen. Schließlich werde ich ja dadurch nicht geheilt, oder? Es verlangsamt doch nur die Verschlechterung. Gib mir einfach ein bisschen mehr Zeit, Mill. Mehr will ich nicht.«

Sie sprang auf, riss sich die Perücke vom Kopf und warf sie zornig zu Boden. Dann betrachtete sie sich im Spiegel, ehe sie sich wieder mir zuwandte. »Schau mich an, Mill«, schrie sie. »Schau dir doch nur an, was diese Chemo mit mir macht. Es geht mir nicht nur beschissen, ich sehe auch beschissen aus. Hast du eine Ahnung, wie ich mich fühle, wenn ich mich im Spiegel betrachte? Ich hasse es. Ich hasse es. ICH HASSE ES!«

Ich wusste nicht, was ich sagen sollte. Ich nahm sie in den Arm, hielt sie einfach nur fest, bis sie aufhörte zu weinen; und ich murmelte, dass sie für mich noch immer die schönste Frau der Welt war, dass sie immer gut aussah, dass sie unglaublich stark und mutig war und dass ich sie mehr als alles andere auf der Welt liebte. Was sonst hätte ich auch sagen sollen?

Später in der Küche, als Angie sich wieder beruhigt hatte und ihr Magen eine Tasse Tee vertrug, wanderten meine Gedanken zu einer Freundin von Terrys Frau Diane. Jean hatte Brustkrebs gehabt, und danach waren Lungenmetastasen aufgetreten, genau wie bei Angie. Aber Terry hatte mir erzählt, dass Jean nach der Chemo richtig aufgeblüht war, dass sie manchmal in den Pub ging und sich ausgesprochen wohlfühlte, obwohl sie über siebzig und unheilbar krank war.

Vielleicht hatte er das nur gesagt, um mir die Angst vor der Zukunft zu nehmen, aber dann kam mir die Idee, dass Angie sich vielleicht einmal mit Jean unterhalten könnte. Wer weiß, vielleicht half es ihr ja, Licht am Ende des Tunnels zu sehen. Ich hatte entsetzliche Angst, Angie könnte einfach aufgeben, wenn sie dieses Licht nicht wahrnahm.

Noch am gleichen Nachmittag fuhr ich auf dem Weg zur

Schule bei Diane vorbei. Sie rief Jean sofort an, und wir verabredeten ein Treffen für den nächsten Tag.

»Ach Mill«, sagte Angie, als ich ihr zu Hause davon erzählte, »was bist du bloß für einer?« Sie schüttelte den Kopf und seufzte.

Trotzdem war ich froh, dass ich das Treffen vereinbart hatte, denn als Jean kam, sah sie wirklich fit aus. Und als die beiden sich unterhielten, bemerkte ich, dass auch Angie sich ein bisschen getröstet fühlte.

Zumindest hoffte ich das. Angie behielt ihre Schmerzen gern für sich, so war sie. Ich hoffte es also. Was sonst hätte ich für sie tun können?

KAPITEL 10

Die Kinder sind in der Schule, Reece ist auf der Arbeit, und ich fahre mit Angie ins Krankenhaus. Wir haben einen Termin beim Onkologen. Ellas Geburtstag ist vorbei. Es ist Mitte Juli. Bald fangen die Sommerferien an. Unser Kurzurlaub scheint schon ewig her zu sein. Die drei Monate sind rasend schnell vergangen. Bis zu meinem Geburtstag im Oktober und dem von Jade und Jake im November stehen uns keine weiteren Jahrestage ins Haus. Lieber Gott, bettele ich, bitte lass Angie zum Geburtstag der Zwillinge noch bei uns sein.

Im Krankenhaus ist viel los, und wir richten uns auf eine längere Wartezeit ein. Angie beginnt ein Gespräch mit der neben ihr sitzenden Frau. Sie ist wie Angie Krebspatientin und mit ihrem Ehemann gekommen, der sich im Laufe des Gesprächs als ehemaliger Bergmann entpuppt.

Die beiden sind zwar schon ein wenig älter, aber die Situation der Frau ähnelt der von Angie. Der einzige Unterschied liegt darin, dass der Krebs der Frau nicht mehr stabil ist und weiterwuchert. »Die Ärzte planen schon meine nächste Chemo«, höre ich sie zu Angie sagen. »Aber das mache ich nicht mehr mit. Man fühlt sich dabei so entsetzlich krank. Ich lege in meinem jetzigen Zustand mehr Wert auf Lebensqualität als auf Lebensverlängerung.«

Angie nickt. »Ich frage mich manchmal auch, ob es sich lohnt. Wieder alle Haare verlieren, wieder diese ständige Übelkeit, wieder diese dauernde Müdigkeit … Vielleicht ist es wirklich sinnvoller, eine schöne Zeit zu genießen, auch wenn sie unter dem

Strich kürzer ist.« Sie scheint einen Augenblick nachzudenken. »Das einzige Problem dabei sind meine Kinder«, fährt sie mit einem Seufzer fort. »Ich habe viele Kinder und muss deshalb alles annehmen, was man mir anbietet, damit ich so lange wie irgend möglich bei ihnen bleiben kann.«

Es schmerzt mich, das zu hören, und es schmerzt erst recht, an das zu denken, was uns schon bald bevorsteht. Dass Angie ein weiteres Mal die Unannehmlichkeiten einer Chemo auf sich nehmen muss, aber gleichzeitig nichts gegen die schreckliche Krankheit ausrichten kann, die den Kampf langsam aber sicher gewinnen wird.

Natürlich bemühe ich mich, meine Befürchtungen für mich zu behalten und gute Miene zum bösen Spiel zu machen, Tatsache aber ist, dass Angie immer dünner wird. Sie will es nicht wahrhaben und wird ärgerlich, wenn ich es erwähne, aber sie scheint vor meinen Augen zu verschwinden. Und zwar in einer Geschwindigkeit, die mich zwingt, die Augen zu öffnen, auch wenn es dadurch häufiger Reibereien zwischen uns gibt.

Als wir schließlich dran sind und der Onkologe ihr erklärt, dass ihre Tests sehr erfreuliche Ergebnisse zeigen, bin ich schockiert. Als er dann auch noch hinzufügt, dass sie im Augenblick stabil zu sein scheint, weigere ich mich, ihm zu glauben. Natürlich ist es genau das, was ich hören will, aber es passt so überhaupt nicht zu dem, was ich sehe. Ich kann einfach nicht ruhig dasitzen und nichts sagen – erst recht nicht, als er sich verabschiedet und sie erst in drei Monaten wiedersehen will. In drei Monaten?

»Aber sie ist doch alles andere als stabil«, sage ich. »Schauen Sie sie doch bloß an. Sie sollten sich nicht nur die Ergebnisse, sondern auch Ihre Patientin ansehen. Ist Ihnen nicht aufgefallen, wie stark meine Frau abgenommen hat?«

Der Onkologe wendet sich an Angie. »Finden Sie das auch?«, erkundigt er sich.

Ich spüre die Spannung, die in der Luft liegt. Angie wirft mir einen Blick zu, der mir sagt, dass ich das Thema nicht hätte anschneiden sollen. »Ja«, bestätigt sie, »ich habe schon ein wenig abgenommen. Aber das liegt vermutlich daran, dass ich inzwischen weniger Junk-Food esse. Eigentlich fühle ich mich ganz gut.«

Ich will mich nicht weiter mit den beiden anlegen, und vor allem will ich Angie nicht verärgern. Eigentlich weiß ich ja, warum sie abwiegelt. Obwohl sie sich gegenüber der Frau im Wartezimmer anders geäußert hat, ist sie alles andere als erpicht auf eine weitere Chemo. Und da darf ich ihr nicht hineinreden. Es ist ihr Leben.

Ich bin felsenfest davon überzeugt, dass sie sehr wohl weiß, wie krank sie ist. Klar traue ich mich jetzt nicht mehr, das Thema anzusprechen, und Angie bemüht sich nach Kräften, uns nicht zu zeigen, wie es ihr wirklich geht, um uns unnötiges Leid zu ersparen.

Trotzdem bin ich verzweifelt. Sie stirbt vor meinen Augen, und ich kann es nicht verhindern. Es muss doch eine Möglichkeit geben!

Nicht nur Angies Haare fielen aus. Auch ihre Zähne wackelten. Weil sie inzwischen auch Knochenmetastasen hatte, wurde sie im November 2008 für Tests mit einem neuen Präparat namens Zometa auserwählt, das Knochenkomplikationen bei Krebspatienten eindämmen soll. Allerdings mussten ihr zu diesem Zweck zuvor alle lockeren Zähne entfernt werden. Die Alternative war heftig: Sie hätte zwar möglicherweise mehr Zeit, die sie aber mit quälenden Zahnschmerzen verbringen würde.

Angie war am Boden zerstört. Die Haare zu verlieren war eine Sache, die Zähne zu verlieren eine ganz andere. Diese Vorstellung gefiel ihr ganz und gar nicht. »Mein Gott, Mill«, sagte sie spätabends zu mir, als ihr bewusst geworden war, was ihr bevorstand, »ich werde aussehen wie eine Hexe. Keine Zähne. Keine Haare. Es ist fast so, als ob dieser Krebs mich nach und nach häppchenweise verspeist.« Und dieses Mal lächelte sie nicht. Den Verlust ihrer Zähne konnte sie nicht einfach hinnehmen. Im Gegenteil – sie brach in Tränen aus.

Ich zog sie an mich, versuchte sie zu trösten, auch mit den Worten, dass ich wünschte, wir könnten tauschen. Ich versuchte ihr klarzumachen, dass der Zahnverlust ihr vielleicht schrecklich erschien, aber dass er es meines Erachtens wert sei, wenn sie dadurch länger bei uns bleiben könnte. »Abgesehen davon«, versuchte ich zu scherzen, »werden deine neuen Zähne natürlich perfekt sein. Du wirst aussehen wie eine Hollywood-Schönheit. Andere Leute müssen dafür Tausende hinblättern.«

Aber obwohl sie ihre Tränen trocknete, nickte und sicher das Beste daraus machen würde, wenn es so weit war, wusste ich, dass wir beide innerlich weinten.

Sie erhielt noch einmal Aufschub. Der Versuch wurde verschoben, weil man erst mehr über den potentiellen Nutzen des Medikaments herausfinden wollte, aber wir konnten uns der bedrückenden Tatsache nicht entziehen, dass all diese Medikamente, die ihr Unwohlsein und Schmerzen verursachten, Angies Leben nicht retten würden. Gab es denn wirklich nichts mehr, was ihr helfen konnte?

In der Zwischenzeit hatten wir von den so genannten PALS gehört, speziellen Ansprechpartnern für die Belange von Patienten im Krankenhaus. Sie unterstützen Patienten und ihre Familien während der Behandlung, stehen ihnen mit Rat und Tat zur Seite, notieren sich alle aufkommenden Fragen und begleiten ihre Schützlinge auf Wunsch auch zum Arzt. Dort stellen sie eventuell in der Aufregung vergessene Fragen und helfen nach der Konsultation, die Antworten zu erklären.

Wir hatten ihre Dienste nach unserem letzten Termin in der Lungenklinik in Anspruch genommen, da man uns mitgeteilt hatte, dass Angies Röntgenbilder die starke Dezimierung eines Lungentumors zeigten und man uns gefragt hatte, ob wir uns vorstellen könnten, ihn herausnehmen zu lassen. Wir verstanden das alles nicht. Nachdem uns am Anfang gesagt worden war, dass es sinnlos sei, Angies Lungentumore operativ entfernen zu lassen, hatte uns dieser Arzt jetzt etwas ganz anderes gesagt. Die Begründung hatte höchst wissenschaftlich geklungen und uns verwirrt. Wusste er vielleicht etwas, das der Onkologin entgangen war?

Das erste Treffen mit unserer Ansprechpartnerin war sehr emotional. Wir hatten gerade von dem verkleinerten Tumor erfahren, und meine Hoffnungen stiegen, doch noch etwas für Angie tun zu können. Ich war erschüttert, als mir kurz darauf klargemacht wurde, dass – Tumor-OP hin oder her – Angies langsamer Tod nicht mehr aufzuhalten war. Lynne Handley, mit der wir sprachen, war freundlich und äußerst hilfreich.

Wir erklärten ihr unsere Situation und dass Angie Krebs im Endstadium hatte, und noch während der Unterhaltung spürte ich, dass ich immer wütender wurde. »Wie soll ich damit fertigwerden?«, fragte ich unter Tränen. »Wie soll ich ohne sie klarkommen? Wie um alles in der Welt soll ich die vielen Kinder allein großziehen? Ich bin ein Mann. Ich habe doch keine Ahnung! Außerdem sind wir seit unserer Kindheit zusammen.«

Lynne wusste zu diesem Ausbruch zunächst einmal nichts zu sagen. Aber das brauchte sie auch nicht. Denn das tat Angie. »Du meinst, dass du dann niemanden mehr hast, der für dich den Abwasch erledigt?«, fragte sie leise. Sie nahm meine Hand und drückte sie tröstend. »Du könntest dir einen Geschirrspüler zulegen, Mill. So einfach ist das.« Sie lächelte mich an. »Vielleicht tut es auch ein Paar Gummihandschuhe?«

Ich kam mir ziemlich blöd vor, fühlte mich aber gleich besser. Außerdem tat es gut, mit jemandem wie Lynne reden zu können. Als sie uns anbot, die Patientenakte mit uns durchzugehen, hatten wir wirklich das Gefühl, endlich Unterstützung zu erhalten.

Und so ging ich als Erstes zu Lynne, als ich einige Wochen später etwas fand, von dem ich annahm, dass es Angie vielleicht retten könnte. Im Internet hatte ich einen Artikel über den amerikanischen Schauspieler Patrick Swayze gefunden, der an der Stanford University in den USA mit einer speziellen Strahlentherapie behandelt wurde, der so genannten CyberKnife. Es handelte sich um ein punktgenaues Radiochirurgiesystem, bei dem das umliegende Gewebe nicht beschädigt wurde. Da es CyberKnife in Großbritannien noch nicht gab, bestand mein einziges Problem darin, die 35.000 Pfund aufzutreiben, die diese Therapie für Angie zugänglich machen könnten.

»Nimm mein Geld«, sagte meine Mutter. »Ich habe 50.000 Pfund, die einfach so auf der Bank herumliegen. Nimm sie und rette Angies Leben.«

Es war eine unglaubliche Geste, und ich werde ihr nie genug dafür danken können. Ebenso wie dem Rest der Familie übrigens auch. Das Geld war eine Entschädigung für den eingeatmeten Kohlenstaub, der meinen Vater viel zu früh das Leben gekostet hatte, und meine Mutter hatte es nie angerührt. Es sollte einmal unser Erbe sein. Aber alle meine Geschwister waren einverstanden, dass es dazu eingesetzt werden sollte, Angie gesund zu machen.

Aber unsere Hoffnungen zerstoben schnell. Das Geld wäre zum Fenster hinausgeworfen gewesen. Lynne hörte mir zwar geduldig zu, als ich ihr die Behandlung erklärte und die entsprechenden Ausschnitte zeigte, sagte aber klar und deutlich, dass eine solche Therapie Angie vermutlich nicht helfen würde. Die Onkologin bestätigte ihre Aussage bei Angies nächstem Termin.

»Es würde keine Änderung herbeiführen«, erklärte sie geduldig. »Mit CyberKnife kann man Lungenkrebspatienten behandeln. Angie aber hat Brustkrebs, der in die Lunge gestreut hat, und das ist etwas ganz anderes.«

Ich spürte nur noch Traurigkeit und Verzweiflung. Lynne bat die Onkologin, uns zu erklären, worin der Unterschied bestand.

»Wenn es Lungenkrebs wäre, würden wir die Lunge entfernen, und dann stünden die Chancen gut, dass der Krebs ebenfalls fort wäre. Angies Krebs aber hat schon überall in ihrem Körper gestreut. Er ist auch schon in ihren Knochen.«

Ich schluchzte – ich konnte nicht anders. Ich hatte mir eine Hoffnung gestattet, aber die hatte sich als null und nichtig erwiesen. Ganz gleich, wie viel Geld meine Mutter mir zu Verfügung stellte – es würde nichts ausrichten.

»Mill«, flüsterte Angie und streichelte meine Hand. »Du musst einfach akzeptieren, dass man nichts mehr tun kann.«

In mir wurde ein Schalter umgelegt, und ich schüttelte ihre Hand ab. »Ich will es aber nicht akzeptieren!«, schrie ich. »Ich gebe nicht auf. Niemals!«

Im Raum war es anschließend vollkommen still, und erst da bemerkte ich, dass mein Wutanfall offensichtlich alle bestürzt hatte. »Ian«, sagte Lynne leise, »wie wäre es, wenn Sie und Angie für zehn Minuten auf einen Kaffee mit in mein Büro kämen? Nehmen Sie sich Zeit, kommen Sie zur Ruhe. So lasse ich Sie jedenfalls nicht nach Hause fahren.«

Ich sah, dass auch Angie recht aufgebracht war und Lynnes Aufforderung gern angenommen hätte, also nickte ich und folgte den beiden aus dem Sprechzimmer. Wieder einmal bin ich derjenige, der ausgerastet ist, während Angie sich immer so mutig zeigt, dachte ich beschämt. Ich fühlte mich schrecklich.

Und es sollte noch schlimmer kommen. Ich teilte den anderen mit, ich käme gleich nach, und bog zur Toilette ab, um mein Gesicht mit Wasser zu kühlen. Als ich später die Tür zu Lynnes Büro öffnete, stand Angie sofort auf und erklärte, sie wolle sich etwas zu trinken besorgen.

»Lass mich das machen«, sagte ich. Schließlich hatte ich etwas wiedergutzumachen.

»Nein, Mill«, meinte sie. »Ich mache das. Ich brauche etwas Bewegung.«

Kaum hatte sie das Büro verlassen, forderte Lynne mich auf, Platz zu nehmen, und setzte sich mir gegenüber. »Ian, es tut mir wirklich leid, dass bei unserem Termin nicht das herausgekommen ist, was Sie sich erhofft haben«, sagte sie freundlich. Dann schwieg sie kurz. »Aber ich muss Ihnen noch etwas anderes sagen, Ian. Angie ist müde. Sie macht sich Sorgen, weil sie nicht mehr viel Zeit hat. Aber die Zeit, die sie noch hat, möchte sie mit Ihnen und den Kindern verbringen.«

Ich spürte, wie mir erneut die Tränen in die Augen stiegen. »Sie meinen also, ich soll sie aufgeben?«

»Das habe ich so nicht gesagt, Ian. Ich denke nur, Sie sollten ihr das geben, was sie jetzt am nötigsten braucht.« Wieder schwieg sie kurz. »Einen liebevollen Ehemann mit Zeit für sie.«

Darauf konnte ich nichts erwidern. Ihre Worte trafen mich wie ein Faustschlag in die Magengrube. Offenbar hatten die beiden Frauen miteinander gesprochen, und Angie hatte Lynne gebeten, mir ihren Wunsch verständlich zu machen.

»Ich werde es versuchen«, sagte ich niedergeschlagen. »Ich verspreche, dass ich es ernsthaft versuchen werde.«

Aber es war schwierig. Jede Faser in mir sträubte sich dagegen. Gäbe es auch nur die geringste Möglichkeit, sie zu retten, ich würde sie beim Schopf ergreifen. Und trotz des gerade gegebenen Versprechens sagte ich genau das zu Angie, als wir zum Auto zurückgingen – dass ich es nicht einfach hinnehmen könnte, sie sterben zu sehen.

Sofort drehte sie sich zu mir um. »Mill, du musst!«, fauchte sie mich an. »Denn genau das wird passieren!« Schon lange hatte ich sie nicht mehr so wütend erlebt.

Aber ich war auch wütend auf sie. »Warum sollte ich? Und warum ärgerst du dich darüber?«, schnauzte ich sie an. »Wie kannst du einfach nur herumsitzen und akzeptieren, dass du stirbst? Und was ist mit uns? Mit mir und den Kindern? Ich versuche wenigstens, etwas zu tun!«

»Ich denke doch an dich und die Kinder, Mill. Aber ich muss auch an mich denken. Mir bleibt nur noch so wenig Zeit mit euch allen – willst du sie wirklich damit vergeuden, irgendwelche Heilmethoden ausfindig zu machen, die es nicht gibt? Willst du unsere restliche Zeit so verbringen? Ich nicht! Verstehst du? Ich nicht!«

Schweigend fuhren wir nach Hause. Zumindest schwiegen wir uns an. Tatsächlich war ich so aufgebracht, dass ich an jeder Kreuzung jeden Autofahrer anbrüllte, der in den Dunstkreis meiner Motorhaube gelangte. Und jedes Mal, wenn ich die Stimme erhob, spürte ich, wie sich Angies Blick in mich hineinbohrte. Dann schüttelte sie stumm den Kopf und wandte sich ab.

Zu Hause angekommen, knallte ich die Autotür zu und stürmte übelgelaunt ins Haus.

Mein Bruder Glenn spielte gerade mit Ella, und es muss für ihn sehr unangenehm gewesen sein, sich plötzlich mitten in unserem Streit wiederzufinden.

»Willst du Tee? Ich mache mir nämlich jetzt einen«, raunzte ich Angie an.

Glenn blickte mich erstaunt an. »Was ist denn los?«, fragte er sanft. »Noch mehr schlechte Nachrichten?«

»Nein«, erwiderte ich. »Es ist ihretwegen. Sie scheint allen Ernstes das Handtuch geworfen zu haben.«

Angie sah mich an. Ihre Stimme war sehr ruhig: »Nein, Mill, das habe ich nicht. Ich will nur nicht, dass du Stunde um Stunde vor dem Computer verbringst und nach Heilmethoden suchst, die es nicht gibt. Ständig machst du dir wieder neue Hoffnungen, die sich dann als haltlos entpuppen. Irgendwann wirst du davon noch selbst krank.«

»Woher willst du das wissen?«, fragte ich. »Woher willst du wissen, dass es nicht doch noch irgendwo die Möglichkeit einer Heilung gibt? Ständig werden neue Medikamente getestet, und nicht einmal die Wissenschaftler wissen, ob man mit einem davon nicht vielleicht Krebs heilen kann. Deswegen macht man diese Tests ja! Und selbst wenn es nicht klappt, gibt es mir doch wenigstens zeitweise eine gewisse Hoffnung. Was wäre eigentlich, wenn ich Krebs hätte? Würdest du dann auch einfach nur herumsitzen und die Krankheit als gegeben hinnehmen?«

Angie antwortete nicht, sie blickte mich nur an. Wie auch Glenn. Ich hatte mich ausgetobt, und was konnten sie erwidern? Natürlich nichts. Ich verschwand in die Küche, um Tee zu machen.

Als ich an der Anrichte stand und den Tee ziehen ließ, fühlte ich mich mit einem Mal sehr mies, weil ich mich so hatte gehen lassen. Plötzlich kam Angie herein, umschlang mich von hinten und lehnte ihr Gesicht an meinen Rücken. »Nein, Mill«, flüsterte sie. »Du hast recht. Ich an deiner Stelle könnte es auch nicht akzeptieren. Ganz sicher nicht.«

KAPITEL 11

Meine Mutter starb am 13. September 2009 im Alter von siebenundachtzig Jahren. Sie hatte ein langes und wie ich annehme recht glückliches Leben gelebt. Sicher war es manchmal anstrengend für sie – immerhin zog sie acht Kinder ohne Waschmaschine oder Mikrowelle auf, und sie machte das wirklich gut –, aber sie hatte immer genügend Energie, und das, obwohl mein Vater schon seit fast zwanzig Jahren tot war. Wir wohnten alle in ihrer Nähe und gingen mindestens einmal am Tag bei ihr vorbei, aber nie hatte einer von uns sie nichts tuend angetroffen. Einmal im Monat kümmerte sich meine Nichte Jane, Karens Tochter, um ihre Haare, und sie kam immer gern mit, wenn Terry oder ich ihr eine Shoppingtour vorschlugen.

Natürlich war mir klar, dass auch meine Mutter nicht ewig leben würde. Trotzdem war es ein Schock, als Glenn in jener Nacht um eins gegen unsere Tür polterte und durch den Briefkasten brüllte, wir sollten schnell kommen, weil er glaubte, sie hätte einen Schlaganfall.

Meine Mutter wohnte am Ende unserer Straße – sie war mit meinem Vater dort eingezogen, als die Häuser gerade neu gebaut waren – und war vermutlich längst mit dem Notarztwagen auf dem Weg ins Krankenhaus. Ich warf mir schnell ein paar Klamotten über und fuhr mit Glenn zum Haus meiner Mutter. Der Notarztwagen brach gerade auf. Mein Bruder Les begleitete Mum. Alle anderen Brüder folgten in Autos, und auch ich schloss mich dem Konvoi an.

Meine Schwester Karen und ihr Mann fuhren direkt ins Krankenhaus, Karen schluchzte zum Steinerweichen. Die Ärzte brauchten nicht lange, um den Zustand unserer Mutter einzuordnen. Sie hatte tatsächlich einen Schlaganfall erlitten, und zwar einen heftigen, und würde das Bewusstsein nicht wiedererlangen. Man sagte uns, wir sollten auf das Schlimmste gefasst sein.

Das Schlimmste traf dann kaum einen halben Tag später ein. Meine Mutter wurde in die Onkologische Abteilung verlegt, in der Angie ihre Chemo erhalten hatte, und starb um elf Uhr morgens. Wir waren alle bei ihr und wechselten uns ab, ihre Hand zu halten und ihr über das schulterlange, weiche Haar zu streicheln, das noch immer grau und nicht weiß war. Im Krankenhaus bekam sie alles, was sie brauchte, und obwohl sie es nie erfahren würde, ließ man sie in Würde sterben. Dafür bin ich dem Personal auf der Station unendlich dankbar. Meine Mutter war bewusstlos und hatte keine Schmerzen, aber sie wurde sehr liebevoll betreut. Immer war jemand da, der ihr das Gesicht abwischte, die Kissen aufschüttelte oder ihr Haar glatt strich.

Es war schrecklich, sie so plötzlich zu verlieren. Keiner von uns hatte die Möglichkeit gehabt, sich richtig von ihr zu verabschieden, aber wenn es so etwas überhaupt gibt, dann war Mums Tod ein guter Tod. Sie war bis zu ihrem letzten Atemzug umgeben von Menschen, die sie liebten und sich um sie kümmerten – als kleine, dankbare Geste für die Liebe und Fürsorge, die sie uns ihr Leben lang geschenkt hatte.

Aus irgendeinem Grund muss ich heute an meine Mutter denken. Es ist jetzt über ein Jahr her, dass sie nicht mehr bei uns ist, und die Zeit ist unendlich schnell vergangen. Dieser Gedanke lässt mich über Zeit im Allgemeinen nachdenken. Wie viel davon bleibt Angie noch? Und wird die ebenso schnell vergehen?

An diesem Morgen sind wir unterwegs zur Zahnklinik in Sheffield. Glenn kümmert sich bei uns zu Hause um die Kinder.

Angie ist letztendlich doch für die Versuchsreihe mit Zometa eingeladen worden – ein ganzes Jahr nach der ersten Ankündigung und nach mehreren Rückfragen ihres Arztes –, und heute werden ihr die Zähne gezogen.

Die Klinik liegt rund fünfzehn Meilen entfernt. Weder Angie noch ich freuen uns auf den Ausflug. Angie ist im Gegensatz zu sonst auffallend still. Irgendwann seufzt sie. »Ich habe Angst, Mill«, gesteht sie mir. »Ich wollte, es wäre schon vorbei. Ich habe wirklich schreckliche Angst.«

Sie tut mir unendlich leid. So viel hat sie schon durchmachen müssen, und jetzt das hier. Obwohl ich weiß, dass die Behandlung mit Zometa ihr ein wenig mehr Zeit mit uns schenken kann, ist der Verlust sämtlicher Zähne sicher ein traumatisches Erlebnis. Allmählich verstehe ich Angies Vorbehalte gegenüber weiteren Behandlungen. Wer würde schon freiwillig etwas so Grausiges mit sich machen lassen?

Als ob das noch nicht schlimm genug wäre, erfahren wir im Krankenhaus, dass Angie kein Zahnersatz zur Verfügung gestellt wird. Man teilt uns mit, dass sie zu ihrem Zahnarzt gehen und sich von ihm eine Prothese anpassen lassen muss. Das aber kann durchaus mehrere Wochen dauern. Ich bin entsetzt, und die sonst immer so tapfere Angie ist den Tränen nah.

»Sie wollen also sagen«, keucht sie, als sie die Tragweite der Information begreift, »dass Sie mir alle Zähne ziehen und mich einfach so mit nichts im Mund ziehen lassen wollen?« Ich höre die Verbitterung in ihrer Stimme. »Sie verlangen ernsthaft von mir, hier ohne einen einzigen Zahn im Gesicht rauszugehen?« Hilflos breitet sie die Hände aus. In ihren Augen glitzern Tränen. »Und wie soll ich essen?«

Der Zahnarzt entschuldigt sich und sagt, man hätte uns eigentlich im Vorfeld informieren müssen, dass die Prothese nicht Sache des Krankenhauses ist. Ich bin unendlich enttäuscht.

Niemand hat uns gegenüber auch nur ein Wort darüber verloren – woher also hätten wir es wissen sollen? Der Krankenhauszahnarzt schlägt vor, heute noch nichts zu unternehmen, zunächst mit unserem Zahnarzt zu sprechen und später einen neuen Termin auszumachen, doch das lehne ich rundweg ab. Immerhin haben wir über ein Jahr auf diesen Termin warten müssen, und wenn unser Zahnarzt ohnehin für die Prothese zuständig ist, dann kann auch ebenso gut er Angie die Zähne ziehen.

Wir gehen. Und dafür hat die arme Angie den ganzen Stress durchmachen müssen! Um jetzt noch einmal ganz von vorn anzufangen! Auf dem Heimweg schauen wir bei unserem Zahnarzt vorbei.

Die Sache mit Angies Zähnen macht uns beiden zu schaffen. Natürlich ist die Maßnahme notwendig, aber es fühlt sich so brutal an! Und auch wenn die Prothese jetzt in Arbeit ist, weiß ich, dass ihre Gedanken ständig um dieses Thema kreisen.

Ich weiß, wie schwer es ihr fällt, sich den Kindern gegenüber stark zu zeigen, also gebe ich mein Bestes, gute Laune zu verbreiten. Ich weiß auch, dass ich mich so verhalten muss, wie sie es wünscht: Wir müssen versuchen, unser Leben ohne Rücksicht auf den Krebs zu leben – der es natürlich in jeder Hinsicht beherrscht – und so zu tun, als wäre alles in Ordnung. Angie möchte am liebsten jeden einzelnen Tag zu einem ganz besonderen machen. Zu einem Tag ohne Streit und ohne Ärger, der für die Kinder später, wenn Angie nicht mehr da ist, zu den glücklichen Erinnerungen zählen wird.

Am folgenden Sonntag, kurz vor der Zahnzieh-Aktion und der glücklicherweise begrenzten Zeit, während derer die Nahrungsaufnahme für Angie ein wenig schwierig werden könnte, beschließe ich, ein richtig tolles Essen mit einem köstlichen

Hühnerbraten samt allem Drum und Dran zu fabrizieren – Bratkartoffeln, Füllung, Gemüse, Würstchen im Schlafrock und Yorkshire-Pudding.

Sonntagmorgens besucht Angie zusammen mit den jüngeren Kindern normalerweise ihre Eltern (sie wohnen nur sechs Häuser weiter), und so habe ich die Küche dann meistens für mich. Angies Eltern sind jetzt alt – Herbert ist einundneunzig und Winnie siebenundachtzig. Herbert ist für sein Alter unfassbar fit. Er ist sehr aktiv und arbeitet viel im Garten, sei es mit den vielen Blumen, die er aus Samen zieht, oder in seinem Gewächshaus, wo er sich um seine geliebten Tomaten kümmert.

Winnie geht es nicht so gut. Sie wird langsam gebrechlich und stürzt immer häufiger. Nun, da sie schwach ist, ruft Herbert mich oft an und bittet mich, ihm zu helfen, sie ins Bett zu bringen.

Ich würde alles für Herbert und Winnie tun. Sie sind wie eine zweite Mutter und ein zweiter Vater für mich. Ich erinnere mich gut an die Anfangszeit, in der ich mit Angie ging, daran, wie sie mich akzeptierten und wie sehr sie mich liebten. Daran, wie ich nach meiner Tagschicht in der Grube bei Angie vorbeischaute – ich wäre nie nach Hause gegangen, ohne bei ihr vorbeigeschaut zu haben – und Winnie mir immer diesen riesigen Braten vorsetzte; den größten Braten der ganzen Welt.

Hier und jetzt, in diesem Haus, in dem es zum ersten Mal seit Tagen ruhig ist, mache ich mich an meinen eigenen Braten – an das Huhn, das Gemüse und die Beilagen.

»Wer hat eigentlich behauptet, Männer könnten nicht kochen?«, frage ich Pebbles, die neben mir sitzt und geduldig darauf wartet, dass etwas herunterfällt. Ich fühle mich ungeheuer stolz. Leider kann ich selbst den Duft nicht genießen, aber ich weiß, dass die anderen es können.

Irgendwann ist die Familie komplett versammelt und hat großen Hunger. Wie immer eigentlich. Alle freuen sich auf das Essen.

»Wow, Dad, das riecht aber appetitlich«, erklärt Connor schnuppernd.

»Mensch, Mill«, fügt Angie hinzu, »den Tisch hast du auch gedeckt. Und so hübsch!«

Sogar der kleine Corey reibt sich das Bäuchlein.

Als schließlich alle sitzen und sich den ersten Happen einverleiben, verzieht Connor sofort das Gesicht. »Dad«, meint er, »das schmeckt ja scheußlich.«

Ich blicke in die Runde und sehe überall verblüffte Gesichter. Sogar Angie verzieht angeekelt den Mund. Sie grinst zwar dabei, aber es schmeckt ihr eindeutig nicht.

»Schätzchen«, sagt sie und legt ihr Besteck ab, »das ist Currysauce – keine Bratensauce.«

Ein Blick in die Küche verrät ihr sofort die Ursache meines Fehlers. Im Regal stehen zwei Behälter – einer mit Chip-Shop-Curry-Sauce, der andere mit Sauce für Brathähnchen. Beide sind orange, und ich habe den falschen gegriffen. Und weil ich keinen Geruchssinn habe, ist mir auch nichts aufgefallen. Das geplant perfekte Sonntagsessen wird also ein kompletter Reinfall.

Von der Entmutigung abgesehen ist dieser Fehler obendrein auch noch ziemlich kostspielig. Niemand will die verunglückte Mahlzeit essen, denn selbst wenn wir die falsche Sauce entfernen könnten, wäre inzwischen alles längst kalt geworden. Das komplette Essen landet im Kompost. Mir bricht es fast das Herz.

Ich bin schrecklich wütend auf mich. So viel vergebliche Liebesmüh! Zu allem Überfluss fangen die logischerweise hungrigen Kinder auch noch an, sich zu zanken. Wie immer ist es Angie, die die Situation rettet. Sie kann nicht aufhören zu kichern. Jedes Mal, wenn sie einen Blick von mir erhascht, prustet sie vor Lachen. Als ich mir schließlich die Autoschlüssel schnappe und losfahre, um etwas Neues zu essen zu besorgen, erkenne selbst ich, wie lustig das Ganze ist. Du lieber Himmel, denke ich unterwegs, wie soll ich bloß ohne sie klarkommen?

Es ist Juli. Unsere Silberhochzeit nähert sich mit Riesenschritten. Ich versuche, meine verzweifelte Suche nach Heilmethoden zu vergessen, und konzentriere mich darauf, aus dem Jubiläum einen für Angie ganz besonderen Festtag zu machen. Es könnte immerhin unser letzter Hochzeitstag sein.

Nachdem Ryan und Damon zugesagt haben, Reece bei der Beaufsichtigung der Kleinen zu helfen, buche ich heimlich ein Wochenende in Llandudno in North Wales. Wir lieben diesen Ort, der nur ein paar Meilen von Rhyl entfernt liegt, wo wir in unserer Jugend viele zauberhafte Urlaubstage verbracht haben.

Wir fuhren immer gern nach Rhyl, genau wie Angies Eltern. Sie verbrachten jeden Sommerurlaub dort und buchten immer die gleiche Wohnung in der Edward Henry Street. Nachdem ich mit Angie zusammen und somit ein Familienmitglied war, fuhr ich ebenfalls mit. Angies Eltern mieteten immer einen Minibus, weil wir so viele waren: Angies Bruder Neil mit Diane, ihr Bruder Des mit seiner Frau Lynne, ihre geschiedene ältere Schwester Diane (die später meinen Bruder Terry heiratete) sowie deren kleiner Sohn Jonathan, und natürlich wir.

Die Urlaubstage waren von einer gewissen Routine geprägt. Angies Vater lag den ganzen Tag auf einem Handtuch neben dem Bootsteich für Kinder in der Sonne. Nachdem Winnie den Markt besucht hatte, gesellte sie sich mit einem Riesenpicknick und einer Thermoskanne voll Kaffee zu ihm – der größten, die ich je gesehen habe. Wir anderen amüsierten uns derweil. Angie und ich verbrachten die meiste Zeit mit Neil und Diane, bis wir uns schließlich alle um Punkt sechs zum Abendessen versammelten. Anschließend gingen wir aus. Meistens besuchten wir den Victory

Club, wo ich zum ersten Mal Bingo spielte. Das Anfängerglück war mir hold – dachte ich zumindest –, denn ich bekam auf Anhieb meinen Bogen voll. Leider irrte ich, denn ich hatte mich verhört und eine falsche Zahl markiert. Nie werde ich vergessen, wie verlegen ich war, als der Caller meinen Irrtum publik machte. Ich war damals achtzehn, wurde natürlich puterrot und suchte nur noch nach einem Mauseloch, in dem ich mich hätte verkriechen können. Angie hingegen lachte, bis sie fast keine Luft mehr bekam.

Danach habe ich nie wieder Bingo gespielt.

Ich erzähle Angie erst am Tag vor dem Wochenende von der Überraschung. Sie ist völlig aus dem Häuschen.

»Mensch, Mill«, ruft sie. »Wow! Ich freue mich schon auf unsere Irrfahrt durch Manchester. Ehrlich gesagt würde es nur halb so viel Spaß machen, wenn wir uns einmal nicht in Manchester verfahren würden. Stell dir mal vor, wir kämen dieses Mal nicht durch Cheadle. Es würde sich irgendwie falsch anfühlen.«

Wir waren schon so oft in Cheadle, dass man meinen könnte, wir hätten dort einen Zweitwohnsitz. Irgendwie scheinen wir nicht einmal in die Nähe von Manchester kommen zu können, ohne irgendwann in Cheadle zu landen. Zum größten Vergnügen von Angies Vater war es seit meiner bestandenen Führerscheinprüfung jedes Jahr das Gleiche. Angie und ich kreiselten im eigenen Wagen durch einen Kreisverkehr nach dem nächsten, und so fit Angie auch im Kartenlesen war – ich schien grundsätzlich im falschen Augenblick auf der falschen Spur zu sein, und wir fuhren in die falsche Richtung. Witzigerweise war es immer die gleiche falsche Richtung. Wie vorprogrammiert.

»Na, wo habt ihr euch rumgetrieben, Junge?«, pflegte Herbert mich grinsend zu fragen, wenn wir schließlich eine Stunde nach den anderen ankamen. »Wieder mal eine kleine Stippvisite in Cheadle gemacht?«

Obwohl wir es uns eigentlich nicht leisten können, habe ich für unseren Kurztrip das schickste Vier-Sterne-Etablissement gebucht, das ich finden konnte: das St George's Hotel. Und weil wir nur so wenig Zeit haben, möchte ich es dieses Mal ohne Umweg nach North Wales schaffen. Es wäre bestimmt amüsant, wieder einmal nach Cheadle zu kommen, trotzdem bitte ich Angie, Neil anzurufen, ob er uns sein Navi leihen kann.

»Weißt du was, Mill«, sagt Angie, als Neil das Navi bringt, »so ein Teil solltest du dir kaufen. Stell dir mal vor, wie viel Spritgeld wir in all den Jahren damit hätten sparen können. Du solltest einmal darüber nachdenken.«

Ich denke lieber nicht darüber nach, wie es sein wird, wenn Angie eines Tages einmal nicht mehr als Navigator neben mir sitzt (auch wenn wir uns bisher jedes Mal in Manchester verfahren haben), und bis zum Erreichen unseres Kurzurlaubsortes gelingt mir das auch fast. Stattdessen konzentriere ich mich darauf, Angie das schönste nur vorstellbare Wochenende zu bereiten, nur an den Augenblick zu denken und sie wie eine Prinzessin zu behandeln.

Und weil Angie nach Strich und Faden verwöhnt werden soll, habe ich gleich bei der Reservierung ein Angebot mitgebucht, das sich Summer Sizzler nennt und für zwanzig Pfund zusätzlich sowohl ein Drei-Gang-Menü für zwei Personen als auch zwei Cocktails bietet. Schon bei der Buchung erschien mir das als echtes Schnäppchen, und als wir schließlich vor dem Hotel vorfahren, kommt mir das Angebot angesichts des noblen Etablissements noch toller vor. Unsere Unterkunft liegt direkt am Meer und bietet einen atemberaubenden Blick auf die ganze

Bucht. Das Wasser glitzert einladend. Das Ganze sieht aus wie eine Kitschpostkarte. »Mensch, Mill«, flüstert Angie, als wir die breite Treppe zum Haupteingang emporsteigen, »ich komme mir vor wie bei Königs.«

Weil es ein so schöner Tag ist, bummeln wir Hand in Hand an den Geschäften vorbei. Angie möchte sich gern ein wenig umschauen und nach Mitbringseln für die Kinder suchen. Nach der Rückkehr fühlen wir uns beide völlig entspannt, und weil nicht nur unser Hochzeitstag ist, sondern wir endlich auch einmal zu zweit allein sind, landen wir im Bett.

Kurz darauf klingelt mein Handy, und ich frage mich, ob Ryan oder Damon Probleme mit den Kindern haben, doch es ist Terry. »Grüß dich, Ian«, sagt er, »wie läuft's denn so bei euch? Hattet ihr euren Summer Sizzler schon?«

Ich schaue Angie an, die neben mir liegt. »Das kannst du laut sagen!«, grinse ich. »Und was für einen Summer Sizzler!«

Angie braucht einen Augenblick, ehe sie begreift. »Mill!«, schimpft sie. »Bist du bescheuert? Mensch, ist mir das peinlich! Also ehrlich!« Sie zieht sich die Bettdecke über den Kopf, aber ich kann hören, dass sie lacht.

Den Abend über weicht das Lächeln nicht von unseren Gesichtern.

Leider überdauert die gute Laune den Abend nicht, wie sollte sie auch? Nach dem Abendessen ist es noch warm, also spazieren wir die Uferpromenade entlang. Wir suchen uns eine schöne Bank und beobachten den Sonnenuntergang.

Dabei sind wir beileibe nicht die Einzigen. Überall flanieren Menschen durch den lauen Abend. Geradezu unwillkürlich werden meine Blicke von älteren Paaren angezogen, die auf Bänken verweilen wie wir oder am Ufer spazieren gehen.

Während wir so dasitzen und Angie ihren Kopf an meine Schulter lehnt, fallen mir viele Dinge ein, über die wir uns als

Jugendliche unterhalten haben. Dass wir, wenn wir einst alt und unsere Kinder flügge geworden sind, einen Wohnwagen in Thornwick kaufen und ganz oft hinfahren würden. Beim Anblick älterer Pärchen, die Arm in Arm dahinschlurften, hatte Angie immer gekichert und gesagt: »Kannst du dir vorstellen, dass wir beide eines Tages auch einmal so sind?«

Aber das wird nie passieren. Nicht uns. Wieder spüre in den furchtbaren Schmerz in meinem Innern. Den Schmerz darüber, dass wir nicht miteinander alt werden dürfen.

Am nächsten Tag machen wir einen Ausflug nach Rhyl, der die ohnehin schon melancholische Atmosphäre noch verstärkt. Aus der früher so überschäumend fröhlichen Stadt, an die wir so gern zurückdenken – an die flirrenden Lichter, den Duft von Hot Dogs mit gerösteten Zwiebeln und an jauchzende Mädchenstimmen vom nahen Rummelplatz –, ist ein trauriger und menschenleerer Ort geworden. Die Arkaden am Strand sind mit Brettern vernagelt, die meisten Hotels sind verfallen, und der Rummelplatz, den wir immer gern besucht und wo wir so viel Spaß hatten, ist nur noch ein hinter einem verrosteten Blechzaun verborgenes Stück überwuchertes Brachland.

Wir frösteln angesichts dieser Geisterstadt und beschließen, nicht länger zu bleiben. »Es bricht mir das Herz«, sagt Angie, und ich kann ihr nur zustimmen. Wir sind gekommen, um uns die unendlich vielen glücklichen Erinnerungen noch einmal ins Gedächtnis zu rufen, doch es hat nicht funktioniert. Der Zustand der früher so lebendigen Stadt ist nur deprimierend. Angie drückt meinen Arm. »Lass uns heimfahren, Mill. Ella und Corey fragen sich bestimmt schon, wo wir bleiben. Hier gefällt es mir nicht mehr. Ich möchte nach Hause und den Kindern ihre Geschenke bringen.«

Mir geht es ähnlich. Ich will weder an die Vergangenheit noch an die Zukunft denken, sondern das Heute genießen.

Wir fahren nach Hause, wo sich das wahre Leben abspielt.

KAPITEL 12

Welche Rolle spielen Fotos im großen Lauf der Welt? Keine besondere, zumindest nicht für die meisten vernünftigen Leute. Ein Bild mag tausend Worte illustrieren und ein Schnappschuss einen Augenblick einfangen – aber hilft es uns wirklich, Fotos aus der Vergangenheit zu betrachten und uns der Nostalgie hinzugeben? Eigentlich nicht. Wir sollten lieber in der Gegenwart leben.

Aber alle guten Vorsätze zählen nicht, wenn jemand, den man sehr liebt, langsam stirbt. Wenn man weiß, dass die Zeit knapp wird und dass der geliebte Mensch nicht mehr lange bei einem sein wird, ist es ein gewisser Trost, Bilder zu besitzen, die man später anschauen kann.

Als Angie und ich in Llandudno feststellten, dass wir unsere Kamera vergessen hatten, kauften wir sofort zwei Einwegkameras, um möglichst viele Bilder von unserem Hochzeitstag-Wochenende zu schießen.

Kaum habe ich die belichteten Filme abgegeben, als Angie auch schon ungeduldig darauf drängt, die Bilder möglichst bald abzuholen. Einige Tage später fahre ich nach einem Besuch bei Herbert zum Fotogeschäft. Aber offenbar gibt es Probleme. Die Angestellte kramt eine halbe Ewigkeit im Hinterzimmer herum. Als sie zurückkommt, hat sie schlechte Nachrichten.

»Tut mir wirklich leid«, sagt sie, »aber es gibt keine Bilder. Die Filme wurden beschädigt.«

»Beschädigt?«, frage ich. »Wieso das denn? Die Kameras waren doch völlig in Ordnung, als ich sie herbrachte.«

Sie nickt. »So wie es aussieht, wurden die Filme bei uns beschädigt. Eine unserer Maschinen war defekt und hat beide Filme zerstört. Es tut mir wirklich sehr leid.«

Mir bleibt fast das Herz stehen. Angie wird am Boden zerstört sein, und ich weiß auch genau warum. Aus demselben Grund, aus dem sie unbedingt die Einwegkameras kaufen wollte. Sie wünscht sich, dass ich Bilder von unserer Silberhochzeit habe, wenn sie eines Tages nicht mehr bei mir ist.

»War denn gar nichts zu retten?«, erkundige ich mich bei der Verkäuferin. »Ist jede einzelne Aufnahme beschädigt?« Als sie nickt, erkläre ich ihr, dass es um Bilder von unserer Silberhochzeit geht und dass Angie unheilbar an Krebs erkrankt ist. Natürlich ändert das nichts an den Umständen, aber als ich fertig bin, ist die junge Frau fast noch verzweifelter als ich.

»Ich habe eine Idee«, sagt sie schließlich. »Gibt es vielleicht irgendein besonderes Foto, das wir für Sie vergrößern und auf Leinwand aufziehen können? Würde Sie das ein wenig entschädigen?«

Ich bedanke mich bei ihr, fürchte mich aber trotzdem davor, Angie von dem Missgeschick zu erzählen. Und tatsächlich reagiert sie genauso niedergeschlagen wie ich befürchtet habe. Aber das Angebot des Fotogeschäfts ist großzügig, und ich bin dafür sehr dankbar. Angie sucht ein Foto zum Vergrößern aus. Trotzdem tut es mir unendlich leid, dass unsere Fotos nichts geworden sind. Irgendwie fühlt es sich an wie ein Schlag ins Gesicht.

Ich wappne mich für weitere schlechte Nachrichten, als Anfang September Angies nächster Arzttermin ansteht. Jedes Mal, wenn wir in die Klinik müssen, fühlt es sich zumindest für mich so an, als marschierten wir ins weit geöffnete Maul eines Ungeheuers. Ich erwarte das Schlimmste, weiß aber, dass wir keine Wahl haben. Als wir dran sind und Angie untersucht und gewogen wird, überrascht uns die Ärztin mit der Feststellung, dass keine Verschlechterung festzustellen ist.

Ich versuche, sie zu verstehen, aber ihre Diagnose widerspricht allem, was ich Tag für Tag erlebe. So gern ich ihr glauben möchte – für mich ergibt das keinen Sinn. Ich denke nicht gern darüber nach, aber ich bin nicht blind: Meine Frau wird mit jedem Tag weniger. Ihre Kleider hängen nur noch an ihr herunter. Früher hatte sie Größe sechsunddreißig, heute trägt sie Kindergrößen. Und schwächer wird sie auch. Inzwischen bereitet es ihr große Mühe, die kleineren Kinder zu heben, vor allem Corey. Natürlich weiß ich, woran das liegt: Sie nimmt kaum noch Nahrung zu sich. Manchmal spreche ich sie darauf an, dass selbst Corey mehr isst als sie und dass sie nur noch wie ein Vögelchen pickt, aber dann schimpft sie mit mir. »Hör endlich auf damit, Mill«, sagt sie. »Mir geht es gut.« Aber das stimmt nicht. Es geht ihr nicht gut. Jeder kann es sehen. Außerdem hustet sie immer noch.

Ich kann weder Angie noch der Ärztin wirklich glauben. Beide scheinen entschlossen, mir Sand in die Augen zu streuen. Vor allem Angie. Sie geht über ihren Gewichtsverlust hinweg, als sei es die normalste Sache der Welt, und behauptet, nur einfach nicht mehr so viel ungesundes Zeug zu essen. Aber das nehme ich ihr nicht ab – ein paar Tüten Chips weniger können keinen derart dramatischen Unterschied machen. Sie isst einfach nicht mehr. Und sie isst nicht mehr, weil ihr Krebs sie auffrisst.

Ich habe das Gefühl, hintergangen zu werden, und explodiere. »Sehen Sie denn nicht, dass meine Frau stirbt?«, brülle ich die erschrockene Medizinerin an. »Wollen Sie es nicht sehen? Irgendetwas müssen Sie doch tun können!«

Ein Blick in ihre Gesichter genügt, um zu sehen, dass ich es wieder einmal vermasselt habe. Beide haben Tränen in den Augen, und in Angies Blick liegt zusätzlich so etwas wie Empörung über mein Benehmen. Es verursacht mir zwar Gewissensbisse, aber ich kann einfach nicht anders. »Irgendetwas ist doch da im Busch«, poltere ich weiter. »Machen Sie lieber erst mal ein CT, und sitzen Sie nicht da rum und erklären mir, es hätte sich nichts verändert.«

Die Ärztin nickt. »Einverstanden, Mr Millthorpe«, sagt sie. »Ich schicke Angie noch einmal zur CT, und dann sehen wir uns Anfang November wieder, um die Ergebnisse zu besprechen. Trotzdem müssen Sie sich damit abfinden, dass wir nichts mehr tun können. Erst recht, wenn der Krebs sich weiterentwickelt hat.« Sie wendet sich an Angie. »Wir können nichts weiter tun, als Ihnen etwas gegen die Schmerzen zu geben. Eine Chemo würde in diesem Stadium keinen Sinn machen – es sei denn als Palliativmaßnahme.«

Angie nickt und lässt die Schultern hängen. Sie akzeptiert, was nicht zu ändern ist. Am liebsten würde ich losheulen. Warum zum Teufel lässt man diesen Tumor einfach weiterwachsen?

Ganz so resigniert ist Angie aber offenbar doch nicht. Kaum haben wir das Sprechzimmer verlassen, als sie sich wütend zu mir umdreht.

»Wie konntest du nur, Mill? Wieso hast du meine Ärztin derart abgekanzelt? Spinnst du?« Sie blickt mir ins Gesicht. »Hast du nicht gesehen, was passiert ist? Sie hätte beinahe geweint!«

Wieder einmal überkommen mich die mir nur allzu vertrauten Gewissensbisse. Angie hat eine enge Beziehung zu ihrer Onkologin, und mein Benehmen ihr gegenüber hat sie zutiefst verärgert. Ich möchte mich entschuldigen, denn ich will Angie auf keinen Fall verletzen. Trotz allem aber kann ich einfach nicht akzeptieren, dass man nicht mehr für sie tut. So wie bisher kann es beim besten Willen nicht weitergehen. Die Ärztin muss doch sehen, was selbst ich sehe. Wie also hätte ich anders reagieren können? Wie kann man klaglos jemanden gehen lassen, den man liebt?

Auf dem Heimweg bemühe ich mich ein weiteres Mal, Angie

klarzumachen, worum es mir geht. »Ich weiß, dass ich mich danebenbenommen habe«, sage ich, »aber nur, weil ich das Gefühl hatte, es zu müssen. Du spielst deine Symptome grundsätzlich hinunter. Wenn du ihr die Wahrheit über deinen Gewichtsverlust gesagt hättest, wäre es vermutlich nicht zu dieser Auseinandersetzung gekommen. Ich will doch nur, dass irgendetwas getan wird. Aber wie sollen sie dich richtig behandeln, wenn du ihnen immer wieder erklärst, dass es dir gut geht, obwohl das nicht stimmt?«

Angie wartet fast eine halbe Minute mit ihrer Antwort.

»Aber es geht mir wirklich gut, Mill«, erklärt sie mit fester Stimme. »Und außerdem habe ich doch bald das CT. Dann werden wir ja sehen.«

Wir schweigen uns an. Sie sieht jetzt richtig krank aus. Und ihre Behauptung, sich wohlzufühlen, löst in mir nur wieder ein unangenehmes Gefühl aus. Sie will nicht, dass etwas unternommen wird. Sie hat sich aufgegeben. Und sie ärgert sich über mich, wozu sie weiß Gott recht hat. Die Stimmung auf der Heimfahrt ist getrübt.

Als wir zu Hause aus dem Auto steigen, versuche ich, sie aus der Reserve zu locken. »Hey, Angie«, sage ich mit einem Lächeln, »du bist zwar nur eine halbe Portion, aber dafür hast du echt Mumm für zwei.«

Sie blickt mich über das Autodach hinweg an und lächelt ihr strahlendstes Lächeln. Ich weiß, dass sie ebenso wenig nachtragend ist wie ich. Sie lässt die Autotür ins Schloss fallen. »Ich weiß doch, dass du nur an mich denkst, Mill. Also lassen wir es gut sein.« Ihr Lächeln wird noch breiter. »Aber nur, wenn du mir jetzt eine Tasse Tee machst.«

Nach dem Tee rufe ich unsere Patientenberaterin Lynne an, die Angie immer so geduldig und freundlich unterstützt hat. Ich erzähle ihr, wie zornig ich darüber bin, dass man Angie aufgegeben zu haben scheint, und sie verspricht mir, die Patientenakte zu lesen und zu versuchen, möglichst zeitnah einen Termin für das CT und das anschließende Arztgespräch zu bekommen.

Inzwischen wartet die nächste Tortur auf Angie. Ihr Zahnersatz ist fertig, und nun müssen ihr alle Zähne gezogen werden. Ein paar Tage später ist es so weit. Ich kann wieder einmal nur hilflos zusehen. Es ist mindestens so schlimm, wie wir beide befürchtet haben, und außerdem isst sie jetzt noch weniger, weil jeder Bissen schmerzt.

»So ein Mist, Mill«, sagt sie, »es ist, als würde ich auf Glas kauen.«

Und es gibt keinen Weg, wie ich ihr helfen könnte.

Lynn hält ihr Versprechen und besorgt uns zeitnah einen CT-Termin. Nachdem das erledigt ist, meldet sie sich mit weiteren guten Neuigkeiten. Nicht nur, dass die Onkologin unseren Termin auf den 30. September vorverlegt hat – sie ist auch bereit, nach der Besprechung des Ergebnisses meine Fragen zu anderen Behandlungsmöglichkeiten zu beantworten und zu begründen, warum sie gegen eine weitere Chemo ist.

Doch das Schicksal hält einen weiteren schrecklichen Schlag für uns bereit. Am 25. September wird Angies Mutter ins Krankenhaus eingeliefert. Es steht nicht gut um sie, und wir haben große Angst, sie gehen lassen zu müssen.

Ihre geliebte Mum ausgerechnet jetzt zu verlieren wäre für Angie in ihrem Zustand das Schlimmste, was passieren könnte. Ich bete für Winnies Leben. Doch es sieht nicht gut aus. Am 28. September geht es ihr so schlecht, dass alle Familienmitglieder ins Krankenhaus gebeten werden.

Wie bei meiner eigenen Mutter geht es schließlich sehr schnell.

Winnie stirbt noch am gleichen Abend im Kreis ihrer gesamten Familie. Auch Herbert ist dabei, mit dem sie siebenundfünfzig Jahre verheiratet war und um den ich mir jetzt große Sorgen mache.

»Bitte, lieber Gott«, höre ich ihn flüstern, während er ihre Hand hält, »bitte, nimm mich doch auch.«

Trotz ihrer eigenen verzweifelten Lage sorgt sich auch Angie um ihren Vater. Als wir aus dem Krankenhaus nach Hause kommen, ist es ein Uhr morgens. Wir sind alle am Boden zerstört, vor allem Angie. Die letzten zwei Tage haben ihr sowohl körperlich als auch emotional unendlich viel abverlangt. Herbert ist nach Hause gegangen, Angies Bruder Desmond ist bei ihm, aber Angie kommt nicht zur Ruhe und bittet mich, noch einmal bei ihm vorbeizugehen und nach ihm zu schauen. Sie kann den Gedanken nicht ertragen, dass er zu Hause sitzt und weiß, dass Winnie nie mehr heimkommen wird.

»Kannst du bitte hingehen, Mill?«, fleht sie. »Nur um ganz sicher zu sein, dass es ihm einigermaßen geht. Ich kann sonst bestimmt nicht schlafen. Außerdem weiß ich, dass er sich freuen wird, dich zu sehen.«

Ich gehe also hin. Herbert sitzt schweigend und ruhig im Wohnzimmer in seinem Lieblingssessel. Die Trauer steht ihm ins Gesicht geschrieben, aber er versichert mir, dass es ihm so weit ganz gut geht. Ich glaube ihm. Er ist ein starker Mann, aber auch ich bin froh, noch einmal nach ihm geschaut zu haben.

Des hat ihm gerade einen starken Tee gekocht, und eigentlich braucht er nichts weiter. Bis auf eine wichtige Sache, die mich tief berührt. »Würdest du die Beerdigung für mich arrangieren, mein Junge?«, fragt Herbert leise. »Ich weiß, dass ich dir diese Aufgabe anvertrauen kann. Und bitte nur das Beste, ganz gleich, was es kostet. Das Allerbeste. Würdest du das für mich übernehmen?«

Ich sage, dass ich mich geehrt fühle.

Ehe ich gehe, frage ich ihn noch einmal, ob wirklich alles in Ordnung ist. »Mir geht es gut, Mill«, erklärt er. »Das Leben geht weiter. Geh jetzt heim, mein Junge. Geh zu unserer Angie und den Kindern.«

Wie vermutet, ist Angie noch wach und wartet auf mich. »Wie geht es ihm?«, erkundigt sie sich ängstlich. Ich erzähle ihr von unserem Gespräch und von Herberts Bitte, mich um die Beerdigung zu kümmern. Angie lächelt und nimmt meine Hand. »Er hat recht, Mill«, sagt sie. »Das Leben geht wirklich weiter.«

Ich weiß, dass sie das auch in Bezug auf mich meint.

Nachdem ich am nächsten Morgen die Kinder in Schule und Kindergarten abgeliefert habe, fahre ich nach Shafton zum Bestattungsunternehmen. Ich halte mich an Herberts Weisung und nehme von allem nur das Beste. Winnie bekommt einen Sarg aus massiver, spiegelnd glänzender Eiche, von derselben Art, die ich auch schon für meine Mutter ausgesucht hatte, mit einem großen Kreuz aus weißen und roten Rosen. Außerdem ordere ich drei Limousinen für die engste Familie.

Natürlich ist der Tod an einem Ort wie diesem besonders gegenwärtig. Aber obwohl ich die Gedanken beiseitezuschieben versuche – vor allem den Gedanken daran, dass ich dies hier in naher Zukunft auch für Angie werde tun müssen –, kommt mir plötzlich ein wichtiger Gedanke.

Angie wünscht sich – wie ihre Geschwister übrigens auch – eine Feuerbestattung. Ich hingegen möchte wie Winnie beerdigt werden. Unsere Familie ist nun aber so groß, dass wir nicht alle mit unseren Eltern in einem Grab bestattet werden können. Meine Geschwister und ich sind daher übereingekommen, dass dieses Vorrecht Les und Glenn vorbehalten ist, die beide nie geheiratet haben.

Hier und heute wird mir mit einem Mal klar, dass ich versuchen sollte, eine Grabstelle in Winnies Nähe zu kaufen, um später, wenn es einmal so weit ist, wenigstens in ihrer Nähe zu liegen. Immerhin war sie seit meinem vierzehnten Lebensjahr eine Art zweite Mutter für mich, was nach dem Tod meiner eigenen Mutter noch wichtiger für mich wurde.

Als ich Angie zu Hause davon erzähle, wird sie zu meiner Überraschung beinahe wütend. »Wozu soll das gut sein?«, schimpft sie. »Du hast doch noch jahrelang Zeit!«

»Ich weiß«, pflichte ich ihr bei, »aber ich will die Angelegenheit gern in trockenen Tüchern haben. Irgendwann muss auch ich sterben. Und wenn ich dann schon allein beerdigt werden muss, dann zumindest gern in der Nähe deiner Mum und deines Dads. Die beiden sind mir von allen Grabnachbarn die sympathischsten«, flachse ich, um sie zum Lächeln zu bringen. »Weißt du, das wird dann so ähnlich wie früher in Rhyl beim Sonnenbaden. Wir liegen gemütlich nebeneinander, und ich halte mit deinem Dad ein nettes Schwätzchen.«

Schließlich lächelt Angie wieder. Sie sagt zwar nichts, umarmt mich aber sehr fest.

Sie muss auch nichts sagen. Trotz meiner gezwungenen Fröhlichkeit schwebt das Wort »allein« wie eine Drohung über unseren Köpfen.

KAPITEL 13

Zwei Tage nach Winnies Tod sind wir wieder im Krankenhaus zum Termin mit der Onkologin.

Angie ist im Gegensatz zu sonst sehr still. Ich weiß, dass sie ihre Mutter schrecklich vermisst. Ich weiß auch, dass sie immer weint, sobald ich das Haus zu einer Besorgung oder zu meinem täglichen Besuch bei Herbert verlasse. Ich sehe es an ihren Augen. Aber Angie ist wie ihr Vater: Sie bemüht sich, ihre Trauer zu verbergen und sich vor allem vor den Kindern zusammenzureißen.

Und außerdem muss sie dazu noch mit ihren eigenen Problemen klarkommen. Wir treffen Lynne, die uns zum Arztbesuch begleiten wird, und ahnen sofort, dass die Nachrichten, die uns erwarten, nicht gut sind. Lynne gelingt es nicht, sich zu verstellen, sie erschrickt sichtlich angesichts Angies zerbrechlichem Aussehen. Mich überrascht schon längst nicht mehr, dass Angie so dünn ist. Sie hat sich schon lange überwinden müssen, etwas zu essen – jetzt aber ist es ihr fast unmöglich geworden. Die Trauer um ihre Mutter hat ihr den letzten Rest Appetit genommen.

Lynne hat natürlich keine Ahnung von Winnies Tod. »Wie fühlen Sie sich?«, erkundigt sie sich bei Angie, deren trauriges Gesicht ihr vermutlich nicht entgangen ist. Ich erkläre ihr, dass Angie zwei Tage zuvor ihre Mutter verloren hat. »Oh, Angie«, ruft Lynne, »das tut mir wirklich unendlich leid für Sie. Sollen wir den Termin vielleicht lieber verschieben?«

Angie schüttelt den Kopf und ringt sich sogar ein kleines Lächeln ab. »Nein danke. Ich bringe es lieber gleich hinter mich.«

Obwohl wir noch nicht wissen, was wir zu hören bekommen werden, überkommt mich das Gefühl der Bedrohung, als wir schließlich das Sprechzimmer betreten und uns setzen. Angies Onkologin blickt kurz von ihrem Monitor auf und erklärt, dass sie die Scans gerade erst prüft. Die Atmosphäre im Raum ist zum Zerreißen gespannt. Als die Ärztin schließlich aufblickt und sich an Angie wendet, wirkt sie sehr betroffen. Mitleidig blickt sie uns an und sagt, dass der Krebs sich stark ausgebreitet hat.

»Es tut mir sehr leid«, sagt sie. »Ihr Krebs hat überall gestreut. In der Lunge und in den Knochen ist er weiter fortgeschritten, und hier sind auch noch neue Metastasen.« Sie zeigt auf einen Schatten in Angies Becken, der allem Anschein nach in einem der Eierstöcke sitzt.

Schweigend versuchen wir zu begreifen. In meinen Augen kribbelt es verräterisch. Und dann, nachdem die Ärztin uns erklärt, dass es nun an der Zeit sei, mit einer palliativen Chemotherapie zu beginnen, gelingt Angie wieder einmal der geradezu unglaubliche Zug, uns alle aufzumuntern, obwohl es doch gerade andersherum sein müsste.

Sie lächelt die Ärztin kläglich an, zeigt auf ihr Haar und fragt: »Dann werde ich die hier also wieder verlieren?«

Die Ärztin lächelt traurig. »Ich fürchte ja.«

»Okay, dieses Mal werde ich mich aber nicht überrumpeln lassen. Sobald es losgeht, bitte ich einfach meine Schwägerin, die ganze Pracht abzurasieren.«

Ich werfe Lynne einen Blick zu. Wir alle wissen, dass Angie ein ausgesprochen starker Charakter ist, trotzdem überrascht es uns, wie locker sie mit dem Urteil umgeht. Nur ich allein weiß, dass sie nur um meinet- und der Kinder willen zustimmt. Warum sonst würde sie sich wieder eine Chemo antun? Warum sonst wäre sie bereit, ihr Haar wieder zu opfern und sich ständig krank und elend zu fühlen? Ganz zu schweigen vom Appetitverlust, den

Lynne nun auch der Ärztin gegenüber erwähnt. Die Ärztin verschreibt Angie Medikamente, die dem Körper helfen sollen, ein wenig Widerstandskraft aufzubauen. Außerdem kann sie jetzt, nachdem ihre Zähne gezogen sind, endlich auch das Zometa einnehmen, das den Knochenkrebs eindämmen soll. Im Übrigen wird ein weiteres CT anberaumt. Dieses Mal soll Angies Leber unter die Lupe genommen werden.

Wie betäubt verlassen wir das Sprechzimmer. Eine Sache allerdings macht mich stutzig. Unser ursprünglicher Termin war für den 14. November vorgesehen und wurde nur auf mein Drängen hin vorverlegt. Warum aber hat die Klinik uns nicht informiert, als die Ergebnisse des CT vorlagen, die eine rapide Verschlechterung zeigten? Hätte man den Krebs einfach so bis zum anberaumten Termin weiterwachsen lassen?

Ich gebe meine Frage an Lynne weiter. »Warum hat man uns nicht angerufen?«, erkundige ich mich. »Man hätte uns doch über die Veränderung informieren müssen. Wäre unser Termin nicht vorverlegt worden, hätten wir bis Mitte November keine Ahnung davon gehabt.«

Lynne weiß darauf keine Antwort. Wie sollte sie auch?

»Ich möchte noch einmal reingehen und die Ärztin fragen.« Lynne kümmert sich darum, aber auch die Onkologin kann meine Frage nicht beantworten.

»Ich habe die Scans selbst eben erst erhalten, Mr Millthorpe. Und ich bin ebenso erschrocken wie Sie.« Nachdem es bei Angie beim letzten Termin keine Verschlechterung gegeben hatte, gab es für die Ärztin keinen Grund, eine derartige Veränderung zu vermuten. Hätte man ihr die Ergebnisse aber früher geschickt, hätte sie sich selbst um eine Vorverlegung unseres Termins gekümmert.

»Selbstverständlich steht es Ihnen frei, sich bei der Klinikleitung zu beschweren«, fährt sie fort.

Vielleicht werde ich das tun. Um mich abzureagieren. Als ich wieder vor Angie stehe, sieht sie noch genauso schockiert aus wie vorher. Ich bemühe mich, einigermaßen ruhig zu bleiben, weil ich sie nicht noch zusätzlich aufregen will. Es fällt mir sehr schwer, denn ich bin stinkwütend.

»Alles in Ordnung?«, erkundigt sich Lynne, die mir meine Wut offenbar ansieht. »Wollen Sie sich vielleicht einen Moment setzen?«

Angie kommt der Aufforderung mit starrem Gesicht nach, ich jedoch nicht. Ich kann einfach nicht. Ich bin zu zornig. Immer noch geht mir die Frage »was-wäre-wenn« durch den Kopf. Vielleicht hätte der spätere Termin nicht einmal einen großen Unterschied gemacht, aber die verdammte Unsicherheit frisst mich geradezu auf.

Letztendlich aber ist es Angie, die diesen Kampf austragen muss. Nicht ich. Sie muss Medikamente und Präparate einnehmen, ihr fallen die Haare aus, sie muss in die Röhre, ständige Nachfragen ertragen und ohne Zähne auskommen. Manchmal wirkt es so, als ob Angie sich auf einen Marathonlauf vorbereitet, obwohl sie in Wirklichkeit nur darum ringt, ihren Tod hinauszuschieben.

Und um das Maß voll zu machen, muss sie auch noch ihre Mutter begraben. Unfairer kann das Leben kaum noch sein.

Ella kommt allmählich in ein Alter, in dem sie weniger Schlaf braucht. An diesem Tag aber hat sie wegen unseres Termins im Krankenhaus morgens länger geschlafen als sonst und ist daher um neun Uhr abends noch hellwach.

Weil es sinnlos ist, sie hinzulegen, solange sie nicht müde ist, lassen wir sie einfach spielen. Ella hat nie besonders gut geschlafen, und angesichts der Dinge, die seit ihrer Geburt passiert sind, fehlt es uns auch an Energie, mit einer gewissen Strenge für Regelmäßigkeit zu sorgen. Weil ihr Bettchen ohnehin bei uns im Schlafzimmer steht, haben wir uns angewöhnt, sie auf dem Sofa einschlafen zu lassen und mit nach oben zu nehmen, wenn wir zu Bett gehen. Früher haben wir versucht, sie früher ins Bett zu stecken, aber dann hat sie sich die Lunge aus dem Leib gebrüllt und alle anderen Kinder aufgeweckt. Und wer legt unter den gegebenen Umständen schon Wert auf so viele Tränen? Sie bekommt ihren Schlaf noch früh genug, und außerdem ist jetzt jeder Tag so ungeheuer wertvoll.

Das wird mir auch jetzt wieder schmerzlich bewusst. Ella sitzt im Wohnzimmer auf dem Boden und spielt mit einer ihrer Puppen. Es ist ihre Lieblingspuppe. Sie nennt sie ihre Prinzessin, denn sie trägt ein rosa Kleid (Ella liebt alles Rosafarbene) und hat taillenlange, blonde Haare, die Ella gerade mit einer kleinen rosa Bürste kämmt. Dabei schwatzt und kichert sie und sagt zu der Puppe exakt die gleichen Dinge, die Angie beim Kämmen immer zu ihr sagt.

Im Fernseher läuft eine Doku über wilde Tiere, aber ich bemerke, dass Angie nicht wirklich hinschaut. Stattdessen starrt sie gebannt auf Ella.

»Ach Mill«, flüstert sie mit tränennassen Wangen, »ich würde so gern all unsere Kinder aufwachsen sehen.«

Ich lege einen Arm um ihre Schultern, drücke sie fest an mich und suche nach den richtigen Worten. Aber die gibt es nicht. Wir wissen beide, dass Angie nicht lange genug leben wird, um sie alle aufwachsen zu sehen. Natürlich sind wir dankbar, dass sie die drei Älteren durch ihre gesamte Kindheit begleiten durfte, was aber den anderen bevorsteht, wird sie nicht mehr miterleben. Die vielen weiteren Lebensschritte. Vielleicht heiraten sie, vielleicht haben sie eines Tages selbst Kinder – aber ihre Enkel wird Angie nie kennenlernen. Und das Schlimmste ist, dass sie nie die Chance haben wird, mit ihren beiden Töchtern shoppen zu gehen, wie ihre eigene Mutter es so gern mit ihr getan hat.

Wir denken jetzt nur noch Wochen oder höchstens Monate voraus. Ich hoffe inständig, dass Angie mit der bevorstehenden Chemo wenigstens noch Ellas vierten Geburtstag erleben darf. Alles, was darüber hinausgeht, streiche ich aus meinem Kopf. Könnte ich mein Leben für ihres geben, ich würde es sofort tun. Irgendwie fühlt sich alles so unfair und falsch an. Wenn schon einer von uns sterben muss – warum nicht ich? Immerhin hat Angie jedes dieser Kinder neun Monate lang in sich getragen. Sie war diejenige, die sich Tag für Tag hingebungsvoll ihrer Erziehung gewidmet und das wirklich toll hingekriegt hat. Angies Leben gehörte immer nur ihrer Familie. Natürlich hatte auch ich teil daran, und natürlich liebe ich jedes unserer Kinder ebenso wie sie – aber sie ist ihre Mama. Sie ist unersetzlich. Und die Kinder brauchen sie.

Aber leider funktioniert das mit dem Tausch nun einmal nicht, und unsere Kinder werden in naher Zukunft keine Mutter mehr haben. Auf mich kommt dann die schier unlösbare Aufgabe zu, zu versuchen, die Lücke zu füllen, die sie hinterlassen wird. Offenbar gehen Angie ähnliche Gedanken durch den Kopf, denn am folgenden Morgen überrascht sie mich mit einer Frage.

»Mill«, sagt sie plötzlich unvermittelt, »wann hat Corey Geburtstag?«

Es ist Vormittag. Ich bin gerade von der Erfüllung meiner morgendlichen Aufgaben zurückgekehrt: Kinder zur Schule bringen und bei Herbert vorbeischauen, ob er meine Hilfe braucht. Wir sitzen zusammen und genießen fünf Minuten Ruhe und eine Tasse Tee, ehe es an die Vorbereitungen für das Mittagessen geht. Ella spielt auf dem Fußboden.

Alles wirkt völlig normal. Und genau das ist es, was Angie will: Unser Leben soll normal und mit allen Routinen und Ritualen weitergehen wie immer. Nach dem Essen wird die Küche aufgeräumt, danach wird es Zeit, die Kinder von der Schule abzuholen, sie umzuziehen, damit die Schuluniformen nicht schmutzig werden, und sie zum Spielen hinauszuschicken. Während sie mit ihren Freunden unterwegs sind, bereite ich das Abendbrot vor. Gegen acht dürfen sie eine Weile mit uns fernsehen, anschließend geht es in die Badewanne und danach ins Bett. Wie jeden Werktag. Wie immer – ganz gleich, wie viele Tage uns noch bleiben. So wünscht sie es sich.

Ich blicke sie ein wenig verwirrt an, weil ich nicht weiß, worauf sie hinauswill. Nie im Leben würde sie Coreys Geburtstag vergessen.

»Dreizehnter Dezember«, antworte ich. »Glaube ich zumindest.«

Angie schüttelt den Kopf. »Nein, Mill. Es ist der neunte. Du hast ihn mit Connors Geburtstag verwechselt. Seiner ist an einem Dreizehnten, allerdings am dreizehnten Juni. Nicht im Dezember.«

Sie lächelt, als sie feststellt, dass ich das Spiel jetzt begreife. »Okay«, meint sie. »Und Reece?«

»Siebzehnter April«, sage ich und fühle mich sehr sicher.

»Nein«, widerspricht sie. »Der Monat ist richtig, das Datum aber falsch. Am siebzehnten April hat Ryan Geburtstag, Reece am elften.« Angie setzt ihre Teetasse ab. »Mill, du musst die Geburtstage der Kinder im Kopf haben. Unbedingt. Stell dir mal vor, du vergisst einen! Das darf nie, wirklich nie passieren! Du musst sämtliche Geburtstage auswendig lernen.«

Sie steht auf, obwohl sie ihren Tee erst zur Hälfte getrunken hat.

»Willst du weg?«, erkundige ich mich.

Angie schüttelt den Kopf. »Ich habe hier etwas für dich«, erwidert sie, geht zum Kamin und holt etwas hinter der Uhr hervor. Als sie es mir reicht, erkenne ich ein altes Schulheft von Connor.

»Hier«, sagt sie, »ich habe sie alle für dich aufgeschrieben.«

Ich öffne das Heft und finde alle Geburtstage fein säuberlich und chronologisch aufgelistet – angefangen bei Ryan bis hin zu Ella.

Angie lässt sich wieder neben mir auf der Couch nieder, nachdem sie ihre Jeans hochgezogen hat, die wieder einmal ins Rutschen geraten sind. In den letzten Wochen muss sie das immer öfter tun, und das fällt nicht nur mir auf. Sie isst einfach zu wenig. Noch nicht einmal solche Sachen, auf die viele Leute nur schweren Herzens verzichten. Wenn ich zu McDonald's gehe, um etwas für die Kinder zu holen, schlage ich ihr immer vor, ihr einen Big Mac mitzubringen. Früher hat sie Big Macs geliebt. Jetzt aber schüttelt sie jedes Mal den Kopf und meint: »Lieber ein Happy Meal.« Ich wäre ja happy, wenn sie es wenigstens äße. Sie muss unbedingt ein wenig zulegen.

»Schau dir die Daten genau an, und lern sie am besten auswendig«, erklärt sie mir jetzt. »Ich werde dich nämlich abfragen, und zwar so lange, bis ich sicher sein kann, dass du sie im Kopf hast.«

Ich betrachte die Liste und fange bereits an, mir die Daten einzuprägen, als ich noch etwas anderes entdecke. Notizen, die irgendwie nach Regeln aussehen.

»Was ist das?«, frage ich. Der erste Satz lautet: ›Die Haare der Mädchen müssen geflochten werden, damit kein Spliss entsteht‹, ein anderer: ›Hausaufgaben müssen am gleichen Tag erledigt werden‹.

Ich spüre einen dicken Kloß im Hals. Wann hat sie das geschrieben? Die Liste mit Regeln ist zwei Seiten lang. Es sind sechzehn Grundsätze. Der letzte ist durchgestrichen.

»Was ist mit dem hier?«, will ich wissen. »Hast du da deine Meinung geändert?«

»Eigentlich wollte ich schreiben, dass du die Kinder rechtzeitig ins Bett schicken sollst, weil auch du dich nach einem harten Tag entspannen musst.« Sie grinst mich an. »Aber dann wurde mir klar, dass du den Satz nicht brauchst.«

»Wieso?«, frage ich verblüfft.

»Weil ich dich kenne. Du wirst ganz von selbst großen Wert darauf legen, sie ins Bett zu schicken. Das muss ich dir nicht eigens aufschreiben.«

Natürlich hat sie damit recht. Wie mit allen anderen Regeln auch, die nicht besonders kompliziert und außerdem einigermaßen leicht zu befolgen sind. Eigentlich handelt es sich vor allem um alltägliche Dinge, an die ich denken muss – wie zum Beispiel an Ellas Meningitis-Impfung oder daran, die Kinder höchstens eine Stunde am Tag an den Computer zu lassen und ihre Haare regelmäßig auf Nissen zu untersuchen. Aber auch andere Dinge stehen da. Ich soll beispielsweise zukünftige Freundinnen und Freunde genau unter die Lupe nehmen und sicherstellen, dass die Familie weiterhin einmal im Jahr nach Thornwick fährt. Und natürlich darf ich unter keinen Umständen einen Geburtstag vergessen.

Die Liste im Schulheft und der Gedanke daran, dass sie über all diese Dinge nachgedacht hat, treiben mir buchstäblich die Tränen in die Augen. Schließlich sitzt Angie ja noch hier neben mir.

»Mach dir keine Sorgen«, versuche ich sie zu beruhigen. »Wir werden das Kind schon schaukeln. Ganz bestimmt.«

Als sie erkennt, wie betroffen mich ihre Regeln machen, nimmt sie mich in die Arme. »Ich weiß, Mill, ich weiß«, murmelt sie. »Komm schon, komm her, du zartbesaitetes Mannsbild.« Sie küsst mich zärtlich, dann aber blickt sie mich streng an. »Die Daten lernst du auswendig, hörst du? Von morgen an höre ich dich ab. Jeden Tag, bis du sie im Schlaf beherrschst.«

Ich fange noch am gleichen Vormittag an. Ich präge mir die

Liste ein, lege sie wieder hinter die Uhr, hole ein Papier und schreibe sie aus dem Gedächtnis auf. Ein bisschen fühlt es sich an wie früher zu Schulzeiten. Auch weil die Uhr wie damals in der Schule unerbittlich weitertickt.

KAPITEL 14

Winnies Beerdigung läuft genau so ab, wie sie es sich sicher gewünscht hätte. Sogar die Sonne lässt sich zur Feier des Tages blicken. Als wir Winnies Lieblings-Kirchenlied ›Jerusalem‹ singen, wird mir richtig feierlich zumute. Nicht nur, dass Winnie jahrelang Mutters Stelle vertreten hat – sie hat auch die Frau erzogen, die ich so innig liebe.

Doch auf den würdevollen Abschied folgt schon bald eine weitere Katastrophe.

Als Ryan und Damon nach Hause gehen, ist es Mitternacht. Der Tag war lang. Angie ist todmüde. Irgendwann höre ich an ihrem Atem, dass sie eingeschlafen ist. Mir selbst fällt es schwerer, einzudösen, weil ich mir Sorgen mache, inwieweit Angies Trauer an ihren ohnehin kaum noch vorhandenen Kräften zehrt.

Aber die Ruhepause ist nur von kurzer Dauer. Um zwei Uhr morgens reißt uns das Telefon aus dem Schlaf. Ein Anruf mitten in der Nacht flößt immer Angst ein, und ich steige mit einem sehr ungeten Gefühl aus dem Bett.

»Nicht, dass es Dad ist«, flüstert Angie ängstlich.

Aber es ist nicht Herbert, sondern mein Neffe Kane, Terrys Sohn. Terry ist mit Angies ältester Schwester Diane verheiratet. Nur wenige Stunden zuvor haben wir die beiden noch bei der Beerdigung getroffen.

»Kannst du bitte schnell rüberkommen, Onkel Ian?«, stammelt Kane. »Mein Dad – ich glaube, er hat einen Herzanfall.«

Ich habe sofort einen Knoten im Magen. »Okay, Kane, bin schon unterwegs. Hast du den Notarzt gerufen?«

Das hat er. Ich lege auf, haste nach oben, erkläre Angie, was passiert ist. Sie versichert mir, dass sie ohne mich klarkommt, und ich mache mich auf den Weg zu Terry und Diane, die etwa eine halbe Meile entfernt wohnen.

Bei meiner Ankunft liegt Terry bereits auf einer Trage im Krankenwagen, hat eine Sauerstoffmaske über dem Gesicht und ist rundum verkabelt. Diane sitzt sehr blass neben ihm. Ich folge dem Krankenwagen zur Klinik und bete den ganzen Weg über, dass mein Bruder es schafft.

In der Klinik wird sofort ein EKG gemacht, das die Diagnose bestätigt: Terry hatte einen Herzinfarkt. Diane ist völlig aufgelöst, und Terry reagiert verständlicherweise mit Angst. Ich bleibe noch eine Stunde bei ihnen und versuche ihnen die Furcht zu nehmen. Immerhin schätzt der Arzt Terrys Heilungschancen sehr positiv ein.

Als ich Diane nach Hause gebracht habe und selbst wieder daheim bin, ist es fünf Uhr morgens. Angie schläft tief und fest, Ella liegt an sie geschmiegt neben ihr. Ihre Gesichter wirken im Schlaf entspannt und fröhlich. Als ich versuche, leise ins Bett zu schlüpfen, wacht Ella auf, sie hat einen leichten Schlaf. Natürlich wird Angie daraufhin ebenfalls wach. Ich erzähle ihr, dass Terry einen glücklicherweise nur leichten Herzinfarkt hatte. Er wird einen Bypass bekommen, und man wird ihm empfehlen, mit dem Rauchen aufzuhören und sich gesünder zu ernähren. Da er früher noch nie Probleme mit dem Herzen hatte, stehen seine Aussichten auf völlige Wiederherstellung ziemlich gut.

»Er wird sicher gesund«, murmelt Angie und tätschelt meinen Arm. »Mach dir keine Sorgen.« Dann schläft sie wieder ein. Während ich auch langsam eindämmere, wundere ich mich noch über ihre Zuversicht. Oder ist es vielleicht nur so, dass ein weiterer Herzschmerz sie einfach zu sehr überfordern würde?

Angie macht sich große Sorgen darum, was aus den Kindern wird, wenn sie sich eines Tages nicht mehr um sie kümmern kann. Deshalb hat sie auch die Liste aufgestellt, die hinter der Uhr auf dem Kamin liegt.

Durch die Ereignisse der vergangenen Woche – Winnies Beerdigung und Terrys Herzinfarkt – sind die schrecklichen Befunde der fortschreitenden Metastasenbildung in Angies Körper ein wenig in den Hintergrund gedrängt worden. Vielleicht war es gut, dass wir gezwungen waren, uns auf andere Dinge zu konzentrieren, andererseits aber wirken diese Dinge selbst ein wenig wie ein Krebs – sie sind immer da und fressen uns nach und nach auf.

Für Angie kommt nun ein Wendepunkt. Sie wird noch einmal eine Chemo machen, um eine Galgenfrist mit ihren Kindern zu gewinnen und um für die Zeit danach vorzusorgen.

»Es geht um die kleinen Dinge«, sagt sie zwei Tage später. »Eigentlich sind die kleinen Dinge in Wirklichkeit die wichtigsten. Winzigkeiten, die ein Gefühl von Sicherheit geben.«

Ich stelle fest, dass Sicherheit jetzt eine große Rolle für sie spielt. Wir reden nicht darüber, weil es zu sehr schmerzt, aber ich nehme an, dass sie ebenso wie ich an die Trauerphase denkt, die unsere Kinder und ich nach ihrem Tod durchmachen müssen. Und dabei können uns weder perfekte Chicken Currys und Kokosbrötchen noch ordentlich gebügelte Kleider helfen.

Inzwischen schlage ich mich ganz wacker im Haushalt, aber immer noch fallen Angie tausend Kleinigkeiten ein, die sie in Bezug auf die Kinder tut. Und jedes Mal, wenn ihr etwas einfällt, ruft sie mich. Wie jetzt auch. Sie badet gerade Corey.

»Du musst unbedingt darauf achten, dass er keine Seife in die Augen bekommt«, erklärt sie. Sie zeigt mir, wie ich seinen Nacken stützen und ihn bitten soll, den Kopf zurückzulegen, wenn ich das Haarshampoo ausspüle. »Er reagiert nämlich sonst mit Panik. Nicht wahr, Schatz?«, wendet sie sich an den Kleinen.

Eines Nachts zeigt sie mir, wie ich Ella nach einem Albtraum beruhigen kann. Ella schläft noch immer in unserem Zimmer, denn alle anderen Zimmer sind bereits zum Bersten voll. Reece und Connor teilen sich einen Raum, die drei Jüngeren einen anderen. Im Dreierzimmer steht eines dieser Etagenbetten mit einer Doppelmatratze unten und einem Einzelbett oben. Jake und Corey schlafen unten, Jade oben, und mit allem Spielzeug, das ebenfalls mit im Zimmer untergebracht ist, bleibt wirklich kaum noch eine Handbreit Platz.

Zwar hat Ella inzwischen ein Kinderbett, das in unserem Zimmer steht, trotzdem kommt sie fast jede Nacht zu uns. Ich beobachte, wie Angie sanft und zärtlich Ellas Rücken krault, und versuche, es mir genau zu merken. Gut, dass sie die Angst in meinem Gesicht in der Dunkelheit nicht erkennen kann.

Es ist gar nicht so leicht, alles zu behalten – einschließlich der richtigen Geburtsdaten –, aber ich muss mich eben anstrengen. Nur allzu bald wird die Zeit kommen, wo ich jede Kleinigkeit selbst erledigen muss. Und zwar für immer.

Wieder einmal spüre ich, dass Angie die tickende Uhr noch viel stärker wahrnimmt als ich. In wenigen Tagen wird ihre nächste Chemo beginnen.

Wir erleben einen wundervollen Herbsttag. Die Sonne scheint noch recht warm, es ist trocken und kaum windig. Die jüngeren Kinder sind von der Schule zurück und spielen im Garten. Connor ist bei einem Freund und kommt bald heim, Reece hat Feierabend, und es wird langsam Zeit, dass ich mich um das Abendbrot kümmere. Im Augenblick aber genießen wir noch die Ruhe, während die Kinder draußen toben. Angie steht vor dem Kamin und kämmt sich, ich sitze im Lehnstuhl und lese Zeitung.

Wir hören Ellas Gebrüll lange, bevor sie hereinstürmt. Diese

Art zu schreien kennen wir: Entweder bekommt sie ihren Willen nicht, oder sie ist im Garten hingefallen. Schnell stellt sich heraus, dass Letzteres der Fall ist. Heulend kommt sie ins Wohnzimmer, hält sich theatralisch das aufgeschrammte Knie und rennt schnurstracks zu ihrer Mum, wie sie es vermutlich schon hundertmal zuvor getan hat.

Mit ausgestreckten Ärmchen wartet sie darauf, dass Angie sie hochnimmt und knuddelt, und ich habe keinen Grund zu der Annahme, dass sie sich anders verhalten wird als sonst. Obwohl sie inzwischen so dünn und zerbrechlich geworden und Ella ein ganz ordentlicher Brocken ist, erwarte ich, dass sie sie hochnimmt und tröstet. Genau genommen beobachte ich die Szene ohnehin nur am Rande; mit einem Auge widme ich mich noch immer der Zeitung. Ein aufgeschrammtes Knie ist schließlich mehr oder weniger alltäglich.

Erst als Angie zu sprechen beginnt, werde ich aufmerksam.

»Ella, Schatz, es geht jetzt gerade nicht. Ich habe zu tun.« Schockiert blicke ich auf. Angie zeigt in meine Richtung. »Geh zu Dad, und lass dich von ihm trösten. Na, mach schon.«

Ella blickt ihre Mutter an und lässt langsam die ausgestreckten Ärmchen sinken. Noch immer schluchzt sie, aber ich bemerkte auch ihre Verblüffung: Was ist da los? Warum nimmt Mummy mich nicht auf den Arm und pustet das Knie wieder heil?

Angie äußert sich nicht weiter dazu, sondern läuft hastig in die Küche. Dabei erhasche ich einen Blick auf ihr Gesicht. Sie sieht unglücklicher aus als je zuvor. Ich lasse die Zeitung fallen, nehme Ella in die Arme und halte sie ganz fest – sie hampelt herum und blickt immer noch Angie hinterher – und murmele ein sanftes »Schsch« und ein noch sanfteres »Schon gut« in ihr Ohr.

Die Schramme am Knie ist wirklich nicht schlimm. Ein Pusten genügt, und schon ist jedes Pflaster überflüssig. Ella beruhigt sich und wird schläfrig. Ich bette sie auf das Sofa und kraule ihr den Rücken, wie Angie es mir gezeigt hat. Minuten später ist die Kleine zwischen Kissen eingekuschelt eingeschlafen.

Ich gehe in die Küche, wo Angie mir den Rücken zuwendet. Ihr Haar ist wieder schulterlang und trotz ihrer schweren Krankheit wunderbar dicht und glänzend. Der Anblick versetzt mir einen Stich, denn ich weiß, wie sehr sie sich davor fürchtet, es zu verlieren. Reglos starrt sie in den Garten hinaus, wo sich die Kinder auf der Rutsche vergnügen. Sie sagt nichts, aber mir ist auch so längst klar, dass sie geweint hat. Als ich Ella zu beruhigen versuchte, habe ich sie gehört. Ich lege meine Arme um sie und drücke einen Kuss auf ihre nasse Wange.

»Was ist, Liebste?«, frage ich, obwohl ich die Antwort längst kenne. »Sag es mir. Woran denkst du?«

Sie dreht sich um. »Mach dir keine Sorgen, Mill«, beruhigt sie mich und wischt ihre Tränen mit dem Handrücken ab. Sie reißt sich zusammen, wie immer. Eigentlich ist es schrecklich, wie sich Angie ständig darum bemüht, dass ich mich besser fühle, obwohl vermutlich gerade ihr eigenes Herz bricht. »Ich finde es sinnvoll, dass die Kinder sich allmählich daran gewöhnen, sich von dir trösten zu lassen.«

Unwillkürlich schüttele ich den Kopf. Es ist wie ein Automatismus, den ich nicht beeinflussen kann. »Du sollst nicht immer so dummes Zeug reden, Angie. Die nächste Chemo bewirkt bestimmt etwas. Nach der letzten Behandlung war dein Zustand zwölf Monate stabil, erinnerst du dich? Wer weiß, vielleicht sind dir ja weitere zwölf Monate vergönnt, ehe du wieder eine Chemo ertragen musst.«

Angie wirft mir einen zärtlichen Blick zu, aber ich erkenne gleichzeitig auch eine gewisse Verärgerung in ihren Augen. »Das glaube ich kaum«, sagt sie leise. »Wir müssen den Dingen ins Gesicht sehen, Mill. Der Krebs ist überall in meinem Körper.«

Wieder schüttele ich den Kopf. »Das wird schon wieder, Angie«, behaupte ich hartnäckig. Dieses Mal widerspricht sie mir nicht, aber ich weiß, dass sie nur nicht darüber reden will. Von nun an wird sie so weitermachen wie vorhin mit Ella, obwohl es ihr ungeheuer schwerfällt. Sie wird die Bedürfnisse der Kinder und deren Streben nach Sicherheit über ihre eigenen Sehnsüchte setzen. Denn wenn sie eines Tages nicht mehr da ist, werden die Kinder zu mir kommen müssen. Auch wenn ich Angie nie werde ersetzen können, ist sie weise genug, die Kinder schon jetzt zu mir zu schicken, um ihnen den Verlust wenigstens ein klein wenig leichter zu machen.

Wieder einmal bewundere ich die grenzenlose Güte meiner Frau, denn ich begreife, wie viel Schmerz ihr diese Veränderung unserer täglichen Routine verursacht.

Ich suche verzweifelt nach Worten, um sie zu trösten, doch die gibt es nicht. Und so halte ich sie nur ganz fest an mich gedrückt, während meine Seele tief in meinem Innern weint.

KAPITEL 15

Je näher der 14. Oktober und damit der Beginn von Angies Chemo rückt, desto ungeduldiger zähle ich die Tage. Auch Angie zählt, allerdings aus anderen Gründen. Am Tag vor dem Termin, als die Kinder in der Schule sind und Ella mit Natalie unterwegs ist, putze ich in der Küche Gemüse. Ich bin der Überzeugung, dass Angie im Wohnzimmer vor dem Fernseher sitzt, muss aber irgendwann feststellen, dass der Fernseher nicht einmal eingeschaltet ist.

Ich trockne meine Hände ab und mache uns beiden einen Kaffee. Vielleicht ist sie ja eingedöst. Im Wohnzimmer aber sehe ich, dass sie nicht etwa auf der Couch liegt, sondern mit hängendem Kopf und über den Augen verschränkten Händen im Lehnstuhl sitzt.

»Ich habe dir einen Kaffee gemacht, Schatz«, sage ich sanft.

Sie antwortet nicht. Ich stelle den Kaffee ab und gehe vor ihr in die Knie. »Angie?«, frage ich und berühre ihre Hand. »Alles in Ordnung?«

Sie lässt die Hände sinken und blickt mich an. Ihr Gesicht ist nass, ihre Augen rot. Immer noch sagt sie nichts, sondern schüttelt nur den Kopf.

»Ich ertrage es nicht«, flüstert sie schließlich. »Mill, ich habe solche Angst. Und es ist ja nicht so, dass ich dadurch geheilt würde.«

»Aber der Krebs wächst langsamer oder bildet sich sogar zurück«, wende ich ein.

»Möglich«, gibt sie zu, »aber für wie lange? Ein paar Monate, wenn ich Glück habe. Aber es können auch nur Wochen sein. Und dafür fallen mir wieder alle Haare aus, und mir ist ständig schlecht ... Wozu? Wie soll ich die verbleibende Zeit mit den Kindern genießen, wenn ich mich immer nur scheußlich fühle? Ist es das wert? Das Endergebnis ändert sich ja doch nicht – ich werde nicht mehr da sein, um sie aufwachsen zu sehen. Weil ich dann nämlich tot bin.«

Tränen kullern über ihr Gesicht. Ich weiß nicht, was ich tun soll, und kann sie nur festhalten. Nach einiger Zeit erinnere ich sie wieder einmal daran, dass auch nur ein paar zusätzliche Tage ungeheuer wichtig und jede Anstrengung wert sein können.

»Mein Gott, Mill«, sagt Angie plötzlich, »wie gut, dass du damals diese Hirnblutung überlebt hast. Stell dir mal vor, was jetzt aus den Kindern werden würde, wenn du damals gestorben wärst!«

Ich halte sie in den Armen und nicke, aber ich danke Gott keineswegs. Wenn es sein Plan war, mich zu retten, damit ich mich nach Angies Tod um die Kinder kümmere, dann war das mit Sicherheit ein Fehler. Ein großer Fehler. Mich hätte er nehmen sollen.

Schließlich ist der 14. Oktober da, und Angie entschließt sich, ihre Chemotherapie doch anzutreten. Unwillkürlich atme ich auf. Was hätte ich getan, wenn sie sich geweigert hätte? Schon beim Aufstehen fühle ich mich erleichtert, weil ich weiß, dass schon in wenigen Stunden Medikamente durch ihren Kreislauf fließen, die den bösartigen Krebs zurückdrängen. Auch wenn die kommenden Wochen wieder einmal eine Tortur für Angie werden, ist es ein gutes Gefühl, zu wissen, dass aktiv etwas gegen die Krankheit unternommen wird. Man kann sie nicht mehr heilen, und wir werden den Kampf früher oder später verlieren, trotzdem klammere ich mich an die Hoffnung auf ein paar zusätzliche

Monate. Noch einmal ein gemeinsames Weihnachten, ein weiterer Frühling, noch einmal alle Geburtstage. Bitte, lieber Gott! Bitte – mach jetzt keinen Fehler mehr!

Ich weiß, das Angie ganz andere Gefühle hat. Sie macht sich Sorgen, weil ich immer noch an ein Wunder glaube. Als ich vor der Klinik einparke, wird das ganz deutlich. Sie denkt nicht etwa an die kostbaren zusätzlichen Monate, die ihr durch die Medikamente geschenkt werden, sondern an das Gegenteil. Sie denkt an den Tod.

Ich ziehe den Zündschlüssel ab, und sie legt mir eine Hand auf den Arm. »Ehe wir da jetzt hineingehen, möchte ich dir noch etwas sagen, Mill.«

Ich blicke sie an und versuche, in ihrem Gesicht zu lesen. Ihre Augen sind so ernst, dass ich eine Sekunde lang befürchte, sie hätte einen weiteren Knoten gefunden.

Doch das ist es nicht. »Du hast doch ein Grab gekauft, Mill«, sagt sie leise.

Die Feststellung kommt so unerwartet, dass ich ein paar Sekunden brauche, um sie zu begreifen. »Ja«, nicke ich, »was ist damit?«

»Ich habe mich umentschieden«, erklärt sie. »Ich möchte nicht mehr eingeäschert, sondern begraben werden. Ich möchte in das Grab, das du für dich gekauft hast, Mill. Dann weiß ich, das wir eines Tages für immer zusammen sind.«

Ich bin so erleichtert, dass mir die Worte fehlen. Der Gedanke, Angie verbrennen zu lassen, hat mir schon immer schreckliche Angst eingejagt. So ist es besser, denn dann weiß ich, wo sie ist und dass sie dort auf mich wartet. Aus diesem Grund habe ich das Grab zwar nicht gekauft, aber jetzt bin ich unglaublich glücklich, es getan zu haben. Und ehrlich gesagt bin ich auch froh, dass ich zu gegebener Zeit nicht zusehen muss, wie ihr Sarg in die Brennkammer geschoben wird.

»Klar werden wir für immer zusammen sein«, sagte ich. »Für immer und ewig in meinem Herzen. Ich werde nie eine andere lieben als dich, Angie, und das weißt du.«

Angie schüttelt sanft den Kopf. »Sag so etwas nicht, Mill. Vielleicht lernst du eines Tages jemanden kennen. Für mich ist das okay, und mir ist wichtig, dass du es weißt. Lebe dein Leben weiter, Mill. Für mich zählt nur, dass du glücklich bist.«

Jetzt ist es an mir, den Kopf zu schütteln. »Das wird nie geschehen, Angie. Ich liebe dich. Ich habe dich immer geliebt, und ich werde dich immer lieben.«

»Aber in Zukunft …«

Wieder schüttele ich den Kopf. Natürlich hatten auch wir manchmal Probleme – wie jedes andere Paar auch. Schwierig war es vor allem, als die Kinder klein und wir beide gestresst waren, und wenn das Geld knapp wurde. Aber wir haben uns immer wieder zusammengerauft. Wir passen einfach zusammen, und zwar vom ersten Tag an. Ich liebe Angie, seit ich vierzehn Jahre alt war, und das wird sich nicht ändern. Auch nicht, wenn sie nicht mehr bei mir ist.

»Es wird nie passieren«, bekräftige ich noch einmal, beuge mich zu ihr hinüber und küsse sie. »Außer dir lasse ich nie mehr jemanden in mein Leben, das verspreche ich dir.« Ich steige aus und gehe um das Auto, um ihr die Tür zu öffnen. »Komm jetzt«, fahre ich fort, »lass uns nicht mehr über solche Dinge reden. Du gehst überhaupt nirgendwohin – außer auf diese Station.«

Station 24 wirkt für sich gesehen bereits ein bisschen wie eine Droge. Es ist die Station, auf der Angie auch schon ihre letzte Chemo bekommen hat, und wir kennen sie gut. Kaum sind wir dort, als ich auch schon spüre, wie die Erinnerung an das quälende Gespräch im Auto von mir abfällt und Platz für ein

Gefühl der Hoffnung und Zuversicht macht. Ich glaube, Angie spürt es ebenfalls. Auf dieser Station herrscht eine Atmosphäre, die positiv stimmt, was möglicherweise viel mit einem gewissen Kameradschaftsgeist und den vielen Schwestern zu tun hat. Die Schwestern auf Station 24 sind einfach fantastisch, lesen ihren Patienten jeden Wunsch von den Augen ab und sind in unseren Augen wie wahre Engel.

Irgendwie ist diese Station anders als andere. Die eine Hälfte besteht aus einer ganz normalen Abteilung für stationäre Patienten beiderlei Geschlechts, die andere Hälfte ist den Chemotherapie-Patienten vorbehalten und sieht überhaupt nicht nach Krankenhaus aus. Hier gibt es keine durch Vorhänge abgetrennten Betten, sondern gemütliche Lehnstühle, in denen die Patienten während der etwa einstündigen Infusionen sitzen. Die Damen (es handelt sich fast ausschließlich um solche) schwatzen miteinander und tauschen Geschichten und Erlebnisse rund um ihre jeweilige Krebserkrankung aus.

Ich bleibe etwa eine Viertelstunde bei Angie. Nachdem sie eine Tasse Tee bekommen und sich mit der Frau im Nachbarsessel angefreundet hat, schlägt sie mir einen Krankenbesuch bei meinem Bruder vor.

Terry liegt nach seinem Infarkt noch immer im Barnsley Hospital. Er erholt sich langsam und muss sich noch regelmäßigen Blutuntersuchungen unterziehen, ehe er zur Bypassoperation nach Sheffield verlegt werden kann.

Mein Bruder sieht gut aus. Sehr gut sogar, wenn man bedenkt, was er gerade durchgemacht hat. Seine Gedanken gelten viel mehr Angie als ihm selbst. Ständig versucht er, mich zu beruhigen. »Du wirst sehen, das wird schon wieder. Wenn sie die Chemo erst einmal hinter sich hat, ist sie bald wieder ganz die Alte.« Ich hoffe, dass er recht behält. Ich möchte ihm so gern Glauben schenken.

Ganz sicher aber vertraue ich ihm. Wir Geschwister stehen

uns alle sehr nah, aber zwischen Terry und mir gab es schon immer eine ganz besondere Verbindung. Da er erst spät heiratete und in meiner Kindheit als Einziger im Haus einen Führerschein besaß, nahm er mich oft im Auto mit. Für mich war er immer ein großer Held. Als Kind nannte ich ihn »Tekka« und kann immer noch kaum fassen, dass er inzwischen schon fünfundsechzig ist. Unglaublich auch, dass so viel Zeit vergangen ist, seit ich mich als Teenager in Angie verliebte, was letztendlich der Grund dafür war, dass Terry schließlich doch noch heiratete. Wir waren daran nämlich nicht ganz unschuldig.

Die eigentliche Ursache dafür aber war das Haus von Angies Schwester Diane. Kurz bevor Angie und ich uns kennenlernten, ließ Diane sich scheiden und zog für einige Zeit zurück zu Winnie und Herbert. Ihr Haus stand leer.

Mir kommt das so vor, als wäre es gestern gewesen. An einem bitterkalten Dezemberabend saßen wir wie üblich auf unserer Stufe im Park und froren uns fast zu Tode. Eigentlich machte uns das nichts aus, war dies doch der einzige Ort, an dem wir miteinander allein sein konnten, doch es wurde zunehmend schwieriger, uns einigermaßen warm zu halten. An diesem Abend aber zog Angie plötzlich triumphierend einen Schlüsselbund aus der Manteltasche.

»Ta-da!«, sang sie und hielt ihn mir unter die Nase. »Sieh mal, was ich hier habe.«

»Was sind das für Schlüssel?«, wollte ich wissen.

»Sie gehören unserer Diane«, erklärte Angie aufgeregt. Offenbar hatte sie sich schon die ganze Zeit auf diese Überraschung gefreut. »Es sind ihre Hausschlüssel. Sie hat vorgeschlagen, dass wir uns besser dort treffen, als uns hier jeden Abend den Allerwertesten abzufrieren.«

Ich starrte Angie mit offenem Mund an. Als jungem Mann wurden mir schnell auch die vielen Möglichkeiten bewusst, die sich hier boten. Ich sprang auf. »Mensch, warum sitzen wir dann noch hier herum?«

Es war eine wundervolle Zeit. Gleich am ersten Abend fand Angie Kohlen im Keller und entfachte ein herrliches Feuer. Endlich hatten wir einen warmen und trockenen Platz, wo wir unbehelligt flirten konnten. Wir waren das glücklichste Paar auf der ganzen Welt.

Natürlich dauerte es nicht lange, bis mir eine noch viel bessere Idee kam. Zwei Monate später fragte ich Angie, was wohl ihr Vater dazu sagen würde, wenn wir an den Wochenenden ab und zu auch über Nacht in diesem Haus blieben? Angie reagierte ein wenig nervös. Zwar gingen wir beide inzwischen einer geregelten Arbeit nach und waren seit zweieinhalb Jahren ein Paar, aber Herbert hatte recht konservative Ansichten, und Angie befürchtete ein glattes Nein. Doch sie irrte sich. Ihr Vater musste zwar über seinen Schatten springen, gab uns aber seinen Segen. Von diesem Tag an betrachteten wir das Haus als unser persönliches Liebesnest für das Wochenende.

Wie alle guten Dinge jedoch fand auch diese Zeit ein Ende. In unserem Fall allerdings wurde etwas noch viel Besseres daraus. Ungefähr zwei Jahre später kam Diane eines Tages vorbei, um nachzuschauen, ob am Haus etwas getan werden musste. Als sie mich fragte, ob ich jemanden wüsste, der tapezieren kann, schlug ich Terry vor, der solche Aufgaben auch bei uns zu Hause immer übernahm. »Er macht das bestimmt gern für dich«, sagte ich.

Terry war zwar nicht verheiratet, aber durchaus kein Kostverächter. Nachdem er Diane ein paar Mal gesehen hatte und wusste, dass sie geschieden war, zögerte er angesichts der unverhofften Gelegenheit nicht lang. Schon an seinem Grinsen hätte ich erkennen müssen, dass ihm noch etwas ganz anderes als Tapezieren durch den Kopf ging, und kaum hatte er mit der Renovierung des Hauses angefangen, als Diane auch schon regelmäßig kam, um ihm dabei zu helfen. Kurz darauf mussten Angie und ich feststellen, dass wir unser Liebesnest verloren hatten. Terry und Diane beschäftigten sich nämlich nicht nur damit, Zimmer zu tapezieren.

Trotzdem waren wir alle glücklich. Die beiden heirateten noch im Dezember.

Leider halten meine gute Laune und meine positive Grundstimmung nach dem Gespräch mit Terry nach dem Verlassen des Krankenhauses nicht an. Als wir zum Auto zurückgehen, erkenne ich, dass Angie sehr zurückgezogen wirkt, und werde unsanft ins wirkliche Leben zurückkatapultiert. Angie ist so ungewöhnlich still, dass ich mich frage, ob sie schlechte Nachrichten über eine andere Patientin erhalten hat oder ob die kommenden zermürbenden Wochen auf ihrer Seele lasten.

Während der Heimfahrt schweigen wir uns an. Es ist ein grauer, unfreundlicher Tag, überall sammeln sich welke Blätter, und der Himmel hängt tief. Noch nicht einmal auf Weihnachten können wir uns freuen, denn wenn ihr ständig schlecht ist, machen die Vorbereitungen keinen Spaß – ganz gleich, wie gern sie die Kinder verwöhnen möchte.

Nicht zum ersten Mal habe ich viel Verständnis für Menschen, die sich gegen eine Chemotherapie entscheiden. Beim letzten Mal wurde Angie noch einigermaßen damit fertig, aber jetzt ist sie deutlich geschwächt. Es wird vermutlich ein heftiger Kampf werden, den ich ihr nur allzu gern abnehmen würde.

Ich betrachte sie von der Seite. Angie sitzt schweigend neben mir, ihre Hände ruhen in ihrem Schoß, und sie dreht nervös an ihren Ringen. Diese Ringe sind sozusagen ein Teil von ihr. Sie legt sie nie ab. Ihren Verlobungsring hat sie nur ein einziges Mal abgenommen – damit ich ihr den Ehering über den Finger streifen konnte. Und seither sind die beiden Ringe immer an derselben Stelle geblieben, ebenso wie der goldene, mit Rubinen und Diamanten besetzte Eternity Ring, den ich ihr in Rhyl gekauft habe. Damals sagte ich ihr eines Abends im Victory Club, dass ich mit ihr gern noch einen Spaziergang auf der Uferpromenade machen würde. Kaum waren wir allein, holte ich den Ring hervor und steckte ihn zu den beiden anderen.

Ich betrachte ihr Profil und überlege, woran sie wohl denkt. Aber ich frage nicht nach. Vielleicht möchte sie nicht darüber reden. Stattdessen suche ich nach einer Möglichkeit, wo ich den Wagen abstellen kann. Ich kann nicht mehr fahren. Mein Herz ist viel zu voll, als dass ich mich noch konzentrieren könnte.

Zwischen Cudworth und Shafton halte ich an. Rechts und links der Straße weiden Pferde, die erstaunt aufblicken, als ich bremse und stehen bleibe.

»Was machst du da, Mill?«, fragt Angie verwirrt, als ich die Handbremse anziehe.

»Ich habe gerade nachgedacht«, sagte ich. »Deine letzte Behandlung ist im März, richtig? Pass mal auf: Sobald wir zu Hause sind, gehe ich ins Internet und buche uns noch einmal ein Zimmer im St George's Hotel. Wie gefällt dir die Idee? Wir fahren gleich nach deiner letzten Infusion und feiern eine ganze Woche lang. Wie findest du das?«

Sofort erhellt sich ihre Miene. »Das wäre einfach nur wundervoll, Mill«, strahlt sie. Obwohl mir klar ist, dass es allein meine tollpatschig männliche Art ist, eine Lösung zu präsentieren, wo es gar keine gibt, macht mich die Tatsache, dass sie sich daran klammert wie an einen Rettungsring, unendlich glücklich. Ich glaube, wir beide brauchen etwas, worauf wir uns freuen können. »Mensch, Mill«, wiederholt sie, »das wäre fantastisch!«

Ihr kommt ein Gedanke, und mit ihm kehrt ihr strahlendes Lächeln zurück. »Wir sollten uns dann aber lieber noch einmal

Neils Navi ausleihen«, scherzt sie. »Oder uns vielleicht sogar ein eigenes kaufen.« Sie grinst, und es ist, als ob hier im Auto die Sonne aufginge. »Obwohl mir die Stippvisite in Cheadle letztes Mal echt gefehlt hat«, sinniert sie vor sich hin. Und dann lacht sie. Ein richtiges Angie-Lachen. »Natürlich nicht wirklich!«

Es ist keine große Sache. Lediglich der Plan, im kommenden Frühling eine Auszeit zu nehmen. Aber es ist zumindest ein Ziel. Etwas, worauf wir uns freuen können. Etwas, was uns beide glauben lässt, dass man den Tod noch ein wenig aufschieben kann. Schließlich haben wir ja Projekte, und Angie wird alles daransetzen, sie durchzuführen.

KAPITEL 16

Gut, dass Angie mich so detailliert in alle Aufgaben des Haushalts eingewiesen hat, denn seit sie wieder eine Chemo macht, sorge ich mich ständig, dass sie nicht genügend Ruhe bekommt. Mag sein, dass es ihr jetzt noch gut geht, aber bald schon wird das Gift sie in die Knie zwingen, und ich will sichergehen, dass sie so widerstandsfähig ist wie nur eben möglich. Nur widerstrebend lässt sie sich zu einem Mittagsschlaf überreden, was ich sehr gut verstehe – immerhin tickt die Uhr unerbittlich weiter. Trotzdem bleibe ich hart. Angie ist jetzt wirklich sehr dünn und ziemlich schwach, will es aber nicht wahrhaben. Sie braucht jetzt ihre ganze Kraft und muss all ihre Reserven mobilisieren. Mir ist, als befänden sich der Tod und ich in zwei gegnerischen Teams. Im Augenblick habe ich noch die Oberhand – zumindest solange die Chemo wirkt und Angie damit ein wenig mehr Zeit verschafft. Um ehrlich zu sein, brauche ich die Hausarbeit. Ich will Angie schließlich beweisen, dass ich in der Lage bin, den Löwenanteil der anfallenden Tätigkeiten zu erledigen und mich um die Bedürfnisse der Kinder zu kümmern. Sie muss wissen, dass ich weder unter der Last zusammenbreche noch sie je im Stich lassen werde. Dieses Wissen brauche ich im Übrigen auch für mich selbst, weil sich allmählich die enorme Bürde meiner Verantwortung abzeichnet. Immerhin habe ich acht Kinder, von denen die sechs jüngeren noch unter meinem Dach leben und in naher Zukunft allein von mir abhängig sein werden.

Der 18. Oktober ist ein Schultag – der Montag nach einem

bemerkenswert netten und ruhigen Wochenende, an dem das Leben endlich wieder einmal ganz normal und positiv zu verlaufen schien. Die erste Infusion der Chemotherapie hat mir eine unendliche Last von den Schultern genommen, derer ich mir bis letzten Donnerstag eigentlich gar nicht so bewusst war.

Natürlich verursacht mir diese Erleichterung Gewissensbisse, denn schließlich ist es Angie, die die Chemo ertragen muss. Ich hoffe und bete, dass es nicht so schlimm wird, dass sie abbricht.

Am Samstag waren wir wie fast immer zu Hause, ließen etwas zu essen kommen, saßen gemütlich beisammen und schauten X Factor. Angie liebt X Factor. In diesem Jahr steht sie auf Storm Lee, dessen Weiterkommen sie seit dem Vorsingen verfolgt. Die Kinder tendieren eher zu One Direction, aber für Angie ist Storm einfach der Beste. »Der macht das Rennen, ganz bestimmt«, pflegt sie zu sagen. »Er hat eine so wunderbare Stimme, dass er es sicher bis ins Finale schafft.«

Das Finale ist erst kurz vor Weihnachten, aber ich bin guten Mutes. Seit sie wieder mit der Chemo angefangen hat, glaube ich fest daran, dass sie es ins neue Jahr schafft. Ob sie selbst so fest daran glaubt wie ich – ich weiß es nicht. Vielleicht kann sie einfach nur besser mit der Wirklichkeit umgehen. Während ich den Gedanken an die Zukunft möglichst weit von mir fortschiebe, scheint Angie das genaue Gegenteil zu tun.

Wir beendeten gerade unser Abendessen und widmeten uns den letzten Minuten von X Factor, als Ella, die auf dem Teppich eingeschlafen war, plötzlich weinend aufwachte und sofort zu Angie krabbelte. Es war ein Automatismus, auf den Angie inzwischen ebenso automatisch reagierte.

»Geh zu Dad, Ella«, sagte sie leise. »Du kannst mit ihm kuscheln.«

Ich streckte meine Arme aus. »Komm her, mein Schatz. Komm zu mir. Wir kuscheln ein bisschen.« Aber Ella stolperte mit ausgestreckten Ärmchen auf Angie zu und versuchte, auf ihren Schoß zu klettern.

»Oje«, sagte Angie. »Armer Dad. Jetzt meint er sicher, du hast ihn nicht lieb. Armer, armer Dad!« Theatralisch lehnte sie ihren Kopf an meine Schulter und schmiegte sich an mich. »Armer Dad!«, bedauerte sie mich. »Komm, dann schmusen eben wir beide.«

Es wirkte wie Zauberei. Sofort erklomm Ella meinen Schoß und kuschelte sich in meine Arme. Angie blickte mich an und schenkte mir ein zufriedenes kleines Lächeln.

Corey war der Nächste. Als er sah, wie ich mit Angie und Ella schmuste, kletterte er ebenfalls auf meinen Schoß und wollte gestreichelt werden. Es war einfach nur wunderbar, zu viert auf dem Sofa zu liegen und zusammen zu kuscheln. Bis auf die Tatsache, dass ich den schrecklichen Gedanken daran nicht loswurde, warum das alles jetzt auf diese Weise ablief.

Aber es musste sein. Der Rest des Wochenendes war traumhaft. Am Sonntag regnete es nicht. Nach einem Besuch bei Herbert mit Roastbeef zum Mittagessen fuhren wir mit den jüngeren Kindern zum Hemsworth Water Park. Er liegt nur zwei Meilen entfernt, hat einen See mit Sandstrand und einen riesigen Spielplatz, den die Kinder sehr lieben. Nachdem die Kleinen sich ausgetobt hatten, fütterten wir die Enten mit trockenem Brot, das wir eigens zu diesem Zweck verwahrt hatten. Angie hasst es, Lebensmittel fortzuwerfen, wenn ein hungriger Vogel noch Verwendung dafür hat.

Am Sonntagabend schaffte Storm es nicht in die nächste Runde von X Factor. Er qualifizierte sich leider nicht einmal für die Liveshow. One Direction blieben drin. Die Kinder freuten sich, vor allem Jade. Sie vergöttert die Gruppe. Angie und ich finden sie weniger gut. Zu kurzlebig vielleicht? Wir werden sehen.

Der Beginn eines Schultages erfordert eine geradezu militärische Disziplin. Weil Angie Kraft sparen soll, lasse ich sie absolut nichts tun, was sie ermüden könnte. Ich mache die Kinder unten für die Schule fertig, während Angie mit der schlafenden Ella im Bett bleibt. Um halb acht wecke ich alle und mache Frühstück, während sie sich im Fernsehen Zeichentrickfilme anschauen. Nachdem alle am Küchentisch ihr Müsli gegessen haben, kümmere ich mich um Corey und helfe Jade und Jake oben im Bad. Connor schafft alles schon allein.

Die Arbeitsstelle von Reece liegt zwar nicht weit von uns entfernt auf derselben Straße, aber er ist um diese Zeit längst aus dem Haus. Er steht von uns allen als Erster auf, meistens so gegen halb sieben, und geht zur Arbeit, ehe wir anderen ins Erdgeschoss einfallen. Später flechte ich Jades Zöpfe vor dem Spiegel am Kamin. Es gelingt mir zunehmend besser, aber ich muss noch üben. Die Zöpfe sind zwar nicht perfekt (wir wissen es beide), aber ganz schlecht sind sie auch nicht, und dankenswerterweise findet Jade sie okay.

Schließlich sind alle fertig und abmarschbereit. Die Kinder gehen nach oben, verabschieden sich von Angie und kommen die Treppe wieder heruntergepoltert.

»Bis später, Mummy«, rufen sie im Gehen. Wie sollten sie auch auf den Gedanken kommen, es könnte nicht so sein?

Nachdem ich die Kinder in der Schule abgeliefert habe, fahre ich kurz bei Herbert vorbei. Er erklärt wie jeden Tag, es gehe ihm gut, aber er kommt mir irgendwie zu ruhig vor, und auf Nachfrage gibt er zu, dass er sich heute nichts kochen will.

»Aber du musst essen«, schimpfe ich. »Ich besorge dir etwas.«

Er schüttelt den Kopf. »Lass nur, Mill. Nicht nötig.«

»Und wie das nötig ist!«, sage ich. »Ich hole dir etwas aus dem Fish-and-Chips-Imbiss.«

Vermutlich ist ihm klar, dass ich mich von der Idee nicht abbringen lassen werde. »Gegen zwölf also!«, sage ich, ehe ich nach Hause eile.

Bei meiner Rückkehr stelle ich überrascht fest, dass Angie bereits aufgestanden und schon gewaschen und angezogen ist. Und nicht nur das: Sie ist dabei, die Arbeitsplatte der Küche zu wienern, während Ella ihr vom Hochstuhl aus zusieht.

Ich werfe ihr einen strengen Blick zu. »Hey«, sage ich, »was soll das? Du sollst dich doch ausruhen.«

Sie lacht ihr besonderes Lachen. »Meine Güte, Mill«, grinst sie, »mir geht es bestens.«

Bestens? Ganz bestimmt nicht. Man sagt so etwas viel zu oft. Nein, es geht ihr nicht bestens – sie stirbt. Aber obwohl sie inzwischen so dünn und zerbrechlich ist, erhellt ihr Lächeln noch immer alles ringsum. Wie macht sie das? Wie kann jemand, der so krank ist, immer noch so strahlen? Und so entschlossen dreinblicken? Denn das tut sie.

»Sieh mal«, sagt sie und dreht sich einmal um die eigene Achse, als wolle sie es beweisen, »den Boden habe ich auch schon gewischt.«

Vielleicht ist es dieser kleine Tanzschritt mitten in der Küche, der alles Nachfolgende so schockierend wirken lässt.

»Gut, aber jetzt ist Schluss damit«, erkläre ich und strecke die Hand nach dem Wischtuch und der Flasche mit Küchenreiniger aus. »Du wirst jetzt sofort die Füße hochlegen, eine Tasse Tee trinken und dich ausruhen.«

Angie widerspricht nicht – wahrscheinlich ist ihr klar, dass ich ohnehin nicht mit mir reden lasse. Sie geht mit Ella ins Wohnzimmer und schaltet den Fernseher ein, während ich mich um den Tee kümmere.

»Und? Wie geht's meinem Dad?«, erkundigt sie sich, als wir schließlich beide auf dem Sofa sitzen und Ella am Boden mit ihren Puppen spielt. Ich berichte, dass er sehr ruhig wirkt, dass er gefrühstückt hat und dass ich ihm später etwas zum Mittagessen besorgen werde.

Angie nickt. »Das ist okay. Er kommt mit der Situation einigermaßen klar.«

»Schon richtig«, sage ich, »trotzdem mache ich mir manchmal Sorgen. Er vermisst Winnie sehr. Und wir haben keine Ahnung, was er macht, wenn er allein ist.«

Angie tätschelt meinen Arm. »Er wird schon damit fertig, Mill. Wir alle helfen ihm dabei.«

Als ich gerade darüber nachdenke, dass es wieder einmal typisch Angie ist, sich so liebevoll um andere zu kümmern, obwohl es ihr selbst nicht gut geht, fällt mir auf, dass sie plötzlich verstummt ist.

»Alles in Ordnung?«, frage ich erschrocken.

Sie schüttelt flüchtig den Kopf. »Mill«, sagt sie und setzt ihre Teetasse ab, »mir ist plötzlich ganz komisch.«

Sie ist sehr blass. Ihre Haut ist feucht.

Ich stelle meinen Tee ab, hole ein Kissen und schüttele es auf, damit sie sich einen Moment ausstrecken kann.

»Du bleibst jetzt erst einmal hier liegen«, sage ich. »Siehst du, du hättest dich nicht so anstrengen dürfen. Ruh dich aus. Vermutlich beginnt die Chemo zu wirken.«

Sie tut, was ich sage, fühlt sich aber immer noch nicht besser. »Mir ist schlecht, Mill«, sagt sie und schluckt heftig. »Mir ist unglaublich schlecht.«

Sie versucht noch, sich aufzurichten, aber ehe sie auf die Füße kommt, erbricht sie einen dunkelbraunen Schwall über das cremefarbene Ledersofa.

Ich sage zu Ella, dass sie mitkommen soll, und schleppe Angie nach oben ins Bad, wo ich ihr die besudelten Kleider ausziehe, sie wasche und ihr etwas Frisches anziehe.

Zu meiner Erleichterung ist ihr jetzt nicht mehr so schlecht.

Dafür hat sie Schmerzen auf der linken Seite. »Ungefähr hier«, sagt sie und zeigt auf eine Stelle am linken Unterbauch.

»Vielleicht legst du dich unten aufs Sofa, bis es dir wieder besser geht«, schlage ich vor. Doch es wird nicht besser. Eine halbe Stunde vergeht. Angie geht es immer schlechter. Schließlich bringe ich sie ins Bett.

Mittags beschließe ich, den Arzt zu rufen. Er soll sie untersuchen und herausfinden, warum es ihr so schlecht geht. Vielleicht sind es ja die Nachwirkungen der Chemotherapie. Ich rufe meinen Bruder Glenn an und bitte ihn, den Fisch für Herbert zu besorgen. »Sag ihm aber bitte nur, dass Angie sich nicht ganz wohlfühlt«, sage ich. Mein Schwiegervater soll sich keinesfalls unnötig Sorgen machen. Anschließend wird Glenn Corey aus dem Kindergarten abholen und Ella beaufsichtigen, während ich zum Arzt fahre. Ich bin ihm unendlich dankbar. Ich wüsste nicht, was ich ohne ihn täte.

Allmählich bekomme ich wirklich Angst, dass Angie irgendwie schlecht auf die Chemo reagiert haben könnte. Als ich Malc und Eileen vor ihrem Haus vorfahren sehe, erzähle ich ihnen, was passiert ist. Sie lassen alles stehen und liegen und kommen mit, um Angie ein wenig beizustehen.

Die Ärztin, eine junge Asiatin mit langem, schwarzem Haar, das sie zu einem Pferdeschwanz zusammengebunden hat, trifft eine halbe Stunde später ein. Als ich sie nach der Chemo frage, meint sie, dass Angies Zustand ihrer Meinung nach nichts damit zu tun hat. Sie untersucht Angie, gibt ihr etwas gegen die Schmerzen und sagt, es sei noch zu früh, als dass ihre Probleme von der Chemo herrühren könnten.

»Natürlich müssen wir uns noch absichern«, fährt sie fort, »aber ich bezweifele es. Vermutlich ist es eher auf den Tumor am Eierstock zurückzuführen. Aber wie dem auch sei – Sie müssen leider ins Krankenhaus.«

Sie informiert die Klinik selbst. Weil Angie kein echter Notfall ist, geht es schneller, wenn ich sie hinfahre, statt einen Krankenwagen zu rufen.

Gegen zwanzig nach zwei erreichen wir das Barnsley Hospital. Ich bin froh, dass Angie inzwischen wieder etwas Farbe im Gesicht hat und dass sie sich offenbar auch wieder besser fühlt. Kaum habe ich den Wagen geparkt, als sie auch schon aussteigt.

»Was machst du da?«, frage ich, als ich um das Auto herum zu ihrer Seite gehe.

Sie lächelt. »Was denkst du? Soviel ich weiß, gehen wir in die Klinik, oder?«

»Sicher«, entgegne ich, »aber du bleibst schön hier, während ich dir einen Rollstuhl besorge.«

Angie lacht laut auf. »Weg da, du Spinner! Ich brauche doch keinen Rollstuhl. Ich kann laufen.«

»Du magst es können, aber du wirst es nicht tun«, widerspreche ich mit fester Stimme. »Außerdem kannst du im Rollstuhl die Schüssel auf dem Schoß halten. Wenn dir wieder schlecht wird, landet nicht alles gleich auf dem Boden.«

Angie schüttelt den Kopf und wischt meine unbestreitbare Logik mit einer Handbewegung beiseite. »Tu, was du nicht lassen kannst, Mill.«

Sie grinst noch immer, als sie in den Rollstuhl klettert.

Man schickt uns auf Station 18. Während eine Schwester Angie in ein Bett hilft, bittet mich der Arzt, von ihrer letzten Behandlung zu berichten. »Wissen Sie, welche Medikamente Angie zurzeit einnimmt?«, erkundigt er sich. Ich entgegne, dass ich es nicht weiß, weil es einfach zu viele Pillen sind, dass ich aber alles mitgebracht habe. Während ich die Medikamente aus dem Auto hole, kümmert er sich um die Akte und das letzte CT.

Damit ist er noch immer beschäftigt, als ich zu Angie zurückkehre. Nachdem er fertig ist, erklärt er uns, dass die Hausärztin vermutlich recht hat und dass die Schmerzen mit ziemlicher Sicherheit auf den Tumor am Eierstock zurückzuführen sind.

Angie hat jetzt wieder Schmerzen. Die Wirkung des von der Hausärztin verabreichten Mittels lässt nach. Sie bekommt eine weitere Dosis.

»Wenn Sie in einer Viertelstunde noch immer Schmerzen haben, drücken Sie auf diesen Knopf. Ich komme dann und gebe Ihnen mehr.«

»Kann ich mit meinem Mann nach Hause fahren?«, erkundigt sich Angie. »Die Schmerzen haben nachgelassen.«

Die Schwester schüttelt den Kopf. »Leider nein. So leid es mir tut, aber Sie werden die Nacht hier verbringen müssen, damit wir die Schmerzen unter Kontrolle bringen können und Sie unter Beobachtung haben.«

Angie behagt diese unerwartete Wendung ganz und gar nicht. »Aber ich möchte lieber nach Hause«, sagt sie. »Ich kann nicht hierbleiben. Die Kinder brauchen mich.«

Aber man erlaubt es ihr nicht. So gern ich sie wieder mitgenommen hätte – ich erkenne genau, dass sie nur versucht, sich nicht anmerken zu lassen, wie schlecht es ihr geht. Und ich muss dem Arzt beipflichten, dass es sinnlos wäre, sie mit heimzunehmen, wenn sie starke Schmerzen hat. Vielleicht kann man ihr im Krankenhaus ja helfen.

Und die Schmerzen scheinen wirklich heftig zu sein, denn schon kurz darauf bekommt sie eine weitere Dosis, und zwar so viel, dass sie gegen vier Uhr tief und fest schläft. Ich bleibe noch eine halbe Stunde bei ihr und schaue ihr beim Schlafen zu, ehe ich mich entschließe, nach Hause zu fahren. Die Kinder sind wahrscheinlich längst von der Schule und Reece von der Arbeit zurück, und ich muss ihnen Abendbrot machen. Ich küsse Angie auf die Stirn und sage ihr, dass ich gegen halb sieben wieder bei ihr bin.

Als ich nach Hause komme, sind Damon und Natalie bereits da. Damon wird mit Reece und mir später ins Krankenhaus fahren und Natalie – Gott segne sie – solange auf die Kinder aufpassen. Ich rufe Ryan an und schlage vor, ihn auf dem Weg ebenfalls abzuholen.

Falls die Kinder bemerkt haben, dass sich um sie herum gerade ein Drama abspielt, so lassen sie sich zumindest nichts anmerken. Weil die ganze Familie nah beieinanderwohnt, sind sie an häufiges Kommen und Gehen gewöhnt. Was sie jetzt brauchen, ist etwas zu essen. Erst als ich mit der Vorbereitung fertig bin, scheint Corey ein wenig verwirrt zu sein.

»Wo ist Mummy?«, will er wissen, als ich ihnen ihr Abendbrot auftische: Fischstäbchen mit Erbsen und Fritten. Das mögen sie.

»Sie hatte schlimmes Bauchweh«, erkläre ich. »Deswegen muss sie diese Nacht im Krankenhaus schlafen. Aber morgen kommt sie wieder.«

Die jüngeren Kinder sind interessierter an den Tellern, die ich ihnen vorsetze, und fragen nicht weiter. Nur Connor senkt schweigend den Kopf, und ich befürchte, dass er mehr begreift, als mir lieb ist. Reece und ich tauschen einen Blick. Er weiß Bescheid, und ich sehe, dass er ebenso nervös ist wie ich.

Trotz meiner Angst wegen Angies starker Schmerzen habe ich den Kleinen in Bezug auf die Mitteilung, dass Angie morgen zurückkommen wird, nicht die Unwahrheit gesagt. Ich zweifele nicht einmal einen Sekundenbruchteil daran, dass es so sein wird.

KAPITEL 17

Während die Kinder ihr Abendbrot essen, übe ich mich in Zuversicht. Immerhin hat die Onkologin schon früher angedeutet, dass die Chemo bei Angie ausgezeichnet anschlägt, was noch viele Möglichkeiten für uns offenlässt. Jetzt müssen wir erst einmal diese Klippe umschiffen, denke ich, und wenn die Wirkung der Chemo dann einsetzt, wird es Angie auch wieder besser gehen. Nur für eine gewisse Zeit natürlich – das ist mir längst klar –, aber jede Minute ist so kostbar!

Um halb sieben kehre ich wie versprochen in die Klinik zurück. Unterwegs hole ich Ryan ab, damit sind die beiden ältesten Jungen also bei mir. Beide haben inzwischen ihre eigene Wohnung, leben mit ihren Freundinnen zusammen und arbeiten bei einer Firma für Einbauküchen. Beide sind erwachsen, und Damon ist selbst bereits Vater. Trotzdem bleiben sie unsere Kinder, und ich ertappe mich dabei, mich davor zu fürchten, dass der Tod ihrer Mum ihnen großen Schmerz zufügen könnte.

Aber so weit ist es noch nicht. Noch nicht. Alles kommt wieder ins Lot, das weiß ich. Sicher haben die Ärzte längst herausgefunden, was ihr wehtut, und etwas dagegen unternommen. Und schon bald wird die Chemo die Tumore zusammenschrumpfen lassen. Trotzdem überrumpeln mich meine Gefühle. Als wir auf den Klinikparkplatz fahren, halte ich an, um ein junges Paar mit einem Kinderwagen passieren zu lassen. Sie sehen ein bisschen aus wie Damon und Natalie. Plötzlich wird mir bewusst, dass wir uns – ganz gleich, was heute Abend und morgen in der Klinik passiert – in einer Einbahnstraße befinden. Angie wird ihren kleinen Enkel niemals aufwachsen sehen und nicht mehr da sein, wenn unsere Kinder selbst Kinder bekommen.

Zunächst ist jedoch erst einmal wichtig, dass wir diese kleine Krise meistern und dass Angie möglichst schnell und möglichst beschwerdefrei heimkommt. Als wir ihr Zimmer betreten, ist sie noch schläfrig, und in der ersten Viertelstunde sitzen die Jungs und ich nur an ihrem Bett.

Irgendwann aber öffnet Angie die Augen und lächelt, als sie uns sieht.

»Sind die Schmerzen jetzt weg?«, frage ich und drücke ihre Hand.

Angie schüttelt leicht den Kopf und verzieht das Gesicht. »Nein, Mill, sie sind noch da«, sagt sie und fasst sich wieder an die Stelle links unten am Bauch.

»Schon gut, Liebling, ich hole eine Schwester«, erkläre ich, stehe auf und mache mich auf die Suche.

Die Schwester stellt Angie die gleiche Frage. Angie erklärt, dass es sich ein wenig wie Wehenschmerzen anfühlt.

Ich lächele Angie zu. »Und die kennst du ja zur Genüge, Liebes.« Ich wende mich an die Schwester. »Wir haben acht Kinder.«

Die Schwester lächelt meine beiden Großen an und sagt zu Angie, dass sie sich um die Schmerzen kümmert. Wenige Minuten später kommt sie mit einer Spritze voll klarer Flüssigkeit zurück, die sie in Angies Mund sprüht.

Der Erfolg tritt fast sofort ein. Schnell hört Angie auf zu stöhnen. Bald atmet sie wieder gleichmäßig, und kurze Zeit später schläft sie tief und fest. Es ist Viertel vor acht. Die Besuchszeit ist fast zu Ende.

»Ich glaube, wir können jetzt heimfahren«, sage ich zu Damon und Ryan. »Was meint ihr? Wir bekommen endlich etwas zu essen, und Mum hat ihre Ruhe.«

Als wir gerade gehen wollen, kommt ein Krankenpfleger herein und kontrolliert Angies Zustand. »Wie geht es meiner Frau?«, erkundige ich mich, während er ihr Krankenblatt überprüft.

»Ganz gut«, antwortet er. »Wir sehen zu, dass sie möglichst schmerzfrei bleibt, und morgen früh überstellen wir sie an eine speziell für Krebspatienten ausgebildete Schwester, die sich ihrer annehmen wird.«

Er lächelt, und ich fühle mich getröstet. Ich beuge mich hinunter, küsse Angie auf die Wange, und wir fahren nach Hause.

Als wir Ryan nach Hause gebracht haben und selbst wieder daheim sind, haben Damon und ich einen Bärenhunger. Reece und die Frauen haben im Gegensatz zu uns bereits gegessen. Ich öffne den Kühlschrank und lege los.

»Wie geht es Mam?«, fragt Reece mit besorgtem Blick. Ich eile mich, ihm zu versichern, dass sie so weit in Ordnung ist. »Jedenfalls hat sie keine Schmerzen mehr«, erkläre ich. »Sie hat Medikamente bekommen und schläft jetzt, was wohl das Beste für sie ist.«

Genau das denke ich auch. Als das Telefon kurz vor Ende meiner Kochorgie klingelt, glaube ich, dass sich nur ein weiteres Familienmitglied nach Angie erkundigen will. Aber als Reece mit dem Telefon in der Hand in der Küche auftaucht, weiß ich sofort, dass dem nicht so ist.

»Für dich, Dad«, sagt mein Sohn und reicht mir den Hörer. »Es ist die Klinik.«

Ich melde mich. Am anderen Ende ist eine Frauenstimme. Sie erkundigt sich, ob ich Mr Millthorpe bin, und stellt sich als eine der Angie betreuenden Krankenschwestern vor. Mir bleibt fast das Herz stehen. Warum werde ich abends um diese Uhrzeit angerufen? Sind die Schmerzen wieder so schlimm? Hat Angie vielleicht nach mir gefragt? Ich habe keine Ahnung, was los ist, aber wenn Angie meinen Beistand braucht, kann das Essen natürlich warten.

Aber es kommt schlimmer als befürchtet. »Sie haben heute Abend Ihre Frau besucht, nicht wahr?«, sagt die Schwester langsam.

»Richtig«, bestätige ich. »Ist alles in Ordnung?«

»Leider hat sich ihr Zustand kurz nach Ihrem Aufbruch sehr verschlechtert. Ich glaube, es wäre das Beste, wenn Sie möglichst schnell kommen könnten.« Sie macht eine kurze Pause. »Und bringen Sie Ihre Familie bitte mit«, schließt sie.

Ich stehe wie vom Donner gerührt da und starre Reece an. Sein Gesicht spiegelt meine Angst. Ich beginne zu zittern. »Okay«, stoße ich hervor, »okay. Wir sind auf dem Weg.«

Es sind die gleichen Worte. Es ist die Erinnerung an einen nur wenige Wochen zurückliegenden Anruf. Der gleiche Ton, die gleichen Worte. Kommen Sie bitte. Bringen Sie Ihre Familie mit. Die Worte, mit denen man uns mitteilte, dass Winnie im Sterben lag. Kommen Sie bitte. Bringen Sie Ihre Familie mit. Verabschieden Sie sich.

Ich spüre so etwas wie Wut in mir aufsteigen, die aus meinem Mund explodiert. »Oh Gott! Sie stirbt! Sie stirbt!« Und ohne mir über mein Tun im Klaren zu sein, schmettere ich das Telefon auf den Küchenboden. Es zersplittert in tausend Teile. Als Reece vorprescht, um sie einzusammeln, knalle ich meine Faust mit voller Wucht auf die Arbeitsfläche, bis meine Beine unter mir nachgeben und ich auf dem Küchenboden zusammensacke.

Damon stürmt herein, dicht gefolgt von Natalie. Gemeinsam mit Reece richten sie mich auf. Die Kinder drängen sich an der Tür und beginnen mit erschrockenen Gesichtern zu weinen. Sophie und Nat beeilen sich, sie ins Wohnzimmer zurückzuscheuchen.

»Los jetzt, Dad«, sagt Reece. Seine Stimme durchdringt den Nebel des Grauens. »Mach schon, Dad«, pflichtet Damon ihm bei. »Wir müssen in die Klinik.« Zusammen schleifen sie mich nach draußen zu Damons Auto.

Unterwegs kratze ich ausreichend Geistesgegenwart zusammen, um wieder einigermaßen vernünftig zu denken. Ich bitte Reece, Angies Bruder Neil zu informieren, der die Nachricht an die anderen weitergeben soll. »Nur an Herbert nicht«, flüstere ich ihm zu. »Das können wir Herbert nicht zumuten.« Er hat gerade erst seine Frau beerdigt. Und er ist alt. Seiner Tochter beim Sterben zuzusehen, könnte zu viel für ihn sein.

Der Gedanke rumort in meinem Kopf. Genau das wird passieren. Deswegen wurden wir in die Klinik gerufen. Wir werden dort gebraucht, weil Angie im Sterben liegt.

Reece ruft auch Ryan an, der schon vor dem Krankenhaus wartet, als wir gegen zehn Uhr dort eintreffen. Eine Schwester kommt uns entgegen und führt uns auf eine andere Station. Man hat Angie in ein Privatzimmer verlegt. Aber wir dürfen nicht sofort zu ihr, sondern müssen uns in einem kleinen Wartezimmer gedulden.

»Zunächst möchte die Ärztin mit Ihnen sprechen«, informiert uns die Schwester. »Es dauert nicht lange.«

Wir nicken stumm. Keiner weiß etwas darauf zu sagen. Inzwischen trifft nach und nach der Rest der Familie ein. Malc und Eileen, meine Schwester Karen, Neil und Diane, Angies Bruder Des, ihre Schwester Wendy und schließlich auch Terrys Diane mit ihrem erwachsenen Sohn Jonathan aus erster Ehe. Terry liegt noch im Krankenhaus in Sheffield und erholt sich von seiner Bypassoperation.

Alle blicken sich blass, erschüttert und den Tränen nahe an. Es spielt nicht die geringste Rolle, dass wir alle wussten, dass dieser Tag kommen würde. Niemand ist wirklich bereit. Es ist zu früh. Wir befinden uns alle in einer Art Schockzustand.

Die diensthabende Ärztin, die ich bisher noch nicht kannte, kommt herein und schließt sanft die Tür hinter sich. Sie steht vor uns, aber ihr Blick ruht auf mir.

»Kurz nachdem Sie weggingen, Mr Millthorpe, erbrach Ihre Frau eine kleine Menge Blut. Unmittelbar darauf – um neun Uhr – erlitt sie einen Herzstillstand. Wir konnten sie wieder zurückholen«, fährt sie fort, »aber wir gehen davon aus, dass durch den Stress ein Tumor geplatzt ist.« Sie blickt mir in die Augen. »Ihre Frau ist sehr krank, Mr Millthorpe. Wir glauben, dass sie diese Nacht nicht überlebt.«

Ich breche zusammen. Karen und die Jungen halten mich fest. Ich kann es einfach nicht begreifen. Keiner von uns kann das. Schluchzend hören wir der Ärztin weiter zu. »Falls sie wider Erwarten überlebt, werden wir gleich morgen endoskopisch nachforschen, was genau passiert ist...« Sie bricht ab. Es gibt nichts weiter zu sagen.

Die Schwester berührt meine Schulter. »Ich bringe Sie zu Ihrer Frau. Wenn Sie ein paar Minuten mit ihr allein waren, kann der Rest der Familie kommen – aber bitte immer nur wenige auf einmal. Alle zusammen geht leider nicht, weil die Schwestern immer wieder nach ihr sehen müssen.«

Ich folge ihr wie in Trance und weiß kaum noch, was um mich herum vorgeht. Die Familie tröstet unsere Jungs. Der Schmerz wird schier unerträglich. Wie konnte es plötzlich so schnell gehen? Wie ist es möglich, dass sie morgens in der Küche noch lachte und jetzt an der Schwelle des Todes steht? Wieso?

Ich bete. Ich habe zwar seit meiner Hochzeit kaum je einen Fuß in eine Kirche gesetzt, aber ich bete trotzdem. Was sollte ich auch sonst tun? Als ich schließlich vor Angie stehe, die stumm und zerbrechlich mit einer Sauerstoffmaske über dem Gesicht in ihrem Bett liegt, kann ich nicht anders, als zu weinen, während mir ein scharfes Messer die Eingeweide zu zerschneiden scheint.

Ich lege mich neben sie und nehme sie ganz fest in den Arm, als ob Gott sie nicht zu sich nehmen könne, wenn ich nur fest genug klammere. Vielleicht erkennt er ja, dass sie noch zu uns gehört und dass wir alle sie noch brauchen. »Bitte, Angie, geh nicht fort«, flüstere ich. »Bleib bei uns. Verlass mich nicht. Lieber Gott, nimm sie uns nicht weg – sie bedeutet uns alles!«

Langsam schreitet die Nacht voran. Ich hänge mich an die Vorstellung des nächsten Morgens wie an einen Talisman. Wir alle sitzen bei Angie, streicheln ihr Haar, halten ihre Hand und lauschen ihrem Atem. Sie atmet ein, atmet aus, und dann folgt eine schrecklich lange Pause, während der auch wir den Atem anhalten.

Gegen zwei Uhr morgens tritt eine Veränderung ein, die wir alle bemerken. Ihr Atem ist nach und nach immer regelmäßiger geworden, und die beängstigenden Pausen sind verschwunden. Wir gestatten uns ein Lächeln. Vielleicht hat sie die Klippe ja umschifft und dem Sturm getrotzt. Ich blicke Neil und Diane an und lächele unter Tränen.

»Gleich macht sie die Augen auf und erklärt uns, dass wir alle bescheuert sind«, sage ich. »Sie wird uns fragen, warum wir allesamt heulend neben ihrem Bett stehen, und uns dann heimschicken.«

Obwohl sie das natürlich nicht tut, fühlen wir uns mit einem Mal alle besser. Die Spannung lässt nach, es ist, als sei uns eine schwere Last genommen. Nach Hause gehen wir trotzdem nicht. Wir begleiten sie bis zur Morgendämmerung, wo sie, wie ich felsenfest glaube, aufwachen und uns angrinsen wird. »Mill«, wird sie sagen, »hör endlich auf, dir Sorgen zu machen. Mir geht es gut!«

Jetzt aber schläft sie friedlich. Ich bin unendlich dankbar. Und ziemlich steif, denn ich sitze inzwischen seit fünf Stunden neben ihr auf der Bettkante. Als Angies Schwester Diane schließlich verkündet, dass sie eine Zigarette rauchen geht, begleite ich sie. Sie hat ein wenig Angst, in der Nacht allein dort draußen zu stehen.

»Ihr behaltet sie im Auge, ja?«, sage ich zu Malc. »In spätestens fünf Minuten sind wir zurück.«

Malc nickt. »Macht nur. Ein bisschen frische Luft wird euch guttun.«

Auf dem Weg zum Lift unterhalten wir uns darüber, wie viel besser Angie jetzt atmet. Ich wage sogar einen kleinen Scherz. »Weißt du was, morgen früh werde ich sie ordentlich ausschimpfen, dass sie uns einen solchen Schrecken eingejagt hat.«

Die kalte Luft draußen trifft uns wie eine Ohrfeige. Nach der warmen Krankenhausluft tut es gut, tief durchzuatmen und zu wissen, dass es Angie dadrinnen besser geht. Ich blicke zum Himmel hinauf und wünsche mir, dass er endlich hell wird. Wäre doch erst die Morgendämmerung da!

Aber sie kommt nicht. Jedenfalls nicht für Angie. Wir stehen vielleicht eine Minute draußen, als die nächtliche Stille vom Zischen der elektronischen Tür gestört wird. Als ich mich umdrehe, läuft uns mein Neffe Jonathan entgegen. »Mill«, keucht er außer Atem, »komm schnell!«

Sofort begreife ich, Jonathans Gesichtsausdruck spricht Bände. Ich dränge mich an ihm vorbei, fahre mit dem Lift nach oben und renne durch die Flure zu Angies Zimmer. Mein Gesicht ist tränenüberströmt. »Nein!«, rufe ich. »Nein!«

Die anderen stehen vor dem Zimmer und weinen. Sie lassen mich durch, und als ich die Tür erreiche, stehen dort meine drei Jungen in enger Umarmung. Reece sieht mich als Erster. Sein

Gesicht ist nass von Tränen. »Ich glaube, sie hat gewartet«, flüstert er mir zu, als er mich in den Arm nimmt. »Sie hat gewartet, bis du draußen warst, Dad. Damit du nicht zusehen musstest, wie sie geht.«

KAPITEL 18

Die Welt, die vor dem Fenster des Autos meines Bruders Malc vorbeirauscht, sieht fremd, neu und sehr beängstigend aus. Es ist noch nicht einmal sechs Uhr. Der Himmel ist schwarz. Kein Silberstreif am Horizont. Wie innig habe ich darum gebeten, dass Angie die Morgendämmerung noch erleben darf – jetzt brauche auch ich sie nicht mehr.

Und doch ist ein neuer Tag angebrochen. Ein Tag, der ganz anders ist. Der Tag, von dem ich seit langer Zeit wusste, dass er kommen würde. Seit meinem vierzehnten Lebensjahr ist es der erste Tag ohne die geliebte Frau an meiner Seite. Ich halte den Atem an. Kaum zu glauben, wie einsam und verängstigt ich mich fühle.

Ich konnte nicht in der Klinik bleiben. Ich konnte es einfach nicht ertragen.

Als ich das kleine Zimmer betrat und Malc und Diane eng umschlungen weinen sah, wurde mir schlecht. Ich hatte Angst. Angst vor dem, was auf mich zukommen würde, Angst vor meiner Reaktion, wenn ich Angie dort liegen sah, Angst davor, mich vor all den anderen nicht beherrschen zu können.

Ich erkannte sofort, dass kein Leben mehr in Angies Körper war. Trotzdem setzte ich mich zu ihr, nahm sie in die Arme, zog sie an mich und schluchzte in ihr Haar. Ihr Haar, das sie nun doch nicht mehr verlieren würde. »Verlass mich nicht«, flüsterte ich. »Bitte, verlass mich nicht. Wie soll ich es denn den Kindern sagen? Und wie soll es weitergehen?«

Und dann betrachtete ich sie noch einmal. Ich hatte keine Angst mehr, und ich verstand, dass ich sie nicht länger ansehen durfte. Ich musste nach vorn blicken. Ich musste stark sein. Hier und jetzt, für Ryan, Reece und Damon, zu Hause für die fünf Kleinen. Ich würde ihnen das Schlimmste sagen müssen, was ein Kind je zu hören bekommen kann. Um aber diese Stärke aufbringen zu können, durfte ich Angie nicht länger anschauen. Ich musste das andere Bild in meinem Kopf bewahren: das der geliebten, lachenden Frau. Daran, wie sie jetzt aussah, wollte ich mich nicht erinnern. Ohne ihr Lächeln sah sie kaum noch wie Angie aus.

»Bring mich heim«, sagte ich zu Malc. »Ich muss jetzt bei den Kindern sein.«

Eileen fährt uns. Malc steigt mit mir aus.

»Ich bleibe bei dir«, sagt er. »Du brauchst jetzt erst einmal eine Tasse Tee.«

Ich gehe ins Wohnzimmer, setze mich in den Sessel und starre vor mich hin.

Malc bringt den Tee und setzt sich in den anderen Sessel. Wir schweigen beide. Es gibt nichts zu sagen. Immer, wenn ich an das Leben ohne Angie denke, das nun vor mir liegt, kommen mir die Tränen. Es ist, als hätte ich meinen Körper nicht mehr unter Kontrolle.

Malc lässt mich weinen. »Ich weiß nicht, wie ich dich trösten könnte«, sagt er leise. Das rüttelt mich wach.

»Ich muss Herbert informieren«, fällt mir ein. Er weiß nicht einmal, dass Angie in der Klinik war.

»Ich komme mit«, sagt Malc. Wir stehen beide auf.

Ich schüttele den Kopf.

»Nein«, lehne ich ab, »das muss ich allein machen.«

Als ich die Straße hinuntergehe, sehe ich, dass die Vorhänge noch vorgezogen sind. Auch die Tür ist noch verriegelt. Ich werde es später noch einmal probieren müssen.

Auf dem Rückweg treffe ich meinen Freund Dean, der ebenfalls in unserer Straße wohnt. Er steht in seinem Vorgarten und winkt mich zu sich herüber. Neuigkeiten verbreiten sich hier in Windeseile. Dean ist mit einer Freundin meines Neffen Adrian verheiratet, der ihr eine SMS geschickt hat, als wir alle ins Krankenhaus fuhren.

»Das mit Angie tut mir sehr, sehr leid, Ian. Komm doch bitte einen Augenblick rein. Andrea möchte mit dir sprechen.«

Deans Frau hat gerade eine Chemo hinter sich. Sie leidet ebenfalls an Brustkrebs, und Angies Tod dürfte sie besonders hart treffen. Sie umarmt mich und hält mich lange fest. »Ich kann es nicht fassen«, murmelt sie. »Noch gestern habe ich sie im Garten gesehen, und sie sah richtig gut aus.«

Ich sage, dass ich ebenso schockiert bin wie sie. Aber so richtig bei der Sache bin ich nicht. Ich muss immer an Herbert denken und an das, was mir noch bevorsteht. Als ich das Haus verlasse, sind die Vorhänge noch immer geschlossen, und ich habe keine andere Wahl, als zu Malc zurückzukehren. »Weißt du«, sage ich zu ihm, »früher habe ich immer gedacht, welches Glück Angies Vater doch hat, so lange zu leben und dabei gesund zu sein, aber es muss alles andere als Glück sein, mit einundneunzig Jahren innerhalb von drei Wochen die Frau und die jüngste Tochter zu verlieren.«

Ich fürchte mich vor dem Gespräch, kann mich aber auf nichts anderes konzentrieren. Um acht Uhr versuche ich es erneut. Der Morgen ist wunderschön und sonnig. Herbert steht lächelnd am Fenster. Unwillkürlich lächele ich zurück. Als ich aber im Wohnzimmer bin und er sich in seinen Lieblingssessel setzt, falle ich vor ihm auf die Knie, nehme seine Hand und breche in Tränen aus.

»Angie ist tot«, stoße ich hervor.

Er schweigt lange. Sehr lange. Sein Blick verliert sich im prasselnden Kohlenfeuer, das bereits fröhlich flackert. Schließlich wendet er sich ab und starrt auf seine Hand, die ich immer noch gegen meine Wange presse. »Unsere Angie«, sagt er leise. In seinen Augen glitzern ungeweinte Tränen. »Ach, Angie. Sie war ein so fröhliches Mädchen.«

Ich schluchze auf. Warum Angie? Warum ausgerechnet sie? Warum ein Mensch, der das Leben so sehr liebte?

»Ich weiß, wie schwer es für dich ist, mein Junge«, spricht Herbert weiter, »weil ich weiß, wie sehr ihr euch geliebt habt. Und wenn du irgendetwas brauchst, dann sagst du es mir, okay?« Er meint es ernst.

Dass ich Angie bekommen habe, war doppeltes Glück. Nicht nur, dass mir die Frau meiner Träume vergönnt war – als Zugabe bekam ich auch noch ein liebevolles Ersatzelternpaar. Kein Wunder, dass Angie eine so unglaubliche Frau war. Ich brauche mir nur bewusst zu machen, woher sie stammte, um den Grund dafür zu kennen.

Herbert bringt mich zur Tür und wiederholt sein Angebot. Alles. Alles, was er für mich tun kann. Obwohl ich im Augenblick nichts anderes brauche als das, was ich nun nicht mehr haben kann, war ich ihm nie dankbarer für seine Liebe.

Nach meiner Rückkehr geht Malc heim, um nach Eileen zu schauen. Sie hat sich in der letzten Nacht unwohl gefühlt, und er will wissen, ob sie wieder in Ordnung ist. Er lässt mich nur ungern allein, aber ich versichere ihm, dass ich klarkomme. Die Kinder schlafen bei Damon und Natalie. Reece ist bei Ryan geblieben. Das Haus ist leer. Im Augenblick ist das auch gut so, denn falls ich zusammenbreche, möchte ich lieber allein sein.

Und ich breche zusammen. Und wie. Wie zum Teufel soll ich es den Kindern erklären? Ich kann nicht darüber nachdenken und beschließe, es zumindest nicht heute zu tun. Dazu fehlt mir einfach die Kraft. Ich weiß nicht einmal, ob ich die Kraft besitze, den heutigen Tag durchzustehen, ganz zu schweigen vom Rest meines Lebens, nein, unseres Lebens. Wo soll ich anfangen? Wo immer ich hinschaue, sehe ich Angie. Von allen Fotos lächelt sie mich an, und immer sieht sie glücklich aus. Das Echo ihrer Anwesenheit klingt aus jeder Ecke unseres Hauses. Weinend laufe ich durch die Räume. Erinnerungen rauben mir den Atem. In unserem Schlafzimmer liegen noch die Kleider, die zu wechseln ich ihr gestern geholfen habe. Ich sehe die Kuhle im Kopfkissen, auf dem sie gestern noch lag, und der Schmerz ist so heftig, als würde mir das Herz aus der Brust gerissen.

Gegen neun kommen Reece und Sophie heim. Der Zwang, mich zusammenzureißen ist schier unmenschlich, aber es ist notwendig. Ich fühle mich, als würde ich nur noch an einem dünnen Faden hängen. Wir reden zwar nicht viel, aber ihre Anwesenheit ist für mich wie ein Sicherungsseil, das mich langsam zurückholt.

Ich bringe es fertig, Damon anzurufen und ihm zu erklären, was ich beschlossen habe. Dass ich den Kindern erst morgen erklären will, dass Angie nicht mehr da ist, weil ich auf keinen Fall losheulen darf, wenn ich es tue. Damon stimmt mir zu und meint, dass er den Kleinen nur sagen will, dass Angie noch im Krankenhaus ist und dass sie heute nicht zur Schule gehen müssen.

Als er und Nat allerdings die Kinder mittags heimbringen, halte ich es fast nicht aus. Ich kann sie kaum anschauen. Jedes Mal, wenn ich in ihre lachenden, glücklichen Gesichter schaue, denke ich an den schrecklichen Verlust, den sie zu verkraften haben, und muss ein heißes, trockenes Schluchzen unterdrücken. Schließlich sehe ich mich gezwungen, das Zimmer zu verlassen, ich habe das Gefühl, keine Luft mehr zu bekommen. Würde ich aber vor den Kindern in Tränen ausbrechen, wären sie zu Tode erschrocken.

Ich stecke Angies besudelte Kleider in die Waschmaschine und schalte sie ein. Sophie und Natalie, diese beiden wunderbaren Frauen, kümmern sich um die Kinder, während ich ins Auto steige. Ich fahre los, ohne zu wissen, wohin. Irgendwie lande ich schließlich auf dem Friedhof, auf dem wir Winnie erst zwei Wochen zuvor zur letzten Ruhe gebettet haben. Ich weiß nicht warum, aber in Winnies Nähe zu sein fühlt sich jetzt genau richtig an. Wie gut, dass nicht auch sie Angies Tod ertragen musste. Auf dem Grab liegen noch Berge von Blumen und Kränzen. Auch der von Angie und mir. Auch die Karte ist noch da. FÜR EINE WUNDERBARE, LIEBEVOLLE MUTTER. SIE IST NICHT MEHR HIER, ABER SIE LEBT IN UNSEREN HERZEN. Natürlich gibt es noch keinen Grabstein. Der Katalog liegt noch bei Herbert, damit er sich etwas Passendes aussuchen kann. Auch Angie, die mich ja erst vor Kurzem gebeten hat, sie ebenfalls hier zu bestatten, hat einen Blick hineingeworfen.

Dabei gefiel ihr ein Grabstein ganz besonders gut. Er sah aus wie ein Himmelstor, mit schwarzen und goldenen Buchstaben. Herbert war davon allerdings weniger angetan, und letztlich hat er die Entscheidung zu treffen. Er hat einen herzförmigen Stein gewählt.

Ich betrachte die Blumen und das Gras neben dem frischen Grab. Das Himmelstor wird sehr gut hier hinpassen. Denn Angie wird es bekommen. Das Wissen darum ist ein gewisser Trost – ein winziger Trost in einem Sturm aus Schmerz. Ich knie neben Winnies Grab nieder und weine, weine, weine. Noch immer kann ich nicht fassen, dass die Grabstelle, die ich erst vor drei Wochen für mich selbst gekauft habe, so schnell geöffnet werden wird.

Ich verlasse den Friedhof und gehe zur Friedhofsverwaltung. Der Chef ist zwar einigermaßen überrascht, mich schon so bald wiederzusehen, und vermutet einen anderen Grund für meinen Besuch.

»Geht es um Winnies Beerdigung?«, erkundigt er sich verwirrt und lässt mich eintreten. Ich kann es ihm nicht verübeln. Woher sollte er es auch wissen?

Als ich ihm alles erkläre, schlägt er vor, noch ein paar Tage zu warten. Aber das kann ich nicht ertragen. Ich muss es jetzt tun, und ich muss es richtig machen. Ich ordere nur das Beste vom Besten, alles, von dem ich weiß, dass Angie es gern gehabt hätte. Auch den schön geschnitzten Sarg, der ihr so gut gefiel, dass er sie fast zu Tränen rührte, und natürlich den Himmelstor-Stein für ihr Grab.

Zumindest ist sie jetzt bei ihrer Mum.

In der ersten Nacht bekomme ich kein Auge zu. Ich versuche es gar nicht erst. Ich kann es auch nicht ertragen, in unserem Bett zu liegen, weil ich immer nur die Kuhle im Kissen sehe, wo sich eigentlich Angies Kopf befinden müsste. Nachdem Damon und Natalie mit Warren nach Hause gegangen sind und Reece und Sophie sich hingelegt haben, setze ich mich auf die Couch und schalte den Fernseher ein. Die Bilder flimmern an mir vorüber, ohne dass ich sie wahrnehme. Stattdessen betrachte ich die Fotos, die überall an den Wänden hängen – ganz besonders die Leinwand mit dem Foto vom Valentinstag, das der Fotoladen uns geschenkt hat und das jetzt eine besonders schmerzliche Bedeutung erhält.

Ich muss auch immer wieder an die Stufe im Park denken – unsere Stufe – und überlege tatsächlich, ob ich hingehen soll. Wie konnte die Zeit von damals bis jetzt so beängstigend schnell vorübereilen? Es fühlt sich an, als ob alles erst gestern begonnen hätte. Wohin ist mein Leben entschwunden? Und wohin Angies? Was geschieht jetzt?

Als der Morgen endlich dämmert, überrascht es mich nicht, dass mir die morgendlichen Routinen bleischwer von der Hand gehen. Auch Reece wirkt wie von seiner Trauer niedergedrückt. Er war unendlich tapfer und hat sich vor den Kleinen nicht eine Sekunde lang etwas anmerken lassen. Ich bin wirklich stolz auf ihn und weiß, dass auch Angie stolz gewesen wäre. Das zumindest lässt mich ein wenig aufleben.

Sophie erweist sich als wahrer Engel – sie und Natalie waren immer so. Sie entlastet uns, indem sie sich der Kinder annimmt. Sie hilft beim Anziehen und macht ihnen Frühstück, weil ich es nicht fertigbringe und ihnen aus dem Weg gehen muss. Noch immer gelingt es mir nicht, Haltung zu bewahren.

Die jüngeren Kinder ahnen noch nichts. Sie freuen sich und sind in Spiellaune. Sie genießen es, wenn Sophie über Nacht bleibt, und für sie ist dieser Tag ein ganz besonderer. Sie wagen ihr Glück kaum zu fassen, denn sie brauchen die ganze restliche Woche nicht zur Schule zu gehen und dürfen nach Herzenslust mit ihrer Xbox spielen und fernsehen – was für mich die bevorstehende Aufgabe allerdings deutlich erschwert. Jedes Mal, wenn ich nach ihnen schaue, wie sie im Wohnzimmer zusammensitzen und spielen, schnürt es mir fast die Kehle zu. Sie wirken so glücklich und sorglos, dass ich einfach keinen Ton hervorbringe. Allein der Gedanke, dass sie nicht einmal wissen, dass sie keine Mummy mehr haben, überwältigt mich bis fast zur Lähmung. Noch nie habe ich mir so inständig gewünscht, vor etwas davonlaufen zu können – wie ein kleiner Junge.

Aber ich muss stark sein. Ich kann fast hören, wie Angie mit mir schimpfen und fordern würde, dass ich mich zusammenreiße. Tu es für mich, Mill. Sei ihr Fels in der Brandung. Sag es ihnen, ohne zu weinen. Wenn du nämlich zusammenbrichst, bricht auch ihre Welt zusammen. Und sie hat recht. Ich bin jetzt die ganze Welt dieser Kinder. An wen sonst könnten sie sich halten?

Ich gehe zum dritten Mal in die Küche, stelle mich ans Fenster und starre hinaus. Ich bemühe mich, meine Tränen zu unterdrücken, als ich plötzlich hinter mir ein Geräusch höre. Ich drehe mich um. An der Tür steht Connor und mustert mich mit ängstlichen Blicken. Er ist jetzt elf und versteht vieles schon. Er weiß, dass etwas Schreckliches passiert ist – nur nicht, was es ist.

»Komm her, Connor«, sage ich und winke ihn zu mir. »Ich muss dir etwas sagen.«

Ich gehe in die Knie, um auf Augenhöhe mit ihm zu sein, und lege die Hände auf seine Schultern. »Connor, Schatz, deine Mum ist vorletzte Nacht gestorben.«

Ich sehe, wie sich seine Augen mit Tränen füllen. Seine schlimmsten Befürchtungen haben sich bewahrheitet. »Ich weiß, Dad«, sagt er schließlich. »Ich habe Reece und dich letzte Nacht darüber reden hören.«

Ich nehme Connor fest in die Arme. Reece kommt in die Küche, und mir wird klar, dass ich jetzt zu Ende führen muss, was ich angefangen habe. Reece bleibt und tröstet Connor, während ich ins Wohnzimmer gehe und es den Kindern sage. Ich steige über ihre Spielsachen, setzte mich auf die Couch, vor der sich alle auf dem Teppich lümmeln und fernsehen, und zwinge mich, die beständig drohenden Tränen zurückzudrängen.

»Kinder«, sage ich leise. Sofort drehen sie sich zu mir um. »Kommt mal alle zu mir, und setzt euch. Ich muss euch etwas sagen.«

Wie Kinder nun einmal sind, kommen sie alle sofort aufgeregt zu mir, in der Erwartung von etwas besonders Lustigem. Jade und Jake schmiegen sich rechts und links an mich, Corey und Ella belagern je ein Knie. Neugierig wenden sie mir ihre Gesichter zu.

Ich wende mich an Jake und Jade. »Ihr wisst doch, dass Mum sehr krank gewesen ist, nicht wahr?« Sie nicken beide.

»Wissen wir«, sagt Jade. »Wann kommt sie heim, Dad?«

Jetzt kann ich meine Tränen doch nicht mehr aufhalten und lasse sie einfach laufen. »Sie kommt nicht mehr heim, Liebes«, stoße ich hervor. »Mum ist tot. Aber jetzt ist sie im Himmel.« Jake und Jade beginnen zu weinen. Corey stimmt ein. Nur Ella, die kleine Ella, weint nicht. Sie sitzt auf meinem Knie und lächelt selig zu mir hinauf. Es ist Angies Lächeln – das schöne Geschenk ihrer Mutter.

Ihr Blick ist tief beeindruckt. »Ist Mummy jetzt ein Engel?«, fragt sie.

Ich nicke und drücke die Kinder fest an mich. Sie geben mir Kraft. »Ja«, bestätige ich, »Mummy ist jetzt ein Engel. Und sie schaut vom Himmel zu euch hinunter. Sie möchte nicht, dass ihr traurig seid. Wenn ihr traurig seid, ist sie nämlich auch traurig, aber wenn ihr lächelt, lächelt sie auch. Wir müssen uns also jetzt alle anstrengen, dass Mummy uns lächeln sieht. Okay? Kommt, wir versuchen, eure Mum glücklich zu machen.«

KAPITEL 19

Am nächsten Tag muss ich die Unterlagen für Angies Sterbeurkunde in der Klinik abholen. Mir graust zwar davor, aber gleichzeitig interessiert mich, warum sie so plötzlich gestorben ist. Immer wieder fahren die Gedanken in meinem Kopf Karussell: Wie konnte es sein, dass es ihr am Morgen noch so gut ging, sie aber noch vor dem Ende der folgenden Nacht starb? Und je mehr ich darüber nachdenke, desto mehr macht sich das schreckliche Gefühl breit, dass da irgendetwas nicht stimmt. Alles hatte sich von einer auf die andere Minute verändert – aber wieso?

Der Weg zur Verwaltung fällt mir sehr schwer. Es ist der gleiche Flur, den ich entlangrannte, nachdem Jonathan mich holen kam. Ihm jetzt erneut zu folgen, verursacht mir eine Gänsehaut, denn mir gehen Dinge durch den Kopf, an die ich mich nicht erinnern möchte.

Ich muss nicht lange warten. Der Beamte lässt mich eintreten, bittet mich, Platz zu nehmen, und spricht mir zunächst sein Beileid aus. Anschließend greift er nach einem Aktenordner und nimmt ein Blatt heraus, das er mir hinschiebt. »Wenn Sie dieses Formular unterschrieben haben, Mr Millthorpe, können Sie damit zum Rathaus gehen und den Tod Ihrer Frau melden.« Er reicht mir einen Stift. »Dort bekommen Sie dann auch die Sterbeurkunde.«

Ich nehme das Formular. »Danke. Aber können Sie mir bitte sagen, wie sie starb?«

Verwirrt blickt er mich an, ehe er das Formular wieder an sich nimmt. »Krebs«, sagt er schließlich. »Ihre Frau starb an Krebs, Mr Millthorpe.«

Ich fühle Ärger in mir aufsteigen. »Sie können unmöglich behaupten, dass sie an ihrer Krebserkrankung starb«, sage ich unfreundlich. »Als ich sie in die Klinik brachte, ging es ihr gut. Am Morgen ihres Todestages hat sie sogar noch die Wohnung geputzt. Und im Auto lachte und scherzte sie. Also erzählen Sie mir nichts von Krebs. Der war sicher nicht die Todesursache.«

Der Beamte starrt mich an. Meine Worte haben ihn offenbar schockiert, ebenso wie der Ton, in dem ich sie gesagt habe. Jetzt tut es mir leid, dass ich laut geworden bin. Der Mann runzelt die Stirn. »Wenn das so ist, sollten Sie mit dem Coroner sprechen und ihm mitteilen, was Sie mir gerade gesagt haben.«

Ich beruhige mich ein wenig und erkläre mich bereit, seinen Vorschlag zu befolgen. Er wählt eine Nummer, spricht mit dem Coroner und sagt ihm, dass ich Zweifel an der vermerkten Todesursache habe. Dann reicht er mir den Hörer.

»Wieso glauben Sie, dass Ihre Frau nicht an Krebs starb?«, will der Coroner wissen. Ich erkläre es ihm. »Um die genaue Todesursache zu finden, müssen wir eine Autopsie durchführen. Sollen wir das tun?«

Obwohl ich den Stein selbst ins Rollen gebracht habe, ist mir unwohl bei dem Gedanken, dass ein Fremder Angies Körper berührt. Sie hat so viel durchgemacht – warum sollte ich verlangen, dass es noch mehr wird? »Nein«, sage ich, »keine Autopsie. Ich möchte nicht, dass jemand sie anfasst.«

»Mr Millthorpe«, redet der Mann geduldig auf mich ein, »nur wenn Sie uns gestatten, sie zu obduzieren, können wir herausfinden, woran Ihre Frau gestorben ist. Wenn nicht, müssen Sie mit der Ungewissheit leben. Denken Sie darüber nach. Ich rufe Sie in zehn Minuten noch einmal an – wäre das okay für Sie?«

Ich bejahe, aber als ich dem Beamten den Hörer zurückgebe,

ertappe ich mich erneut dabei, dass es mir unangenehm wäre, einen Fremden an Angies Körper zu lassen. Natürlich will ich wissen, was passiert ist, aber habe ich das Recht, irgendwelche Leute an ihr herumschnippeln zu lassen? Würde sie das wollen?

Ich erläutere dem Beamten das Telefonat. Während wir auf den Rückruf warten, wiederhole ich meine Worte. »Ich kann nicht zulassen, dass man ihr das antut«, beschließe ich. »Das war es dann wohl.«

Der Beamte ist voller Mitgefühl, und es tut mir wirklich leid, dass ich so unwirsch zu ihm war. Er ist allerdings der Meinung, dass ich die Obduktion zulassen soll. »Mr Millthorpe«, sagt er sanft, »wenn ich Sie wäre, würde ich es tun. Wenn nicht, werden Sie Ihr Leben lang unter der Ungewissheit leiden.«

Ich weiß, dass er recht hat. Die Ungewissheit würde mich geradezu auffressen. Schon jetzt frisst sie mich auf, und dabei ist Angie erst wenige Tage tot. Ich kann die Sache einfach nicht auf sich beruhen lassen. Als der Coroner genau zehn Minuten später anruft, gebe ich meine Zustimmung zu einer Autopsie.

»Sie haben die richtige Entscheidung getroffen«, sagt er. Aber habe ich das wirklich?

Der Verwaltungsmensch überreicht mir eine weiße, mit Kabelbinder zusammengebundene Plastiktüte mit Angies Kleidung. Als ich zum Ausgang gehe, muss ich daran denken, wie nah ich Angie jetzt bin. Sie liegt in der Leichenhalle des Krankenhauses. Alle anderen Gedanken sind wie abgeschnitten. Ganz gleich, ob richtig oder falsch – alles fühlt sich einfach nur schrecklich an.

Die folgenden Tage verlieren sich in einem Schleier aus Trauer und scheinen in Wellen von Verzweiflung miteinander zu verschmelzen. Nie war ich dankbarer dafür, eine so große Familie zu haben. Irgendwer ist immer bei mir und den Kindern – jemand, der Angie liebte und weiß, welch große Lücke sie hinterlassen hat. Wir werden bekocht, jemand kauft für uns ein, die Wohnung wird geputzt und die Kinder beschäftigt.

Die Kleinen haben es noch nicht wirklich begriffen. Reece und Connor sieht man ihre Trauer an, die Jüngeren aber scheinen nur angespannt zu warten. Sie werden ständig irgendwie unterhalten, und bisher haben sich diese Tage für sie wie außerplanmäßige Ferien angefühlt. Mir ist klar, dass das nur vorübergehend funktioniert und dass es schlimm wird, wenn Angies Tod eines Tages in ihr Bewusstsein vordringt. Doch im Augenblick bin ich dankbar für den Aufschub.

Meine Schwester kommt jeden Tag mit ihrer Tochter, meiner Nichte Julie. Julie hat selbst zwei Kinder im Teenageralter. Die Mädchen sind immer sehr glücklich, wenn sie kommt, weil sie dann Schminken spielen dürfen. Obwohl es mich schmerzt, zuzusehen, wie Julie Jades Fingernägel lackiert, bin ich froh, dass es so wunderbare Frauen in ihrem Leben gibt.

Fasziniert betrachtet Ella den Nagellack. »Will auch«, sagt sie zu Julie. »Will auch Ellalack.«

Julie lächelt sie an. »Das ist ein schöner Name«, sagt sie. »Viel hübscher als Nagellack.«

Als Ella ihr Patschhändchen ausstreckt und darauf wartet, auch ein wenig »Ellalack« zu bekommen, hoffe ich, dass Angie ihnen zusieht und weiß, dass es ihren Mädchen gut geht.

Am Montag beschließe ich, die Kinder wieder in die Schule zu schicken. Sie müssen zurück zu ihren Freunden und zu einer gewissen Routine, die es ihnen ermöglicht, Schritt für Schritt in ihre neue Zukunft zu finden, darüber hinwegzukommen, dass sie ihre Mutter verloren haben, und sich allmählich ihr neues Leben aufzubauen. Auch Reece, der sich ein paar Tage freigenommen hatte, kehrt zu seinen Routinen zurück. Die Tage bekommen wieder eine Struktur.

Während ich helfe, die Jüngeren zu waschen und anzuziehen – tatkräftig unterstützt von Sophie, die für vierzehn Tage bei uns bleibt –, klopft mir bei dem Gedanken, vor dem Schultor zu stehen und mit allen über Angie sprechen zu müssen, das Herz bis zum Hals. Ich weiß nicht, ob ich schon so weit bin.

Außerdem stelle ich fest, dass ich schon jetzt versage.

»Kannst du mir keine Zöpfe machen, Daddy?«, fragt Jade, als wir vor dem großen Spiegel stehen und ich ihr Haar zu einem Pferdeschwanz binden will.

»Tut mir leid, Schatz, aber heute haben wir keine Zeit für Zöpfe.«

Kaum habe ich es ausgesprochen, als mir bewusst wird, dass Angie so etwas nie gesagt hätte. An Jades Blick erkenne ich, dass sie es auch weiß. Die Wahrheit ist, dass ich es immer noch nicht kann. Jedenfalls nicht richtig. Ich bin noch nicht gut genug. Angie hätte nicht so früh sterben dürfen. Ich habe noch immer zwei linke Hände.

»Bring es mir doch einfach bei«, sagt Jade. »Dann kann ich es selbst machen. Und später zeigst du mir, wie eingeflochtene Zöpfe gehen. Ich flechte dann Ellas Haar, und du hast mehr Zeit für andere Sachen.«

Mein Herz zerreißt fast. »Gleich heute Nachmittag«, sage ich. »Versprochen.«

An der Schule werden wir geradezu belagert. Es sind überwiegend Frauen, die uns ihr Beileid aussprechen. Jake und Jade wirken im Trubel des Schulhofs geisterhaft fahl. Jade klammert sich an meine Hand, als wage sie nicht, mich loszulassen. Überwältigt nehme ich zur Kenntnis, wie viele Menschen mit uns fühlen, bin aber trotzdem erleichtert, als ich den Freundschaftsbekundungen endlich entkommen kann, und, nachdem ich die Zwillinge in ihrem Klassenzimmer abgeliefert habe, die fast unberührte Ruhe der Vorschule betreten darf.

Als ich Coreys Jacke aufhänge, kommt Teresa, die Kindergärtnerin. Sie ist nicht nur eine von Coreys Lehrerinnen, sondern auch eine gute Freundin.

»In den vergangenen Tagen sind wir häufig gefragt worden, wann Angie beerdigt wird«, sagt sie. »Wäre es dir recht, wenn wir den Kindern heute oder morgen einen Brief mit den genauen Daten mitgeben?«

Die Bitte berührt mich tief. Bisher habe ich immer nur an unsere engen Freunde und an die Familie gedacht, aber jetzt wird mir klar, wie viele Leute Angie mochten. Sie war unglaublich beliebt. Den Ort kann ich Teresa bereits nennen, und ich verspreche anzurufen, sobald ich Datum und Uhrzeit weiß. Den Heimweg lege ich mit zugeschnürter Kehle zurück.

Fast ist es, als hätte Angie während dieser ganzen Vorfälle auf mich aufgepasst, als wüsste sie, dass ich nur an einem dünnen Faden über dem Abgrund baumele. Kaum betrete ich unser Haus, da klingelt das Telefon. Der Chef der Friedhofsverwaltung meldet sich und sagt, dass Angie endlich bei ihnen ist und dass ich jederzeit kommen und sie sehen darf.

»Wäre Ihnen der Termin Donnerstag um halb zwölf recht für die Beerdigung?«, fragt er anschließend.

Er ist es. Aber im Moment kann ich nur noch daran denken, Angie zu sehen. Fünf Tage ist es jetzt her. Ich vermisse sie unendlich. Und jetzt, wo ich weiß, dass sie endlich zur Ruhe kommt, macht es mir nichts mehr aus, sie zu sehen.

Ich behalte recht. In ihrem glänzenden, dunklen Eichensarg sieht Angie wunderschön und unendlich friedlich aus. Ihr Haar schimmert wie das polierte Holz. Ihre Hand, die ich an meine

Wange hebe, ist kalt, aber es ist ihre Hand, deren Konturen mir so vertraut sind wie die meiner eigenen Hände. Eine Stunde lang sitze ich bei ihr, halte ihre Hand, streichele ihr Haar, und obwohl ich weine, bin ich froh, dass mir diese Zeit mit ihr allein geschenkt wird.

Am nächsten Tag kommen mein Freund Dave und seine Frau Chris zu Besuch. Wir kennen uns seit der Schule und haben am gleichen Tag Geburtstag. Er bringt eine Beileidskarte mit und fragt nach dem Beerdigungstermin. Als ich ihm sage, dass Angie am Donnerstag begraben wird, schaut er mich entgeistert an.

»Am Donnerstag? Hast du vergessen, dass du am Donnerstag Geburtstag hast?«

Ich kann kaum glauben, dass mir das passiert ist – aber vom Datum war nie die Rede, und jetzt ist nichts mehr daran zu ändern. Ich habe bereits mit der Schule telefoniert, und die Kinder haben Briefe für ihre Eltern mitbekommen. Also werde ich Angie wohl an meinem Geburtstag beerdigen müssen. Im Grunde ist es mir auch egal. Ich werde sie ohnehin mein Leben lang lieben – warum sollte ich nicht an meinem Geburtstag an sie denken?

Bis dahin aber habe ich noch zwei kostbare Tage vor mir. Die großen Jungen wollen Angie nicht besuchen, sondern sie im Gedächtnis behalten, wie sie zu Lebzeiten war. Ich kann sie verstehen, denn es ist unendlich qualvoll, jemanden, den man sehr geliebt hat, tot vor sich liegen zu sehen. Für mich aber ist es eine Art Rettungsleine, meine schöne Frau endlich von allen Schmerzen erlöst und friedlich zu erleben.

Als am Mittwochabend die Stunde naht, sie zu verlassen, wird mir plötzlich bewusst, dass unsere gemeinsame Zeit – zumindest die hier auf Erden – nun endgültig vorüber ist. Ich habe Fotos von allen Kindern mitgebracht und lege sie neben sie. Außerdem habe ich mich entschlossen, sie mit ihrem Schmuck zu begraben. Sie liebte ihre Ringe, und es erscheint mir mehr als richtig, dass sie sie mitnimmt, genau wie die goldene Kette, die sie so gern trug. Außerdem habe ich ihr einen weiteren Ring mitgebracht. Nach Winnies Tod schenkte Herbert Angie einen ihrer Ringe, der ursprünglich ihrer Großmutter gehörte. Angie hat ihn nie getragen, weil er zu weit war und ihr immer vom Finger rutschte. Jetzt streife ich ihn ihr über.

Aber irgendwie kann ich nicht gehen. Es ist, als wäre ich festgewachsen. Ich versuche es, aber jedes Mal, wenn ich ihr einen Abschiedskuss gebe und mich zum Gehen wende, wird mir wieder bewusst, dass ich ihr Gesicht nie wiedersehen werde, und selbst als ich es nach drei, vielleicht vier Versuchen endlich bis zur Tür schaffe, muss ich mich wieder umschauen und kann mich nicht mehr abwenden. Ich muss doch noch einmal zurück und sie ein allerletztes Mal küssen.

Es fühlt sich genauso an wie zu der Zeit unserer allerersten Liebe im Park, wenn wir uns eine gute Nacht wünschten. Noch ein letzter Kuss. Und eine letzte Umarmung. Nur, dass es dieses Mal nicht nur bis zum nächsten Tag halten muss – dieses Mal ist es für immer.

Noch einmal beuge ich mich zu ihr hinunter, um sie zu küssen. »Ich werde dich immer lieben, Angie«, flüstere ich. Und als ich dieses Mal die Tür der Kapelle erreiche, stürme ich hinaus, ohne mich noch einmal umzusehen.

KAPITEL 20

Als ich den vorderen Leichenwagen die Straße entlangkommen sehe, ist mir klar, dass dieses Bild mich mein gesamtes restliches Leben verfolgen wird. Das große Auto ist nur das erste von zweien. Das andere transportiert die vielen zugeschickten Blumen und Kränze. Dahinter folgen drei glänzende Limousinen für die Familie. In der schwarzen Lackierung spiegeln sich die tief hängenden Wolken. Aber es ist der erste Wagen, der meine Blicke fesselt. Wie betäubt vor Trauer stehe ich am Fenster. Mir ist schlecht. Ich schaue zu, wie der Wagen langsam und unerbittlich auf unser Haus zurollt. Er wird den Sarg mit meiner großen Liebe, mit meinem süßen Schatz Angie zum Friedhof bringen.

Am Dienstag war der Pfarrer da. Er wollte mit mir über Angie reden, um während des Gottesdienstes an sie erinnern zu können. Ich machte ihm eine Tasse Tee und setzte mich mit ihm ins Wohnzimmer. Schon bald erkannte ich, dass er weise war, denn gleich zu Beginn sagte er etwas zu mir, worüber ich noch nie nachgedacht hatte.

»Wissen Sie, Ian, vielleicht haben Sie und Angie sich so früh kennengelernt, weil es ihr bestimmt war, früh zu sterben.«

So hatte ich die Angelegenheit noch nie betrachtet. Anstatt mich darüber zu freuen, wie viel Zeit wir miteinander gehabt hatten, dachte ich nur daran, wie viel Zeit wir jetzt nicht mehr zusammen verbringen konnten. Aber bei Licht betrachtet hatten wir im Vergleich zu vielen anderen Paaren Glück, denn wir durften uns volle fünfunddreißig Jahre lang lieben.

Der Pfarrer wollte außerdem wissen, wie wir uns kennengelernt hatten. Ich erzählte ihm, wie Angie ihre Freundin vorgeschoben hatte, mich um ein Treffen zu bitten, und dass an diesem nasskalten Nachmittag trotz des Regens die Sonne für mich aufgegangen war. Ich war so glücklich, dass ich nicht einmal merkte, wie entsetzlich ich triefte, und auf dem Heimweg trällerte ich die ganze Zeit vor mich hin.

»Gab es irgendwelche Lieder, die ihr besonders am Herzen lagen?«, wollte der Pfarrer weiter wissen. Ich bat ihn, ›Rule the World‹ von Take That zu spielen. Angie hörte gern Boygroups und liebte diesen besonderen Song, nachdem sie ihn bei Stephen Gateleys Beerdigung gehört hatte.

»Und dann vielleicht noch ›You rise me up‹ von Westlife, wenn wir die Kirche verlassen«, fügte ich hinzu.

Dieser Song passte gut, nicht nur, weil wir ihn beide mochten, sondern weil er genau beschrieb, was Angie mir bedeutete. Sie gab mir immer das Gefühl, mehr zu sein, als ich eigentlich sein konnte.

Auf dem Weg zur Tür fiel dem Pfarrer das auf Leinen gezogene Foto von uns auf.

»Wann haben Sie das machen lassen?«, fragte er.

»Wir haben es nicht machen lassen. Es ist lediglich die Vergrößerung eines Schnappschusses vom Valentinstag 2005, der immer auf Angies Nachttisch stand.«

Ich erklärte ihm, was mit den Bildern aus Llandudno passiert war. »Wie ärgerlich«, sagte der Pfarrer. »Aber dieses Bild dort ist wunderschön. Hätten Sie etwas dagegen, es neben Angies Sarg zu stellen?«

Ich hatte absolut nichts dagegen, sondern hielt es für eine sehr gute Idee. Soweit ich überhaupt darüber nachdenken konnte. Zumeist ertrug ich diese Gedanken nicht.

Der Gottesdienst findet in der St Lukes Church in Grimethorpe statt. In dieser Kirche wurde Angie 1962 getauft, und dort haben wir 1985 auch geheiratet, obwohl unsere Hochzeit eigentlich schon ein Jahr früher hätte stattfinden sollen. Wir arbeiteten damals schon beide, hatten eisern gespart, waren bereit, zu heiraten, und auch die Aussteuer hatten wir beisammen. Weil sie keinen Job als Kindergärtnerin bekommen konnte, arbeitete Angie als Reinigungskraft im Barnsley Hospital, ich war Hauer im Bergwerk und bediente die Schräme, eine Maschine, mit der die Kohle im Flöz abgefräst wird. Es ging uns gut, die Zeit war reif und das Datum längst festgelegt, als uns der Bergarbeiterstreik einen Strich durch die Rechnung machte und wir alles auf die lange Bank schieben mussten.

Wir waren unendlich enttäuscht, dass wir mit der Hochzeit noch warten mussten. Inzwischen waren wir seit zehn Jahren zusammen und konnten es kaum erwarten, unser eigenes Nest zu bauen. Vor allem Angie sehnte sich danach, endlich Braut zu sein und eine eigene Familie zu gründen, denn das war immer ihr Lebensziel gewesen. Aber während des Streiks war es einfach nicht möglich. Wie in allen Bergarbeitersiedlungen mussten in diesem düsteren Jahr auch die Einwohner von Grimethorpe den Gürtel enger schnallen. Jeder Penny gehörte zum Existenzminimum, und für Extravaganzen wie eine Hochzeit war einfach kein Geld übrig.

Es waren schwere Zeiten für die ganze Gemeinde, aber wir kamen klar. Weil es sonst nichts zu tun gab, sammelten wir – wenn wir nicht gerade als Streikposten eingeteilt waren (eine öde und langweilige Beschäftigung) – Kohle von den Abraumhalden und verkauften sie sackweise an Leute, die sie dringend brauchten. Meist waren es ältere Menschen, die wegen des Streiks nirgends Kohle bekommen konnten und dankbar waren, überhaupt welche zu erhalten. Es war Sträflingsarbeit, die durch den heißen Sommer noch schwerer wurde, aber zumindest half sie uns durch die endlosen Monate, in denen man uns keinen Lohn zahlte.

Nicht, dass der Streik irgendeine positive Auswirkung gehabt hätte! Wenn überhaupt, sah die Zukunft danach noch düsterer aus als zuvor. Fast schien es, als ob die Gemeinde sich zwölf Monate lang für nichts und wieder nichts krummgelegt hätte. Alle in Grimethorpe waren solidarisch, denn die Bergwerke waren unsere Zukunft ebenso wie die unserer Kinder. Wir kannten nichts anderes. Als wir schließlich aufgefordert wurden, an die Arbeit zurückzukehren, obwohl wir außer Herzschmerz nichts erreicht hatten, merkten wir, dass die Gewerkschaft, die uns so viel abverlangte, eingeknickt war und uns verraten hatte.

Aber auch wenn uns kein Erfolg beschieden war – ich besaß etwas, das wichtiger war als alles andere: Ich hatte meine Angie, und wir konnten endlich heiraten.

Das Bild vom Valentinstag ist fast das Erste, was ich sehe, als ich mit meinen drei ältesten Söhnen die Kirche betrete. Aber nicht das Allererste. Während wir hinter den Sargträgern das Kirchenschiff hinuntergehen, verblüfft mich die Anzahl der Menschen in der Kirche. Nicht nur alle Sitzplätze sind belegt, die Leute drängen sich auch auf den Stehplätzen. Kaum zu glauben, wie viele Menschen – manche kenne ich nicht einmal – Angie die letzte Ehre erweisen. Es berührt mich, dass viele Mütter sich die Mühe machen, einer anderen Mutter Lebewohl zu sagen, die sie jeden Morgen mit vielen Kindern und einem Baby im Kinderwagen an der Schule sahen, und die, wie eine Frau mir bestätigte, immer lächelte.

Die jüngeren Kinder habe ich lieber nicht mitgenommen, mein Nachbar passt auf sie auf. Es hätte sie zu traurig gemacht. Als wir unsere Plätze einnehmen, wird mir klar, dass es die richtige Entscheidung war, denn meine Beine drohen, unter mir nachzugeben, und ich weiß, dass es Angie nicht gefallen hätte, wenn die Kinder mich so sehen würden.

Der Gottesdienst ist traditionell. Ich selbst bekomme keinen Ton heraus, aber alle anderen singen. Eine besonders kräftige und schöne Stimme gehört meinem Onkel Bill, der früher viele Jahre in einem Männerchor gesungen hat.

Onkel Bill ist mit Rose verheiratet, der jüngeren Schwester meiner Mutter. Auch diese beiden hatten in der Vergangenheit mit einem harten Schicksalsschlag zu kämpfen. Sie verloren ihren einzigen Sohn Anthony 1975 kurz vor seiner Hochzeit. Er arbeitete in den Werkstätten von Shafton, wo er die Maschinen reparierte, die wir unten im Schacht benutzten. Eines Tages tauschte er seine Schicht, um mit einem Rechtanwalt etwas wegen des Hauses zu besprechen, das er und seine Verlobte kaufen wollten. Als er die Nachmittagsschicht übernahm, wurde er zwischen zwei schweren Maschinen zerquetscht.

Bill zuzuhören – der Angie sehr verehrt hat – und an Anthony zu denken, hilft mir dabei, mich zusammenzunehmen. Mein Herz ist gebrochen, aber immerhin durfte ich fünfundzwanzig schöne Jahre lang mit Angie verheiratet sein. Anthony war kein einziges vergönnt, und Bill und Rose haben ihr einziges Kind verloren.

Der Pfarrer scheint zu wissen, was Angie gefallen hätte, denn kaum hört die Gemeinde auf zu singen, noch während sie sich setzt, verblüfft er alle Anwesenden dadurch, dass er selbst zu singen beginnt. Er räuspert sich und schmettert die ersten Zeilen von ›Singin' in the rain‹.

»Sicher wundern Sie sich, warum ich bei einer Beerdigung ein so fröhliches Lied anstimme«, beginnt er seine Ansprache. Er erzählt von dem Regentag, an dem ich erfuhr, dass Angie sich mit mir treffen wollte, und erklärt, dass der Song genau meinen

Zustand damals beschreibt. Er berichtet weiter, dass sich meine Gefühle während dieser langen und glücklichen Ehe nie geändert haben. Wie betäubt höre ich ihm zu und kann kaum noch klar denken.

Der Weg von der Kirche zum Friedhof ist kurz. Ich sitze mit meinen Jungen und Nat und Sophie in der ersten Limousine und fürchte mich vor dem, was nun auf mich zukommt. Wahrscheinlich geht es den anderen genauso. Schweigend und gedankenverloren lassen wir die Welt außerhalb gleichgültig an uns vorüberrauschen. Oder vielleicht doch nicht ganz gleichgültig. Gerührt nehme ich zur Kenntnis, dass ein paar Jungen auf der Straße bei unserer Vorbeifahrt alles stehen und liegen lassen, die Kapuzen ihrer Hoodies abstreifen und respektvoll die Köpfe senken. Wir fahren an dem Haus vorbei, in dem Angie aufgewachsen ist. An der Ecke befindet sich der Ort, von dem der Pfarrer sprach: die Stelle, wo ihre Freundin mich fragte, ob ich mich mit Angie treffen wolle. Mein Erinnerungsschmerz ist geradezu körperlich greifbar.

Das an die Bestattung anschließende Beisammensein findet wie schon für Winnie im Grimethorpe Working Men's Club statt, und wieder einmal bin ich zutiefst erstaunt über die Menschenmenge. Zeitweise befinden sich über zweihundert Leute im Raum, und ich bemühe mich so gut es geht, mit den meisten zu sprechen. Aber es fällt mir ungeheuer schwer, und ich bewege mich wie in einem dichten Nebel. Am liebsten würde ich davonlaufen.

Als wir gegen zwei wieder zu Hause sind, hole ich die jüngeren Kinder ab. Das war es also, denke ich. Das haben wir hinter uns gebracht. Es ist vorbei. Irgendwie fühle ich mich erleichtert, aber eine gewisse Furcht sitzt mir dennoch im Nacken: Was jetzt? Der Gedanke, dass ich jetzt mit meinem weiteren Leben fertigwerden muss, ängstigt mich so sehr, dass ich mich am liebsten irgendwo verkriechen würde. Das Wissen darum, dass meine Kinder so abhängig von mir sind und dass sie sich nach dem Tod ihrer Mutter ganz auf mich konzentrieren werden, erfüllt mich mit Panik.

Die engere Familie hat mich nach Hause begleitet. Außer den großen Jungen und ihren Freundinnen sind Malc und Eileen, Karen und ihr Bruder Arthur sowie Glenn mitgekommen, von dem ich weiß, dass er in den kommenden Wochen mein Fels in der Brandung sein wird, und der mir verspricht, mir über die erste Zeit hinwegzuhelfen.

»Du musst nur sagen, was du brauchst«, versichert er mir. »Ich komme sofort. Und wenn du etwas zu erledigen hast, ruf mich einfach an. Ich passe dann auf die Kinder auf.« Für mich ist es ein unglaublicher Trost, ihn hier zu haben. Die Kinder lieben ihn, und seine Anwesenheit macht uns alles ein wenig leichter.

Das gilt auch in Bezug auf mich. Mir ist klar, dass es von jetzt an nur noch mich und die Kinder gibt. Den Gedanken, eine andere Frau könnte in ihr Leben treten und die Zeit mit ihnen verbringen, die Angie hätte gehören sollen, kann ich nicht ertragen.

Aber so dankbar ich auch bin, dass meine Geschwister um mich sind, fordert dieser Tag doch seinen Tribut, und ich komme an meine Grenzen. Ganz gleich, wohin ich blicke – alles erinnert mich daran, dass Angie nicht mehr da ist. Und jetzt, nachdem die Beerdigung vorbei ist, fühle ich mich miserabler denn je. Ich gehe nach oben in unser Schlafzimmer, weil ich hoffe, dort ein wenig Trost zu finden. Der Anblick ihrer Seite des Bettes aber verursacht mir fast körperlichen Schmerz. Wie soll ich je wieder in diesem Zimmer schlafen? Weil mir der Geruchssinn fehlt, kann ich auch nicht mein Gesicht in ihre Kleider betten und ihren Duft einatmen. Nicht einmal das bleibt mir. Ich habe nur noch die einzelne Haarlocke, die meine Schwägerin Diane ihr auf meine Bitte hin bei ihrem Abschied gestern abgeschnitten hat. Ich setze mich auf das Bett und öffne die kleine Silberdose, die Diane mir überreicht hat. Als ich die Locke berühre, bin ich dankbar, dass Angie zumindest nicht noch einmal ihr Haar verlieren musste. Es ist ein kümmerlicher Trost, aber es ist wenigstens etwas.

Als ich die Dose wieder schließe, brandet Schmerz in mir auf. Ich reiße mich zusammen, gehe nach unten und bitte Reece und Damon, bei den Kindern zu bleiben, damit ich zum Friedhof zurückfahren und einige Zeit allein an Angies Grab verbringen kann.

Wieder überwältigt mich die Fülle an Blumen und Kränzen. Das Grab ist wie eine Farbexplosion inmitten der trüben Herbstfarben – fast wie ein Symbol für Angies Schönheit. Neben meinem eigenen, mit roten Rosen geschmückten Kranz liegt dort ein wunderschönes Gebinde von Ryan und eines aus winzig kleinen Blüten von den Kindern.

Ich fühle mich nicht in der Lage, die Worte auf den beigefügten Karten zu lesen. Ich versuche es gar nicht erst, sondern stehe einfach nur da und schaue. Schnell jedoch merke ich, dass ich hier auch nicht bleiben kann. Natürlich werde ich wiederkommen, solange meine Beine mich tragen, aber jetzt im Moment ist das Bewusstsein, dass Angie hier unter der Erde liegt, zu quälend. Ich muss hier weg. Aber wohin?

Einen Moment später fällt mir der richtige Ort ein. Ich fahre zum Park, steige aus dem Auto und ziehe meine Jacke fester um mich. Es ist noch nicht dunkel, aber der ganze Tag war sehr trüb, und kaum jemand hält sich hier auf. Auf dem Weg zum Pavillon treffe ich nur ein älteres Ehepaar, das seinen Hund spazieren führt, und einen Jungen und ein Mädchen, die Hand in Hand durch den Park streifen. Ihr Anblick versetzt mir einen Stich. Sie sind in Schuluniform und sehen aus wie ein Echo unserer Vergangenheit. Ich kann die beiden nicht anschauen.

Der Pavillon ist wegen des bevorstehenden Winters verschlossen. Ich setze mich auf die Stufe, auf der wir uns bei unserem ersten Treffen niedergelassen haben. Ich berühre den Stein, spüre, wie seine Kälte in mich eindringt, und denke an Angies Worte, die sie unfehlbar jedes Mal sprach, wenn wir hier vorbeikamen: »Da ist unsere Stufe, Mill.« Und dann lächelte sie.

Während ich dort auf unserer Stufe sitze, denke ich zum ersten Mal an diesem Tag daran, dass heute mein neunundvierzigster Geburtstag ist. Ich bin neunundvierzig Jahre alt und allein. Ein Witwer. Das Wort erscheint mir misstönend und fremd. Witwer. Wie soll es bloß ohne Angie weitergehen?

Allmählich bricht die Dämmerung herein. Plötzlich ist mein Kopf voll beängstigender Gedanken, von denen ich weiß, dass ich sie beiseiteschieben muss. Ich habe die Frau verloren, die ich liebte. Aber für meinen Schmerz gibt es eine ganz einfache Lösung – ich müsste nur selbst sterben. Der Schmerz wäre vorüber, und Angie und ich wären wieder vereint. Es ist die Einfachheit, die diese Lösung so überzeugend erscheinen lässt. Über die Zukunft nachzudenken ist mir offenbar unmöglich geworden. Im Gegensatz dazu erscheinen mir die Gedanken an den Tod unendlich leicht. Leichter für alle Beteiligten. Denn wie soll ich meinen Kindern nützen, wenn ich es selbst kaum durch den Tag schaffe?

Und doch schiebe ich diese Gedanken beiseite. Andere Stimmen in meinem Kopf sind lauter. Es sind die Stimme der Vernunft und vor allem die von Angie. Sie erinnern mich daran, dass ich Angie versprochen habe, die Kinder großzuziehen und die Stelle einzunehmen, die sie geräumt hat. Und noch ein anderer Gedanke drängt sich auf: Was würde mir der Himmel mit Angie nützen, wenn ich vor meiner Zeit dort ankomme und sie sich von mir abwendet, weil ich versagt habe? Meine Kinder haben bereits ihre Mutter verloren. Sie brauchen ihren Vater mehr denn je. Unsere Kinder. Angies Kinder. Ich darf sie jetzt nicht enttäuschen. Nicht nach all der Mühe, die Angie investiert hat, damit ich mich auch ohne ihre Hilfe um die Kleinen kümmern kann. Das Leben geht weiter, ganz gleich, wie schmerzhaft es uns erscheinen mag. Ich muss darauf vertrauen, dass der Schmerz eines Tages nachlässt.

Als es dunkel ist, stehe ich auf und schaue mich noch einmal um. Diesen Blick haben wir fünfunddreißig Jahre lang gemeinsam genossen. Hier leben meine Erinnerungen. Hier wird der Geist meiner verstorbenen Frau für immer zu finden sein.

Ich kehre zum Auto zurück und fahre zu meinen Kindern, die jetzt mein Lebensinhalt und meine wichtigste Verantwortung sind.

KAPITEL 21

Am Tag nach der Beerdigung lasse ich die Kinder aus der Schule, damit wir alle zusammen bei Tageslicht auf den Friedhof gehen und sie sich von ihrer Mum verabschieden können. Wir kommen an Angies früherem Wohnhaus vorbei. Es tröstet mich, sie so nah zu wissen.

Corey und Ella sind ganz aufgeregt, dass ihre Mummy so viele Blumen bekommen hat und dass Passanten beim Anblick der Blütenpracht stehen bleiben. Trotzdem bleiben wir nicht lange. Die drei älteren Kinder leiden zu sehr unter dem Anblick des neuen Grabes. Ihre Reaktion ist nur natürlich – es liegt doch ein himmelweiter Unterschied zwischen dem Besuch des Grabes einer alten Großmutter und dem der eigenen Mum, die für die Kinder die ganze Welt bedeutete.

Obwohl ich das, was meine Kinder erleben müssen, nicht einmal meinem schlimmsten Feind wünschen würde, bin ich in gewisser Weise doch dankbar, dass zumindest die jüngeren das Ausmaß des Verlustes noch nicht ermessen können. Dass sie es nicht können, ist deutlich zu erkennen. Der fast fünfjährige Corey begreift zwar, dass seine Geschwister traurig sind, aber die kleine Ella versteht auch das nicht wirklich. Während wir zusammengedrängt in der Kälte stehen, spüre ich ihre Verwirrung über die Trauer der anderen.

Wieder einmal wird mir bewusst, als wie unfair ich das alles erlebe. Natürlich sind uns die Pläne der Vorsehung unbekannt, wer leben darf und wer sterben muss, aber mit meinen Kindern an

Angies Grab zu stehen, fühlt sich eindeutig falsch an. Es müsste Angie sein, die hier mit ihnen steht. Nicht ich. Ich bin derjenige, der hätte sterben müssen. Sie, die wunderbare Mutter, hätte sie durch die dunklen Zeiten führen und die Belohnung für die vielen Jahre der Liebe und Obhut erhalten müssen. Ihr hätte es zugestanden, ihnen dabei zuzusehen, wie sie aufblühen und sich weiterentwickeln, oder wie sie – in kleinerem Rahmen – ihre Weihnachtsgeschenke öffnen. Ich habe das alles nicht verdient.

Wir verweilen nicht lange. Es wird noch andere Gelegenheiten geben. Als ich die Kinder frage, ob sie nach Hause gehen möchten, sehe ich die Erleichterung auf den Gesichtern der drei älteren.

Und auch Ella freut sich. Wie alle Kleinkinder fiebert sie ungeduldig nach Neuem. »Bis bald, Mummy«, zwitschert sie, als ich sie auf den Arm nehme. Sie winkt mit ihrer kleinen Hand, wie Angie es ihr beigebracht hat. »Tschüs! Tschüs, Mummy. Bis bald!«

Das ständige Bemühen um Stärke hat mich gefühlsmäßig ausgelaugt. Jeder Tag birgt eigene Klippen. Es sind Augenblicke, in denen irgendein Anblick oder Klang unerwünschte Erinnerungen auftauchen lässt, die mich dann schlicht umwerfen.

Angie hätte das alles sicher besser geschafft als ich. Sie konnte in den kniffligsten Situationen Kraftreserven aufbieten, über die ich nicht verfüge. Immer wieder muss ich an diesen Song von Westlife denken, der uns so viel bedeutete. Ohne Angie scheine ich in einem Abgrund zu versinken. Meine Kraft scheint mich verlassen zu haben.

Am Montag nach der Beerdigung werde ich unsanft daran erinnert. Es ist Nachmittag. Natalie hat Ella für den Tag mitgenommen, um mir eine Auszeit zu ermöglichen.

Dabei habe ich nicht einmal viel erledigt. Ich bin mit den

Hunden im Wald spazieren gegangen und habe mich um Herbert gekümmert. Jetzt stehe ich am Küchenfenster und starre hinaus, als ich plötzlich das Knarren der sich öffnenden Tür höre.

Reece und Sophie kommen herein. Sie sind beide zu Hause, weil Reece sich die Woche freigenommen hat. Sein Chef hat sich ihm und Damon gegenüber ausgesprochen freundlich verhalten, wofür ich ihm sehr dankbar bin. Reece hält ein Päckchen in der Hand. Es ist ein Geschenk. Er reicht es mir.

»Dein Geburtstagsgeschenk, Dad«, sagt er.

Ich bin gerührt, aber auch verwirrt, denn ich hatte die Kinder gebeten, mir weder Karten noch Geschenke zum Geburtstag zu überreichen. Ich wollte nichts – um ihret- ebenso wie um meinetwillen. Wie hätte man in einer solchen Situation Geburtstag feiern sollen?

»Ach Reece, ich hatte doch darum gebeten ...«

Er aber schüttelt den Kopf. »Es ist Mums Geschenk für dich«, erklärt er. »Sie hat mir Geld gegeben, damit ich es besorge. Am Wochenende vor ihrem Tod.«

Reece presst die Worte hervor. Er hat Mühe, nicht zu weinen. Sophie hält tröstend seine Hand. Ich bin froh, dass er sie hat. Froh, dass alle meine Großen nette Freundinnen haben, die ihnen zur Seite stehen.

Ich öffne das Päckchen und finde darin ein Navi. »Sie wollte es dir zum Geburtstag schenken, Dad. Aber ...« Er gerät ins Stocken, bricht ab, dreht sich um und verlässt mit Sophie die Küche. Vielleicht hat er bemerkt, dass ich drauf und dran bin, zusammenzubrechen.

Ich bin nicht so stark wie mein mutiger Sohn. Ich bin von Trauer überwältigt, Tränen strömen über mein Gesicht, und es bereitet mir große Mühe, mich so weit zusammenzunehmen, dass ich die Kinder rechtzeitig von der Schule abholen kann. Und wieder drängt sich die allgegenwärtige Frage auf: Warum musste sie so sterben? Warum so plötzlich? Warum ging es ihr im einen Moment vergleichsweise gut und im nächsten lag sie im Leichenhaus?

Angies Geschenk scheint meine Gedanken wieder auf diese Fragen zu fokussieren. Ich kann keinen Frieden finden, solange ich nicht weiß, was passiert ist. Das Navi war für unseren Kurztrip nach Llandudno gedacht. Angie hatte es für eine Urlaubsfahrt gekauft, die wir jetzt nie mehr antreten werden. Und ich bekomme die Frage nicht aus dem Kopf, warum sie so unerwartet sterben musste. Es ergibt einfach keinen Sinn. Es kann nicht der Krebs gewesen sein, der sie so plötzlich dahingerafft hat.

Natürlich wusste ich, dass ihre Tage gezählt waren – aber warum geschah es so? Und warum so schnell? Ich will Antworten. Die Obduktionsergebnisse habe ich bisher noch nicht erhalten. Ich beschließe, die Klinik anzurufen, wo ich mit Lynne verbunden werde. Sie kümmert sich um einen Termin mit Angies Onkologin.

»Ich begleite Sie«, kündigt sie bei ihrem Rückruf an. Der Termin ist am folgenden Donnerstag um achtzehn Uhr. Lynne hat eigentlich um halb fünf Feierabend, und es rührt mich, dass sie meinetwegen Überstunden machen will.

Leider verläuft das Treffen ziemlich unproduktiv. »Was zum Teufel ist da schiefgelaufen?«, fauche ich, kaum dass ich das Sprechzimmer betrete. Die Klinikumgebung ruft die Erinnerung an einen Albtraum wach, und ich bin so wütend, dass ich mein Temperament kaum zügeln kann. Die Onkologin aber weiß auch nichts. »Es tut mir leid«, sagt sie und breitet die Hände aus. »Aber ich kann es mir auch nicht erklären, Mr Millthorpe. Ich habe Ihre Frau vier Tage vor ihrem Tod zum letzten Mal gesehen. Sie war in einem stabilen Zustand und hatte gerade mit der Chemo angefangen. Ich war ebenso schockiert wie Sie.«

Meine Wut flammt erneut auf. »Aber die ganze vergeudete

Zeit! Die Zeit, in der Angie ständig dünner wurde und Sie überhaupt nichts getan haben!«

Ich bin so aufgebracht, dass ich nicht weitersprechen kann. Die Ärztin blättert in der Krankenakte. »Hier steht nichts davon, dass Sie dem behandelnden Arzt im März etwas über Gewichtsverlust gesagt haben. Im Mai aber ist vermerkt, dass ihr Gewicht sich stabilisiert hat, was dann seinen eigenen Aufzeichnungen widerspricht.« Sie blickt mich an. »Tut mir leid, aber ich kann nichts machen. Der Mann arbeitet nicht mehr hier. Er ist ins Ausland gegangen, und ich kann ihn nicht mehr erreichen.«

Nach dem Gespräch bemüht sich Lynne nach Kräften, mich zu beruhigen.

»Ian«, sagt sie sanft, »es ist durchaus möglich, dass Angie doch an ihrem Krebs starb. Vielleicht sollten Sie versuchen, das zu akzeptieren.«

Aber ich kann nicht. Alle sagen, dass ich es tun sollte. Aber ich kann es einfach nicht.

Auf dem Heimweg schaue ich bei Angies Bruder Neil vorbei und erzähle ihm von meinem Gespräch mit der Onkologin. Viel ist nicht zu berichten, aber Neil schlägt vor, dass ich Angies Krankenakte bei ihm lasse. »Ich würde sie mir gern anschauen«, sagt er. »Vielleicht finde ich ja etwas.«

Ein paar Tage später ruft Neil mich an. Er hat die Krankenakte durchgelesen. Über Angies Gewichtsverlust verliert er kein Wort. Stattdessen fragt er: »Wusstest du, dass Angie eine Morphinallergie hatte?«

»Klar«, sage ich. »Sie hat auch kein Morphium bekommen. Steht alles in ihren Unterlagen. Auch die Onkologin wusste Bescheid.«

Reece steht hinter mir. »Dad«, sagt er, nachdem ich mich von

Neil verabschiedet und aufgelegt habe, »ich bin mir ziemlich sicher, dass in der Nacht, als Mum starb, eine der Schwestern über Morphin gesprochen hat. Ich glaube, sie haben ihr welches gegen die Schmerzen gegeben.«

Gleich am nächsten Tag bin ich wieder in der Klinik. Ich fordere Einblick in die Unterlagen der Schwestern, die mir tatsächlich bestätigen, dass Angie Morphium bekommen hat.

Von zu Hause aus rufe ich den Coroner an. Die Obduktionsergebnisse sind noch immer nicht da, aber nachdem ich ihm berichtet habe, dass die Schwestern Angie in der Todesnacht laut Akte Morphium verabreicht haben, sagt er, dass dies einen Grund für eine gerichtliche Untersuchung darstelle.

»So etwas läuft ab wie ein Gerichtsverfahren«, erklärt er. »Sie brauchen dazu einen Anwalt. Haben Sie einen?«

Ich bejahe. »Übergeben Sie ihm die Unterlagen. Alles Weitere läuft ab sofort über ihn. Das Datum teilen wir Ihnen rechtzeitig mit.«

Ich verspüre eine gewisse Erleichterung und hoffe, dass sich jetzt auch mein innerer Friede langsam wieder einstellt, obwohl sich natürlich am Ausgang nichts mehr ändert. Als ich auflege, fühle ich mich leer. Angie ist tot. Und nichts auf der Welt wird sie mir wiederbringen.

In der folgenden Woche feiern Jake und Jade ihren achten Geburtstag. Ich raffe mich auf und organisiere ein kleines Familienfest für die Zwillinge. Den Geburtstagskuchen backe ich selbst. Angie soll stolz auf mich sein können.

Am Morgen liefere ich die Kinder einigermaßen gut gelaunt in der Schule ab. Ich fühle mich leichter als sonst, weil ich weiß, dass ich etwas vorhabe, was Angie glücklich gemacht hätte. Auch wenn sie körperlich nicht mehr da ist, spüre ich doch ihre Anwesenheit.

Ella ist ganz aufgeregt. Sie liebt es, beim Kochen zu helfen. Ich ziehe einen Stuhl an die Arbeitsplatte, damit sie mitwerkeln kann. In einer Schublade finde ich sogar eine Kinderschürze.

Zunächst schlagen wir Butter und Zucker cremig, dann kommen die Eier dazu. Während mir Ella vorsichtig eines nach dem anderen reicht, denke ich plötzlich an jenen Tag, als Angie scherzhaft ein Ei auf meinem Kopf zerschlug. Unwillkürlich muss ich lächeln. Es ist eine so glückliche Erinnerung.

Als der Teig fertig ist, kommt er in den Ofen, und ich mache mich an die Zubereitung der Buttercremefüllung.

»Hm«, necke ich Ella, nachdem ich meinen Finger in die Mixtur gesteckt und abgeleckt habe. »Das ist aber mal lecker!«

»Ella will auch probieren.« Ich schiebe ihr die Schüssel hin. »Aber nicht zu viel«, mahne ich. Sie steckt ihr Fingerchen in die Creme.

»Lecker!« Sie nickt begeistert. »Mehr.«

»Aber nur noch ein kleines bisschen«, sage ich. Nicht, dass ihr am Ende schlecht wird. »Wir beide müssen nämlich noch staubsaugen.«

Ella staubsaugt für ihr Leben gern. An diesem Tag jedoch hat sie offenbar andere Interessen. Als ich gerade mit dem Wohnzimmer fertig bin, stelle ich fest, dass sie verschwunden ist. Voller Sorge, sie könne an die heiße Backofenklappe kommen, schalte ich den Staubsauger aus und mache mich auf die Suche. Natürlich finde ich sie in der Küche. Allerdings nicht am Ofen. Sie hat den Stuhl wieder an die Arbeitsplatte geschoben, die Klarsichtfolie von der Schüssel gepellt und nascht eifrig von der Buttercreme.

Aber sie lächelt Angies Lächeln, und deshalb kann ich ihr beim besten Willen nicht böse sein. Dagegen sollte ich etwas tun, denke ich.

Nachdem der Kuchen abgekühlt, in zwei Hälften geteilt und mit Buttercreme gefüllt ist, kümmern wir uns um die Glasur.

Auch hier »hilft« Ella. Weil ich im Grunde keinen Deut besser bin als sie, sieht das vorläufige Endergebnis so aus, als hätte Ella den Kuchen ganz allein fabriziert. Ich bin wirklich eine Niete. Aber ich gebe mich nicht geschlagen, und die zweite Schicht wird schon deutlich glatter. Nun geht es nur noch um die Deko. Es ist ein ehrgeiziges Unterfangen, aber das will ich nun auch noch schaffen. Nach einigem Suchen finde ich einen Spritzbeutel nebst Tülle und mache mich daran, den Kuchen zu verzieren.

Zu meiner Überraschung wird er richtig niedlich. Zumindest niedlich genug, um Ella zu beeindrucken. »Oh, Daddy, hübsch!«, zirpt sie und klatscht in die Händchen. Und sie hat recht. Ich bin mächtig stolz. Nachdem ich die Kerzen aufgesteckt habe – acht rosafarbene für Jade und acht blaue für Jake –, sieht der Kuchen fast aus, als hätte ich ihn in der Konditorei gekauft.

»Schöner Kuchen«, erklärt Ella, als wir ihn mitten auf dem Geburtstagstisch aufbauen. Als Jake und Jade ihn jubelnd entdecken, verspüre ich eine unendliche Zufriedenheit. Endlich einmal habe ich etwas wirklich gut hingekriegt.

Doch schon allzu bald falle ich wieder unsanft auf den Boden der Realität. Denn einige Wochen später krame ich in meiner Fotoschachtel herum, wo ich Angies Notizbuch mit den Geburtstagen der Kinder finde. Und muss feststellen, dass ich einen Riesenfehler gemacht habe. Trotz meiner Meisterbäckerei habe ich wieder einmal versagt. Ich hatte unsere Party für den 22. November organisiert. Jakes und Jades Geburtstag aber war am 21. November.

Dabei spielt es keine Rolle, dass die Zwillinge meinen Fehler nicht einmal bemerkt haben. Ich habe Angie enttäuscht und fühle mich schrecklich.

KAPITEL 22

Das Ganze klappt schon viel besser, als Corey zwei Wochen später fünf wird. Wieder backe ich einen Kuchen – dieses Mal ohne die Hilfe von Ella, die sich in Glenns Obhut befindet – und besorge ihm die Figuren aus Toy Story, die er sich sehnsüchtig wünscht. Zum wiederholten Mal frage ich mich, wie ich es ohne meinen Bruder schaffen würde, der in meinem Leben zu einer unverzichtbaren Konstante geworden ist. Glenn wohnt gleich nebenan, passt auf Ella auf, wenn ich die Kinder zur Schule bringe, und ist auch immer bereit einzuspringen, wenn ich etwas zu erledigen habe. Da er nicht arbeitet, hat er alle Zeit der Welt für die Kinder, die ihn heiß und innig lieben. Er geht mit ihnen in den Park oder spazieren, er spielt mit ihnen, er unterhält sie, und ich ertappe mich oft bei dem Gedanken, wie schade es ist, dass er keine eigenen Kinder hat. Ich bin ihm unendlich dankbar.

Seine ruhige Gegenwart beinhaltet auch, dass ich inzwischen Tag für Tag besser mit dem Leben zurechtkomme, obwohl es ein entsetzlicher Schock war, mich ohne Angie um die Kinder kümmern zu müssen. Auch jetzt ist es noch alles andere als einfach. Wie stellt man es an, ein Kind anzuziehen und die anderen dabei im Auge zu behalten? Oder das Abendbrot zuzubereiten, während sie alles Mögliche von einem wollen? Kleine Kabbeleien zwischen zweien zu beschwichtigen, während man ein drittes zu baden versucht? Ich wusste schon immer, dass man mit Kindern auch Augen im Hinterkopf braucht, aber jetzt kommt es mir vor, als brauchte ich rechts und links auch noch welche.

Trotzdem sehe ich dank Glenns tatkräftiger Unterstützung Weihnachten etwas weniger beunruhigt entgegen. Ich persönlich würde in diesem Jahr am liebsten darauf verzichten, aber das geht natürlich nicht. Ich muss schließlich an die Kinder denken. Und es ist wichtig, dass ich mich darum kümmere. Das merke ich, als ich einige Wochen vor dem Fest bei Herbert vorbeischaue und sehe, dass sein Haus weihnachtlich dekoriert ist. Damit hatte ich nicht gerechnet, denn er war immer gegen Weihnachtsschmuck. Er sah keinen Sinn darin, weil er und Winnie allein lebten und nicht mehr die Jüngsten waren. Aber Winnie liebte Weihnachten mindestens ebenso wie Angie und quengelte so lange, bis sie ihren Willen bekam.

Aber Winnie lebt nun nicht mehr. Und nachdem sie und Angie so kurz hintereinander gestorben sind, hätte ich nicht im Traum erwartet, den kleinen, beleuchteten Weihnachtsmann an seinem üblichen Platz am Fenster, Flittergold rings um alle Bilder und Weihnachtskarten an den Wänden zu finden. Ich spreche Herbert darauf an. Er lächelt und zuckt die Schultern.

»Ich habe es für Winnie gemacht, Junge.«

Angie war ihrer Mutter sehr ähnlich. Unseren Christbaum besitzen wir erst seit drei Jahren. Als Angie ihn sah, musste sie ihn einfach haben. Ich konnte es nicht nachvollziehen, denn unser voriger Baum war erst zwei Jahre alt und eigentlich perfekt. Aber sie hatte sich nun einmal in dieses Exemplar mit seinen Ilexbeeren und Tannenzapfen verliebt und sprach so lange davon, bis ich nachgab und ihn kaufte.

Heute bin ich froh, dass ich es getan habe, denn es ist ihr Baum. Wie immer schmücken wir ihn gemeinsam. Die Kinder holen abwechselnd den Schmuck aus den Schachteln, und ich hebe die Kleinen hoch, damit sie an die höheren Zweige heranreichen. Wie jede Familie haben wir viel von den Kindern selbst gebastelten Schmuck – und bei einer solchen Menge an Kindern bedeutet viel wirklich sehr viel. Zum Schluss setze ich mir Ella auf die Schultern, damit sie den Engel auf der Spitze anbringen kann. Eigentlich brauchen wir keinen Engel, denke ich. Wir haben unseren eigenen, der von ganz hoch oben auf uns hinabschaut und über uns wacht.

Nachdem der Baum steht, bin ich zuversichtlicher, Weihnachten zu überstehen. Der Christbaum im Wohnzimmer vermittelt mir das Gefühl, dass Angie ganz nah ist. Außerdem bietet Weihnachten wieder eine Perspektive für mich und die Kinder. Abgesehen von den Geburtstagen waren die letzten Wochen wirklich schwierig, weil wir alle erst nach und nach lernen mussten, mit unserem Verlust umzugehen.

Besonders große Sorgen macht mir Jake. Glenn, der dem Jungen sehr nah steht, sieht es ebenso. Jake streitet sich immer öfter mit seinen Geschwistern, und wie sich herausstellt, verhält er sich in der Schule auch nicht besser.

Eines Morgens, etwa einen Monat nach Angies Tod, klingelt das Telefon. Ich bin gerade dabei, die Wäsche zu sortieren. Es ist die Schulsekretärin.

»Entschuldigen Sie, dass ich störe, Mr Millthorpe, aber es geht um Jake. Wir machen uns große Sorgen um ihn.«

»Warum?«, erkundige ich mich.

»Nun, er hat sich wohl heftig mit einem Klassenkameraden gestritten, ist aus dem Klassenzimmer gerannt und hat die Schule verlassen. Keine Sorge, es geht ihm gut«, fügt sie hastig hinzu. »Er ist inzwischen wieder in der Schule. Aber er war so außer sich, dass er einfach über die Straße gerannt ist und beinahe angefahren worden wäre.«

Ich werde gebeten, auf ein Wort mit dem Rektor vorbeizukommen, wenn ich später die Kinder abhole. Ich erfahre, dass man sich Gedanken um Jake macht, weil ihn Angies Tod offenbar ziemlich aus der Bahn geworfen hat.

Wie sich herausstellt, ist dieser Vorfall nur die Spitze des Eisbergs. Die Schule ruft nun fast regelmäßig an. Jake hat sich geprügelt. Jake hat sich mit einem Lehrer angelegt. Jake hat sich mit diesem oder jenem gestritten. Obwohl ich mir alles anhöre, weiß ich nicht, was ich dagegen unternehmen soll. Als Reaktion auf den Tod seiner Mutter hat er angefangen, blindlings auszuteilen. Ich habe keine Ahnung, wie ich ihm helfen kann. Soll ich ihn bestrafen, wenn er die Grenze überschreitet, oder ist das Gegenteil besser? Er fällt mir nicht nur schwer, so viele Kinder allein zu erziehen – noch viel schwieriger finde ich es, mit der emotionalen Seite umzugehen und ihnen gleichzeitig Mutter und Vater zu sein. Als Angie noch lebte, war alles viel einfacher. Ich war derjenige, der im Notfall Strenge walten ließ. Das aber kann ich in dieser Form jetzt nicht mehr fortsetzen. Die Kinder sind wirklich gestraft genug, und ich bringe es kaum übers Herz, ihnen etwas abzuschlagen.

Teresa, die Vorschullehrerin, hat eine Idee. »Weißt du was, Jake«, sagt sie nach einem weiteren Zwischenfall, »vielleicht solltest du einmal zum Schulpsychologen gehen. Du brauchst jemanden außerhalb der Familie, mit dem du reden und bei dem du Dampf ablassen kannst.«

Jake sieht mich ängstlich an. Er ist alles andere als erpicht darauf, mit einem Fremden zu sprechen. Aber auch hier weiß Teresa Rat. »Wenn du willst, bleibe ich während des Gesprächs bei dir. Und gerade fällt mir noch etwas ein, das dir sicher gefallen wird. Was hältst du davon, eine Erinnerungsbox zu basteln? Eine, die dich immer an deine Mum erinnert. Wir könnten ganz besondere Dinge hineintun: Bilder von ihr, Andenken und kleine Dinge, die sie liebte. Was meinst du? Sollen wir das machen?«

Jake scheint diese Idee zuzusagen. Beides wird sofort in die Tat umgesetzt. Jake geht zum Schulpsychologen und bastelt mit Teresa eine hübsche Schachtel. Vor allem die Box erweist sich als ausgezeichnete Idee, denn auf diese Weise fühlt er sich Angie nah. Jeden Tag kommt er aus der Schule und bittet mich um Fotos. Er setzt sich hin und schreibt kleine Zettel, die er am nächsten Tag mitnimmt. Als die Schachtel fertig ist, bringt er sie mit heim und zeigt sie mir. Sie enthält kleine Briefchen auf herzförmigem Papier und einen Traumfänger, den er selbst gemacht hat und den er in seinem Zimmer anbringt. In der Mitte ist ein Bild von seiner Mum. Um das Foto herum hängen kleine Röhrchen, die im Luftzug leise klingen.

Auch um Corey und Jade kümmert sich die Schule ausgesprochen liebevoll, was mich sehr dankbar stimmt. Kurz vor den Ferien bitten die Lehrer jeden der drei, Angie einen Brief zu schreiben. Die Briefe werden an Wunschlaternen befestigt, die sie vom Schulhof aus aufsteigen lassen. Ich finde das eine unglaublich nette Geste und weiß kaum, wie ich ihnen danken soll.

Trotzdem freuen sich natürlich alle auf Weihnachten und die Ferien. Ich dagegen fürchte mich eher. Obwohl meist ich es war, der die Weihnachtsgeschenke besorgte und auch einpackte, weiß ich, dass Weihnachten für mich die bisher härteste Prüfung seit Angies Tod wird. Trotz allem, was Angie mich gelehrt hat, gerate ich noch häufig ins Schwimmen, vor allem, was die Geschenke der Mädchen betrifft. Vor den Feiertagen habe ich so viel zu tun, dass ich am Heiligen Abend nur noch ehrfürchtig daran denken kann, was Angie jedes Jahr zu Weihnachten geleistet hat.

Zu meinem größten Erstaunen gestaltet sich der Teil, vor dem ich die meiste Angst hatte – nämlich das Auspacken der Geschenke –, völlig problemlos. Obwohl mir schmerzlich bewusst ist, dass Angie niemals mehr Weihnachten mit uns verbringen wird, vergieße ich nicht eine einzige Träne.

Nur weiß man leider nie im Voraus, wann einen die Trauer wieder überwältigt. Genauso fühlt es sich nämlich an – als müsse man machtlos zusehen, wie sie die Kontrolle über den eigenen

Körper übernimmt. Ich bin gerade dabei, die Kartoffeln für unser Festessen zu schälen, als es mir passiert.

Inzwischen sind Nat und Damon mit Malcs Sohn, meinem ältesten Neffen Adrian, eingetroffen. Nat geht mir gerade in der Küche zur Hand. Ich merke kaum, wie sie aus der Küche schlüpft und die Jungen holt, aber nur Sekunden später stehen Damon und Adrian neben mir und umarmen mich fest. Es dauert eine Weile, ehe mein Schluchzen nachlässt, aber ich weiß, dass es sein muss. Keinesfalls dürfen die Kinder sehen, dass ich an Weihnachten weine. Angie wäre sehr wütend geworden.

Nach dem Mittagessen fahre ich mit den fünf jüngeren Kindern zum Friedhof. Die Großen sind bereits am Morgen dort gewesen. Am Himmel hängen dicke, bauschige Winterwolken, die den ersten Schnee gebracht haben. Corey und Ella laufen uns mit vor Kälte geröteten Wangen voraus.

»Mummy, Mummy!«, rufen sie, als wir uns dem Teil des Friedhofs nähern, in dem Angies Grab liegt. Jake, Jade und Corey haben in der Schule Weihnachtskarten für sie gebastelt, die wir ihr heute bringen wollen. Das Grab ist mit dickem Schnee bedeckt, denn gestern hat es ordentlich geschneit. Schon lange hatten wir zu Weihnachten nicht mehr so viel Schnee. Ich wünschte, Angie hätte es erleben dürfen. Sie wäre begeistert gewesen. Sie liebte Weihnachten, vor allem mit viel Schnee. Ich kann mich erinnern, wie sie, wenn der Wetterbericht Schnee vorhersagte, immer wieder aus dem Fenster schaute und die Wolken prüfte. »Los, nun mach schon«, pflegte sie den Himmel aufzufordern. »Leg los mit dem Schnee.« Über Schnee konnte sie sich freuen wie ein Kind.

Den Schnee auf ihrem Grab würde sie lieben, denke ich. Er hat die Kränze und Blumen in weiche, glitzernde Kissenberge verwandelt. Ich knie auf dem gefrorenen Boden und schüttele Blüten und Grünzeug frei. Die Blumen halten sich wirklich lang. Aber ist das überraschend bei jemandem wie Angie, deren Geist so lebendig war, dass er selbst ihrer letzten Ruhestätte Leben einhaucht?

Während ich den Schnee von den Kränzen fege und die Kleinen in der weißen Pracht herumtollen, knien die Zwillinge neben mir nieder. Sie wollen mit Angie sprechen. Jade plaudert fröhlich von der neuen Puppe und dem Puppenwagen, die der Weihnachtsmann ihr gebracht hat, und auch Jake, dem es seit seinen regelmäßigen Sitzungen mit dem Schulpsychologen viel besser geht, erzählt ihr, wie gut ihm sein neues Fahrrad gefällt. Natürlich weiß ich, wie sehr sie Angie vermissen und dass die Fröhlichkeit nur vorübergehend ist, trotzdem tut es gut, die Freude in ihren Stimmen zu hören. Weihnachten hat ihnen eindeutig gutgetan. Auch Connor hat ein Fahrrad bekommen, aber er schweigt, und das verstehe ich nur zu gut. Er kommt langsam in die Pubertät und ist damit in einem Alter, in welchem vor allem Jungen sehr empfindlich und emotional werden. Er behält seine Gedanken lieber für sich, als die Peinlichkeit zu riskieren, vor seinen jüngeren Geschwistern in Tränen auszubrechen.

Auch mir bereitet es große Schwierigkeiten, nicht zu weinen, aber irgendwie gelingt es mir, und ich bin stolz darauf. Es ist mein Weihnachtsgeschenk für Angie. Der erste Weihnachtstag war ihr immer der liebste Tag des Jahres. Und damit sind Tränen heute verboten – zumindest für mich. Wir bleiben nicht lange, dazu ist es zu kalt. Schon seit Tagen friert es Stein und Bein. Die mit glitzernden Eiskristallen überzogene Welt sieht hübsch aus, aber es ist so kalt, dass Angie die Heizung bis zum Anschlag aufgedreht hätte. Angie war so schlank, dass sie eigentlich immer fror, auch wenn wir auf Höchststufe heizten. Als wir den Friedhof verlassen, fällt mir plötzlich ein, wie wir beide in immer gleicher Stellung vor dem Fernseher saßen: ich aufrecht an einem Ende der Couch, Angie der Länge nach ausgestreckt. »Heb dein T-Shirt hoch, Mill«, pflegte sie zu sagen, »damit ich meine Füße an deinem Bauch wärmen kann.«

Ich hasse es, wenn ihr kalt ist. Ich hasse es auch, dass wir jetzt in unser kuschelig warmes Haus gehen dürfen und sie auf diesem kalten, verschneiten Friedhof zurücklassen müssen.

An Silvester gingen Angie und ich während unserer gesamten Ehe jedes Jahr aus. Weil mein Bruder Glenn grundsätzlich lieber zu Hause bleibt, beaufsichtigte er die Kinder, während wir mit unserer Riesenfamilie im örtlichen Pub feierten. Nachdem es mir in diesem Jahr mit Mühe und Not gelungen ist, die Weihnachtsklippe zu umschiffen, entschließe ich mich daher, Glenn an diesem Silvester Gesellschaft zu leisten und bei meinen Kindern zu bleiben, die mich brauchen.

Wir haben viel Spaß miteinander – deutlich mehr, als ich erwartet habe. Wir essen Fingerfood, sehen fern und spielen Brettspiele mit Glenn. Außerdem entscheiden wir an diesem Abend alle gemeinsam, das Abenteuer zu wagen und in einigen Wochen als ersten Ausflug des Jahres eine Tagestour nach Thornwick zu unternehmen, wo wir an Ort und Stelle gleich unseren Sommerurlaub buchen wollen.

Die Saison in Thornwick beginnt Anfang März. Als wir den Küstenort erreichen, bin ich wirklich froh. Der Ausflug hing wie ein Damoklesschwert über mir. Obwohl die Kinder sich sehr auf Thornwick freuten, war mir klar, dass die Reise für uns alle eine weitere Hürde bedeutete. Angie liebte Thornwick, und jeder Winkel dort würde Erinnerungen aufwühlen. Beim Aufbruch waren die Kinder noch total aufgeregt, aber auf der vertrauten Strecke kommen mir die ersten Befürchtungen, wie ich mit ihrem Schmerz umgehen soll.

Der Tag ist wunderschön. Es ist zwar noch etwas kühl, aber sehr sonnig, und alle Welt ist auf den Beinen. Es ist fast so voll wie im Hochsommer, man findet kaum noch einen Parkplatz und überall sind Menschen. Zunächst kraxeln wir auf den Felsen herum und suchen nach Krabben, Fischen und Seesternen. Schon bald findet Jake einen Krebs, anscheinend einen ziemlich großen. Von meinem Standort aus sieht er zwar nicht gerade riesig aus, aber den Lautäußerungen nach zu schließen, muss es sich um ein wahres Monster handeln. »Dad! Daaad!«, schreit Jake. Das Tier klammert sich an seinem Finger fest. »Dad! Mach das weg! Autsch! Mach das weg, Dad! Hilfe!«

Ich muss so sehr lachen, dass ich auf dem Weg zu meinem malträtierten Sohn fast auf den Felsen ausgleite und eine unfreiwillige Dusche gerade noch so verhindern kann. Das arme Tierchen ist winzig klein und vermutlich glücklich, wieder im Wasser und weit fort von Jakes Gekreische zu sein. Wir alle prusten vor Lachen, und es fühlt sich richtig gut an.

Auf den Felsen suchen wir auch nach Strandschnecken, die in großen Mengen an den Steinen kleben. Ich nestele eine Plastiktüte hervor, die ich zu diesem Zweck immer bei mir trage, und wir sammeln gemeinsam. Die Schnecken sind als Mitbringsel für meinen Bruder Terry und seine Diane gedacht, der sie kocht, aus ihren Häusern pult und als Delikatesse verzehrt.

Wir essen alle gern Strandschnecken, und es gehört zur Familientradition, sie in Thornwick zu sammeln. Für die Kinder sind sie ein Urlaubsfestessen. Während die Kinder eine Schnecke nach der anderen in die Plastiktüte werfen, erinnere ich mich daran, wie ich Angie einmal eine lebendige Schnecke gab, die sie aber für schon gekocht hielt. »Mann, Mill!«, schimpfte sie, als sie hineinpiekste und die Schnecke sich rasch in ihr Haus zurückzog. »Pfui Teufel! Du bist mir vielleicht einer! Ich hätte wissen müssen, dass du etwas im Schilde führst.« Und dann warf sie die Schnecke nach mir. Ich muss heute noch darüber lachen.

Nach unserer Kletterpartie auf den Felsen wollen alle in den Park. Das ist immer so, weil die Kinder den Rummel lieben. »Daddy! Daddy!« Alle quengeln und versuchen einander zu übertönen. »Können wir in den Park? Dürfen wir auf den Rummelplatz?« »Ich möchte Karussell fahren.«

Ich habe genügend Münzen in der Tasche, um alle glücklich zu machen. Mir selbst bereitet es Freude, durch den Park zu schlendern und bekannte Gesichter zu sehen – wir kommen schon so lange her, dass viele der Betreiber uns kennen. Und weil wir nun schon einmal hier sind, tun wir auch dieses Mal das, was wir im Lauf der Jahre immer wieder gern getan haben: Wir schauen uns die zum Verkauf stehenden Wohnwagen an. Einen eigenen Wohnwagen zu besitzen, war immer nur ein Luftschloss, vor allem nach meiner Arbeitsunfähigkeit. Aber jedes Jahr schauen wir sie uns an, lassen uns von einigen die Schlüssel geben und inspizieren sie auch von innen. »Eines Tages, Mill«, sagte Angie immer, »eines Tages werden wir auch einen haben.« Und dann meldeten sich meist die Kinder. »Oh ja, Daddy. Bitte, Dad.«

An diesem Tag beschließe ich, dass ich den Traum eines Tages Wirklichkeit werden lasse.

Den Schlusspunkt bildet ein Spaziergang durch Bridlington. Ein Besuch dort gehört zu jedem Ausflug nach Thornwick. Bridlington ist ein ziemlich schickes Seebad mit viktorianischen Häusern an der Strandpromenade, einem Hafen mit vielen Schiffen, einem Rummelplatz und einem langen Sandstrand. Man kann auf einem Piratenschiff Hafenrundfahrten machen, und es gibt Bumper Boats mit Motoren für Kinder. Ich miete zwei Stück – eines für Jade, Corey, Ella und mich, das andere für Connor und

Jake. Natürlich dürfen die Kinder steuern, und ich erfreue mich an ihrem Lachen, wenn sie die Boote immer wieder absichtlich ineinanderkrachen lassen. Ich stelle mir vor, dass Angie ihnen vom Himmel aus zusieht und sich ebenfalls freut.

Vor dem Abschied aus Bridlington darf jedes der Kinder sich noch ein Spielzeug aussuchen. Diese Nachricht erfreut alle. Wir durchkämmen die kleinen Läden an der Strandpromenade. Connor und Jake interessieren sich allerdings nur für ein neues Spiel für ihre Xbox. Und als sie es bekommen, wollen sie natürlich nur noch nach Hause, um es zu spielen. Doch zuvor bleibt uns noch ein Ort, den wir unbedingt aufsuchen müssen.

Mit den frisch erstandenen Spielsachen machen wir uns wieder auf den Weg hinauf zur Klippe. Angie liebte es, hier oben umherzustreifen und die wundervolle Aussicht zu genießen. Es war einer ihrer Lieblingsorte. Wir gehen ins Café und bestellen Tee für Connor und mich und Cola für die jüngeren Kinder. Und ganz plötzlich kommt mir ein Gedanke.

Vor dem Café steht eine Reihe von Bänken, die mehrere Messingplaketten als Andenken an einen geliebten Verstorbenen tragen. Angie las immer wieder gern die Inschriften und freute sich an der netten Idee. Schon früher habe ich oft gedacht, dass sie eines Tages eine solche Plakette bekommen sollte.

»Eine tolle Idee, Dad«, schwärmt Jade, als ich ihr von meinem Plan erzähle. Wir suchen uns eine Bank aus. An den Bänken sind so viele Plaketten befestigt, dass kaum noch neue daran passen, aber schließlich finden wir eine mit ausreichend Platz und einem besonders schönen Ausblick auf das Meer.

Wir kehren in das Café zurück und fragen, wo man die Plaketten machen lassen kann. Wir wollen eine für Angie und eine als Erinnerung an meine Eltern anfertigen lassen, Letztere von mir und meinen Geschwistern.

»Diese Plaketten macht mein Mann«, erklärt uns die Dame an

der Kasse. »Ich muss nur aufschreiben, was genau darauf stehen und an welcher Bank sie befestigt werden soll.«

Die Plakette für Angie soll lauten: ›In liebevoller Erinnerung an meine schöne Frau Angela Rose Millthorpe, verstorben am 19.10.2010. Mit jedem Tag vermisse ich Dich mehr. Ich liebe Dich, Mill XXX‹.

Auf dem Heimweg beschließe ich, dass ich ihr eines Tages, wenn ich es mir leisten kann, eine eigene Bank kaufen werde.

KAPITEL 23

Es wäre vermessen, zu glauben, dass der Verlust eines geliebten Menschen mit der Zeit leichter zu verschmerzen ist. Auch wenn Wochen vergangen sind und unser Leben einen neuen Rhythmus gefunden hat, ist Angies Abwesenheit noch immer schwer zu ertragen.

Dieses Gefühl äußert sich bei jedem Kind anders. Jake ist inzwischen ruhiger geworden und legt wieder Energie und manchmal sogar eine gewisse Verschmitztheit an den Tag, dafür macht mir jetzt Connor Sorgen. Bei allen Umwälzungen wird leicht vergessen, dass er obendrein sein erstes Jahr an der Highschool absolviert, was an sich schon anstrengend ist und jetzt alles doppelt stressig macht.

Die Anzeichen ziehen sich durch alle Lebensbereiche. Morgens täuscht er Krankheiten vor und will nicht zur Schule gehen. Es dauert eine Weile, bis ich herausbekomme, was dahintersteckt. Irgendwann beichtet er, dass die Jungen in der Schule ihn hänseln und ihm Schläge angedroht haben.

Angewidert höre ich ihm zu. Wie kann man nur so gemein zu einem Kind sein, das so viel durchmachen muss? Sofort rufe ich in der Schule an und mache einen Termin beim Direktor aus. Der äußert bei unserer Unterredung sein Bedauern und verspricht Rücksprache mit den Eltern der betreffenden Schüler.

»Das will ich hoffen«, sage ich. »Denn wenn Sie es nicht unterbinden, dann werde ich es tun.« Mehr kann ich nicht machen.

Aber das Mobbing geht weiter. Einige Wochen später ruft der Direktor mich an. Connor sitzt völlig aufgelöst bei ihm im Büro.

»Was ist passiert?«, frage ich meinen Sohn. Mit brüchiger Stimme berichtet er, dass einer der Jungen ihm immer wieder das gleiche Lied vorsingt.

»Welches Lied?«, frage ich.

Connor schluchzt so heftig, dass ich ihn kaum verstehen kann. »Es heißt: ›Where is your mamma gone?‹«, flüstert er schließlich.

Wütend knalle ich den Hörer auf. So viel Grausamkeit macht mich sprachlos.

Connors Martyrium endet Gott sei Dank binnen weniger Tage. Und nachdem die Schule die Eltern der Jungen über die Vorkommnisse informiert hat, kehrt auch mein Glaube an die Menschheit zurück. Zwei Tage später kommt Connor mit einer Frage aus der Schule heim.

»Dad«, beginnt er, »du erinnerst dich doch an Jack, oder? Jack, der immer dieses Lied gesungen hat.«

»Oh ja«, nicke ich. Wie könnte ich diesen Jungen vergessen?

»Er hat sich bei mir entschuldigt«, berichtet Connor. »Jetzt haben wir uns angefreundet. Er will gleich hier vorbeikommen und bittet mich, dir zu sagen, dass es ihm leidtut und dass er so etwas nie wieder macht.« Connor atmet tief ein.

Ich nicke, bleibe aber skeptisch. Wie kann man sich mit jemandem anfreunden, der so gemein zu einem gewesen ist? Ich hoffe für Connor, dass es sich nicht um eine Finte handelt, aber ich muss ihn gewähren lassen. Ich kann fast hören, wie Angie mir zustimmt, dass dies der richtige Weg ist. Connor möchte gern mit diesem Jungen befreundet sein – mit welchem Recht sollte ich mich dem entgegenstellen?

»Es ist in Ordnung«, sage ich. »Wenn du seine Entschuldigung angenommen hast, tue ich es auch.«

Schon kurze Zeit später klopft jemand an unsere Tür. Ich öffne. Vor mir steht ein sehr nervös wirkender Junge.

»Ich möchte mich dafür entschuldigen, Mr Millthorpe, dass ich Connor in der Schule gehänselt habe. Aber jetzt mögen wir uns. Haben Sie etwas dagegen, dass wir Freunde sind?«

Ich blicke ihn streng an, bin aber beeindruckt von seinem Mut und seiner Höflichkeit. »Aber nein, Junge, natürlich habe ich nichts dagegen. Komm rein.«

Connor und Jack sind bis zum heutigen Tag eng befreundet.

Auch in Bezug auf den Haushalt schlage ich mich wacker. Nach dem Schnitzer beim Geburtstag der Zwillinge bin ich wild entschlossen, bei den Geburtstagen meiner Ältesten keine Fehler mehr zu machen, die alle in der Zeit zwischen Ende März und Anfang April liegen. Und es gelingt mir. Den beiden Ältesten schenke ich Geld, mit dem sie sich ihre Wünsche selbst erfüllen können. Reece, der gerade dabei ist, mit seinem Freund Benji ein eigenes Unternehmen zu gründen, bekommt einen Laptop, den er, wie ich weiß, dringend braucht.

Die wahren Herausforderungen aber liegen im Alltag. Seit ich allein bin, muss ich mir meine Zeit einteilen. Früher setzte ich mich ins Auto und machte Besorgungen – holte etwas für Herbert, kaufte ein oder besuchte einen meiner Brüder –, jetzt bin ich plötzlich aufgeschmissen, wenn keiner von den Älteren da ist. Wenn ich irgendetwas erledigen will, muss ich die Kinder mitnehmen. Das gefällt ihnen natürlich ebenso wenig wie mir, vor allem dann, wenn sie gerade etwas vorhaben.

Dumme Fehler unterlaufen mir natürlich immer noch. Kurz vor Ostern kaufe ich Jade eine rote Jeans. Eines Samstagabends bittet sie mich kurz vor dem Schlafengehen, die Hose zu waschen, was ich folgsam in die Tat umsetze. Ich vergesse aber, dass die

Hose noch in der Maschine liegt, als ich am folgenden Nachmittag eine Ladung weiße Polohemden für die Schule wasche – sie werden alle hübsch rosa. So kann ich die Kinder – vor allem die Jungen – natürlich nicht zur Schule schicken. Sie bekommen einen unverhofften freien Montagmorgen, und ich muss in neue Polohemden investieren.

Auch die Tatsache, dass ich Vater zweier Töchter bin, führt manchmal zu schwierigen Situationen. Als Ella auf unserem Ausflug nach Thornwick einmal zur Toilette muss, habe ich keine andere Wahl, als sie mit auf die Herrentoilette zu nehmen. Zumindest versuche ich es. Aber Ella wehrt sich nach Leibeskräften. »Da gehe ich nicht rein, Daddy!«, heult sie. »Da dürfen nur Männer rein. Ich muss auf die andere.« Alle Beruhigungsversuche fruchten nicht. Schließlich ist es Jade, die mich rettet, auch wenn sie mir dazu eigentlich noch zu jung erscheint. »Ich nehme sie mit auf die Damentoilette, Dad«, meint sie. »Wird schon irgendwie gehen.« Für mich beinhaltet das eine ängstliche Wartezeit vor der Tür, während sich Jade um Ella kümmert – aber was sonst hätte ich tun sollen?

Trotzdem fallen mir meine Aufgaben von Woche zu Woche leichter. Und ehe wir uns versehen, ist plötzlich Mai, und unser Urlaub steht vor der Tür.

Zuvor aber habe ich noch eine unangenehme Aufgabe zu erledigen. Am 3. Mai muss ich nach Sheffield fahren und am Verfahren wegen Angies Tod teilnehmen. Ich war noch nie in einem Gericht und weiß nur aus Fernsehsendungen, wie es dort aussieht. Die Gerichtsmedizin in Sheffield kommt diesem Bild tatsächlich sehr nah. Der Coroner sitzt an einem Schreibtisch auf einem erhöhten Podest. Neben ihm steht ein Zeuge. Alle anderen sitzen ihm gegenüber auf Stühlen, die in Reihen angeordnet sind und ein wenig an ein Kino erinnern, weil jede Reihe ein Stück höher liegt als die davor.

Mehrere Mitglieder meiner Familie begleiten mich: Reece, Malc und Eileen, Karen, Angies Bruder Neil und Diane. Ich bin froh, dass sie da sind, denn es wird ein langer, emotionaler Tag, von morgens um zehn bis nachmittags um drei. Zeuge um Zeuge wird aufgerufen – angefangen bei irgendwelchen Experten bis hin zu der Krankenschwester, die sich an diesem letzten Abend um Angie gekümmert hat. An die exakte Abfolge der Dinge kann sie sich nicht mehr genau erinnern, aber als gegen acht Uhr abends Angies Blutdruck rapide sank, ist sie sich sicher, den Arzt angefunkt zu haben. Lange wird darüber diskutiert, ob Angie tatsächlich allergisch auf Kodein und Tramadol war, aber obwohl ich weiß, dass sie auf beide Medikamente reagierte, bleibt es laut Urteil des Coroners bei der in der Sterbeurkunde angegebenen Todesursache. Ihr Tod sei auf disseminierte Tumorzellen zurückzuführen, was bedeutet, dass sich der Krebs in Angies Körper ausgebreitet hatte. Es gibt weder Beweise für eine größere Blutung, die man auf das Platzen eines Tumors am gleichen Morgen hätte zurückführen können, noch für einen anaphylaktischen Schock nach der Gabe von Morphinen.

Den Unterlagen ist allerdings zu entnehmen, dass – im Gegensatz zu den Erinnerungen der Schwester – zwischen dem drastischen Absinken von Angies Blutdruck um acht Uhr bis zu ihrem Herzstillstand um neun Uhr kein Arzt nach ihr gesehen hat. Doch darum geht es nicht, wie der Coroner erklärt. Selbst wenn sie medizinisch betreut worden wäre, hätte sich am Ausgang nichts geändert.

Ich sitze da, höre zu, versuche, das Gesagte zu verarbeiten, und bemühe mich, mich damit abzufinden. Aber das ist nicht so einfach. Vielleicht wird es mir nie gelingen. Für mich wird es immer dieses ›was-wäre-wenn‹ geben, und ich kann beim besten

Willen nicht akzeptieren, dass sie diese Chance nicht bekommen hat.

Auf dem Heimweg überwältigt mich ein ganz anderes Gefühl – das der Schuld. Plötzlich fühle ich mich schuldig, dass ich Angie an diesem Tag in die Klinik gebracht habe. Was wäre geschehen, wenn ich es nicht getan hätte? Was wäre geschehen, wenn ich im Kreisverkehr einfach nicht abgebogen wäre und sie wieder mit nach Hause genommen hätte? Wäre sie dann heute noch bei uns? Natürlich steht außer Frage, dass das Endergebnis immer gleich ausgesehen hätte, aber es quält mich, dass ihr vielleicht mehr Zeit geblieben wäre und sie weitere kostbare Monate oder vielleicht sogar Jahre mit ihren Kindern hätte verbringen können.

Der Gedanke an die Kinder erfüllt mich mit einer unendlichen Trauer. Und mit Selbstmitleid, obwohl ich genau weiß, dass mir das nicht zusteht.

Plötzlich ist mir, als säße Angie neben mir und flüstere mir ins Ohr: »Nein, Mill.« Ich denke an den Tag, als sie erfuhr, dass ihr Krebs nicht mehr heilbar ist. Wie mutig und gleichmütig hat sie damals das Urteil entgegengenommen! »Wozu sollen wir uns Sorgen um etwas machen, was absolut nicht zu ändern ist«, hatte sie versucht, mich zu trösten.

Von allen Lektionen, die meine weise und mutige Frau mir erteilt hat, ist diese vielleicht diejenige, die ich am nötigsten brauche.

KAPITEL 24

Angie verweilte nie in der Vergangenheit. Ich muss immer ganz besonders an sie denken, wenn andere Leute auf etwas herumreiten, was schon längst geschehen ist. Daran ist nämlich nichts mehr zu ändern.

Angie weinte nie um verschüttete Milch. »Was passiert ist, ist passiert«, pflegte sie sowohl bei kleinen als auch bei einschneidenden Ereignissen zu sagen. »Die Vergangenheit können wir nicht mehr verändern, im Gegensatz zur Zukunft.«

Daran habe ich mich während der schrecklichsten Monate meines Lebens immer wieder zu erinnern versucht. Meistens hat es funktioniert. Ich bemühe mich, alles auf ihre Art zu tun. Vorwärts zu schauen, das Beste aus der Situation zu machen und keine Zeit damit zu verschwenden, mir zu wünschen, alles wäre anders gekommen. Ich stelle fest, dass mir Angies Art zu denken immer vertrauter wird. Natürlich hätte ich mir gewünscht, sie wäre länger bei uns geblieben, aber immerhin war mir das Glück beschieden, eine unglaubliche Frau lieben zu dürfen, und damit hatte ich bessere Karten gehabt als manch anderer. Wenn ich es recht bedenke, waren es vier Asse.

Wenn ich in meiner Entschlossenheit wanke oder einen schlechten Tag habe – was mir durchaus von Zeit zu Zeit passiert –, spüre ich immer, dass sie mir nah ist.

Eines Tages staubsauge ich im Wohnzimmer, die Kinder sind in der Schule. Plötzlich werde ich von einem unendlichen Einsamkeitsgefühl überwältigt. Kurz entschlossen schalte ich den Staubsauger ab und stelle mich vor Angies Bild, das ich hübsch gerahmt von Neil und Diane zu Weihnachten bekommen habe.

»Ich vermisse dich ganz schrecklich, mein Liebling«, seufze ich. »Ich wünschte mir so sehr, du wärst noch bei uns.«

Kaum habe ich die Worte ausgesprochen, fällt das Bild von der Wand und landet unsanft auf meinen nur in Socken gehüllten Füßen. Und als ich mit schmerzverzerrtem Gesicht im Zimmer herumhüpfe, höre ich Angies Lachen. Ich schwöre es!

Noch sonderbarer ist, dass sowohl der Aufhänger am Bild als auch der Haken in der Wand noch intakt und an Ort und Stelle sind. »Keine Sorge, Mill«, scheint Angie mir mitzuteilen, »ich bin noch da.«

Unheimlich. Wirklich unheimlich. Aber nett.

Ich fürchte mich davor, aber es gibt kein Entrinnen. Im Mai 2011 fahre ich mit den Kindern in ihren ersten mutterlosen Urlaub nach Thornwick Bay, wie Angie es auf ihrer Liste verlangt hat. Und zunächst fühlt es sich sogar noch schlimmer an als befürchtet. Eigentlich hatten nämlich Neil und Diane mitkommen wollen, was die ganze Sache sicher erträglicher gemacht hätte, aber sie mussten im letzten Augenblick absagen, weil es ihrer kleinen Enkelin Harri nicht gut ging.

Nur die fünf jüngeren Kinder fahren mit. Reece muss sich um seine und Benjis neue Firma kümmern, die recht vielversprechend anläuft. Er wird mir sehr fehlen, denn er ist mir immer eine große Unterstützung. Aber ich bin stolz auf ihn. Auf alle meine großen Jungs bin ich stolz, weil sie trotz der Tragödie so unglaublich gut mit ihrem Leben fertigwerden.

Wieder einmal miete ich einen Van. Connor, Jake und Jade helfen mir beim Packen. Ich beobachte immer häufiger, wie sich

Jade allmählich zu einer kleinen Mami entwickelt und sich ganz selbstverständlich um Ella kümmert.

»Die darfst du nicht vergessen, Dad«, sagt sie und reicht mir Ellas Lieblingspuppe. »Hast du daran gedacht, den Sunblocker für Ella einzupacken?« Anschließend wendet sie sich an Ella. »Musst du noch einmal zur Toilette, ehe wir losfahren? Es wird ziemlich lange dauern, bevor wir das nächste Mal Gelegenheit dazu haben.«

Ich muss lächeln, aber nicht lange. Kaum sind wir unterwegs, da fühlt sich alles so miserabel an, wie ich befürchtet habe. Alles an dieser Reise ist so vertraut und so vorhersehbar, dass Angies Abwesenheit mich auf der gesamten Strecke geradezu anschreit. Jetzt sitzt Connor neben mir auf dem Beifahrersitz. Er wirkt so erwachsen, dass es mir fast das Herz bricht. Gut, dass es ihm in der Schule jetzt besser geht. Er ist in einem verletzlichen Alter, und der Verlust seiner Mutter hat ihn hart getroffen.

Angies Geist begleitet uns. Ich denke an die Momente, in denen sie auf der Fahrt Bonbons für mich auswickelte oder die Limoflasche öffnete. Es mögen nur Kleinigkeiten sein, aber die erscheinen plötzlich riesengroß, wenn sie Vergangenheit werden.

Aber als wir endlich in Thornwick Bay ankommen, beginnt der Zauber dieses Ortes sofort zu wirken. Wir entladen das Auto in der warmen Sonne, bringen unsere Sachen ins Haus und packen aus. Allmählich weicht der nagende Schmerz glücklichen Erinnerungen an die vielen fröhlichen Momente, die wir hier verbracht haben. Und wieder verbringen werden, denke ich, denn aus diesem Grund sind wir hier. Genau deswegen hat mir Angie das Versprechen abgenommen, weiterhin hierherzufahren.

Als alles ausgeladen ist und Connor und ich uns eine Tasse Tee gegönnt haben, müssen wir etwas sehr Wichtiges in Angriff nehmen. Wir steigen ins Auto, verlassen den Park und fahren das schmale, gewundene Sträßchen zum Café auf der Klippe hinauf.

Alle freuen sich, als wir die Bank mit Angies Plakette entdecken. Die neue Plakette glänzt in der Sonne. Wir setzen uns, wie Angie es hier oben so gern tat. Die Aussicht ist herrlich. Wir sehen die hohen weißen Klippen und die Höhlen, die wir im Lauf der Jahre immer wieder erforscht haben. Ich spüre ganz genau, dass Angie bei uns ist.

»Wir sollten Blumen besorgen, Dad«, sagt Connor plötzlich. Die Bänke ringsum sind mit Gebinden aller Art geschmückt, entweder angebunden oder danebenplatziert.

»Er hat recht, Dad«, stimmt Jade zu. »Mum soll auch Blumen bekommen.« Sie wirkt glücklich. Es tut gut, sie lächeln zu sehen.

Auch ich ertappe mich bei einem Lächeln. Und weil sich die Atmosphäre irgendwie feierlich anfühlt und das auch so bleiben soll, beschließe ich, ins nahe Bridlington zu fahren und Blumen für Angies Bank zu kaufen.

Während der Fahrt streiten sich die Kinder über die Sorte der zu kaufenden Blumen, aber bis wir einen Blumenladen und einen Parkplatz gefunden haben, sind wir uns einig. Angie bekommt einen dicken Strauß Rosen von mir und von jedem Kind eine einzelne, rote Rose. Oben auf der Klippe legen wir die Blumen neben die Bank.

»Toll«, sagt Jade. »Mum freut sich bestimmt über die Rosen. Rot war immer ihre Lieblingsfarbe. Sicher blickt sie jetzt vom Himmel zu uns herunter und lächelt.«

Schweigend betrachten wir die Rosen. Und lächeln auch.

»Mum hat eigentlich immer gelächelt«, stellt Jade mit fester Stimme fest.

Das Wetter in Thornwick zeigt sich wie so oft von seiner freundlichen Seite, und wir verbringen die meiste Zeit am Strand. Wir streifen an den Felsen entlang und bauen ausgeklügelte Sandburgen, wie wir es auch mit Angie immer getan haben. Wir spielen

Ball und paddeln in Booten herum (zum Schwimmen ist es noch zu kühl), und nach und nach stelle ich fest, dass es mir immer besser gelingt, Vater- und Mutteraufgaben unter einen Hut zu bringen. Die Kinder haben viel Spaß, und ihre Freude wirkt ansteckend. Für mich ist es sowohl eine große Erleichterung als auch eine Bestätigung.

Am Strand erregen wir fast immer Aufmerksamkeit. Ab und zu sprechen uns wildfremde Leute an und wollen wissen, wie ich es allein mit so vielen Kindern überhaupt schaffe. Wenn ich ihnen dann von Angie erzähle, sind sie gerührt, erklären mir, wie stolz ich auf meine tollen Kinder sein kann, und bewundern mich für meine Erziehungskünste.

»Hörst du das?«, frage ich Angie. »Bist du stolz auf mich, Liebes?« Ich glaube, sie ist es.

Am dritten Ferientag fahren wir noch einmal nach Bridlington. Es gibt dort einen Laden, der die üblichen Strandutensilien verkauft, und wir wollen nach einer Kleinigkeit suchen, die wir zu Hause der ständig wachsenden Sammlung vor Angies Grabstein hinzufügen können.

Angies Himmelstor-Grabstein steht seit Ende Januar, und seither bringen ihr alle Besucher immer wieder kleine Geschenke mit. Von den Kindern und von Neil und Diane bekam sie je einen Seehund – Angie liebte Seehunde. Von Neil und Diane stammt außerdem eine Schneekugel mit ihrem Foto. Ebenfalls vor dem Grabstein stehen ein silberner Bilderrahmen in der Form zweier Ringe mit Angies und meinem Bild darin und ein kleiner Porzellanengel, den ich einmal irgendwo aufgetrieben habe.

Wir stehen vor dem Schaufenster und betrachten die Auslage. Eine ältere Dame spricht die Kinder an und wendet sich nach einer Weile an mich.

»Sie haben wirklich wunderbare Kinder«, lobt sie und sieht dann Jade an. »Wartet ihr auf eure Mum?«

»Unsere Mum ist gestorben«, erklärt Jade. »Wir wollen gerade etwas Hübsches für ihr Grab kaufen.«

Plötzlich wollen alle Kinder etwas über Angie erzählen. »Sie hat eine Bank«, sagt Connor stolz. »Dad hat eine Plakette gravieren lassen.«

»Darauf steht, dass wir sie vermissen«, fällt Jake ein. »Und Blumen haben wir auch schon für sie gekauft. Rosen.«

»Blumen«, plappert Ella. »Blumen für Mummy.«

»Unsere Mum liebte Dackel und Seehunde«, berichtet Jade der alten Dame. »Nach so etwas suchen wir.«

Allmählich bekomme ich Mitleid mit der Frau. Ihre Augen sind mit Tränen gefüllt.

»Es tut mir leid«, wendet sie sich an mich. »Wirklich unendlich leid.«

Als ihre Freundin aus dem Laden tritt, fällt sie mir zum Abschied um den Hals. »Ihre Kinder sind wirklich großartig«, flüstert sie mir zu. »Und Sie machen das ganz toll. Ihre Frau schaut Ihnen bestimmt vom Himmel aus zu und platzt vor Stolz.«

Der schönste Augenblick aber kommt noch, als wir wieder in unserem Chalet sind. Wir versuchten jedes Mal, das Chalet Nummer 10 zu buchen, weil man von dort aus den Spielplatz sehen kann und von der Terrasse einen herrlichen Ausblick über die umgebenden Wiesen hat. Als ich nun dort stehe, spüre ich Angies Anwesenheit ganz deutlich.

Aber ich bin innerlich ruhig, und noch etwas anderes ist geschehen: Ich kann akzeptieren. Dies ist jetzt mein Leben, und ich bin entschlossen, es so zu leben, wie Angie es wollte. Ich werde meine gesamte Energie den Kindern widmen, die sie mir geschenkt hat. Wenn ich eines Tages in den Himmel komme, soll sie mir nichts vorwerfen können. Sie soll mich mit offenen Armen willkommen heißen und stolz auf mich sein. So, wie sie auch jetzt schon stolz auf ihre Kinder sein kann. Noch sechs Monate, und es wird ihnen wieder richtig gut gehen.

Ich gehe in die Küche und beginne mit den Vorbereitungen für das Abendbrot. Jake und Jade haben die Hunde ausgeführt, und die Jungen toben sich jetzt auf dem Spielplatz aus. Jade und Ella spielen ruhig im Schlafzimmer. Bisher zumindest. Ich mische gerade den Schinkensalat durch, als die beiden an der Küchentür erscheinen. Jade bringt Ella zur Inspektion.

Schon vorher habe ich festgestellt, dass Jade sich zu einer richtigen kleinen Mutti für Ella entwickelt. Sie beobachtet mich und lernt eifrig. Oft gehen die beiden nach oben, und wenn sie zurückkommen, ist Ella komplett umgezogen und hat eine andere Frisur. Obwohl es mich manchmal noch schmerzt, dass Angie etwas so Süßes nicht mehr miterleben darf, tröstet mich die enge Verbindung zwischen meinen beiden Töchtern. Ich hoffe, sie wird immer bestehen bleiben. Angie hat recht behalten – es ist toll, dass sie noch eine zweite Tochter bekommen hat.

Jade grinst von einem Ohr zum anderen. »Sieh mal, Dad«, strahlt sie mich an, während ich meine Hände abwische.

Sie dreht Ella um, damit ich sehen kann, was sie meint.

»Habe ich das nicht prima hingekriegt?«

Das hat sie. Sie lernt wirklich schnell. Sie hat Ellas Haar mit einem in meinen Augen geradezu perfekten eingeflochtenen Zopf gestylt. Unwillkürlich wandert mein Blick nach oben. Ich hoffe, dass auch Angie dieses kleine Wunder sehen kann. Sehen kann, dass alles klappt und auch weiterhin klappen wird. Sehen kann, dass wir klarkommen. Und dass wir uns bemühen, alles so zu machen, wie sie es uns gezeigt hat.

Aber eigentlich brauche ich meine Augen nicht zu erheben. Ich weiß, dass Angie da ist.

Siehst du das, Liebste?, denke ich stolz.

Denn diese Kunst habe ich Jade gelehrt.

EPILOG

Seit ich unsere Kinder allein erziehe, verstehe ich, warum Angie trotz der vielen Arbeit immer lächelte. Es liegt daran, dass die Liebe und Freude, die mir die Kinder zurückgeben, sehr viel schwerer wiegen als alle Mühe, die mir ihre Erziehung nach Angies Maßgabe bereitet.

Unsere großen Jungs sind längst Männer, auf die Angie sehr stolz wäre. Ryan hat eine nette Freundin und lebt mit ihr zusammen in Cudsworth. Er arbeitet für eine neue Firma, die sich dort niedergelassen hat. Damon hat eine neue Freundin und wohnt und arbeitet nach wie vor in Grimethorpe.

Natalie hat in Sutton-on-Sea einen Neustart gewagt. Für uns gehört sie weiterhin zur Familie. Sie und Angie standen sich sehr nah, und sie hat mir in der ganz schweren Zeit sehr geholfen, was die Betreuung der Kinder betraf. Sie ist dem kleinen Warren eine wunderbare Mutter und bringt ihn regelmäßig zu uns.

Das Kücheneinbauunternehmen von Reece und seinem Partner Benji hat sich etabliert und wirft trotz Rezession inzwischen Gewinn ab. Reece ist noch immer mit Sophie zusammen, die bei Next arbeitet und sich immer noch gern dann und wann um die Kinder kümmert. Sie und Reece wollen irgendwann heiraten. Aber damit haben sie keine Eile. Möglicherweise liegt es daran, dass ich mich zu Hause so liebevoll um Reece kümmere und außerdem weitaus besser koche als Sophie …

Die Jüngeren entwickeln sich gut – jeder auf seine Art. Connor ist ein ruhiger Junge. Er hilft bereitwillig in Haus und Garten. In seiner Freizeit fährt er gern Rad oder spielt Fußball, und wenn er mit der Schule fertig ist, möchte er gern in Reece' Unternehmen arbeiten.

Jake ist unser Clown. Wie seine Mutter lacht er gern, und wenn er einmal angefangen hat, kann er kaum damit aufhören. Außerdem ist er sehr kitzlig – nein, Angie, diese Phase hat er noch nicht hinter sich –, und ihn in der Badewanne unter den Armen zu waschen ist schier unmöglich. Wie Connor fährt er gern Rad und spielt Fußball. Er ist extrem aktiv, und ich beginne allmählich zu verstehen, warum Angie der Meinung war, dass er eine feste Hand braucht. Wenn man ihm einmal etwas zugesteht und es beim nächsten Mal ablehnt, geht das nicht ohne Geschrei.

Jade ist unser Hausmütterchen und Angie in vielen Dingen sehr ähnlich. Sie schmust und kuschelt viel mit Ella, zieht sie gern hübsch an und frisiert ihr das Haar. Jade ist glücklich, wenn sie mit ihren Puppen und dem Puppenwagen spielen darf. In der Schule ist sie sehr gut und geht wirklich gern hin. Ihre Zeichen- und Malkünste sind erstaunlich. Sie hilft gern im Haushalt und liebt es, Kuchen zu backen. Wenn sie groß ist, will sie Lehrerin werden.

Corey ist vorlaut und ein kleiner Schelm. Aber daran wird er arbeiten müssen, denn wenn er groß ist, will er Polizist werden. Er versteht sich besonders gut mit Ella – nur nicht, wenn es darum geht, mich zu teilen. Corey ist manchmal sehr eifersüchtig. Wenn ich Ella irgendetwas gebe, will er es sofort haben – selbst wenn es eine Puppe ist. Aber ich denke, das gibt sich eines Tages von selbst.

Ella ist eine Art Mini-Jade. Sie ist sehr verschmust und spielt mit ihren Puppen genau wie ihre große Schwester: Sie zieht sie ständig um und fährt sie im Puppenwagen im Garten spazieren. Außerdem tanzt sie gern. Wenn im Fernsehen ein fetziger Song läuft, stellt sie sich davor und bringt uns alle mit ihrem wackelnden Popo zum Lachen. Im Moment möchte sie am liebsten Krankenschwester werden.

Alle Kinder ähneln Angie. Vor allem die Mädchen. Ich bin sicher, dass sie eines Tages selbst wirklich gute Mütter werden, ich kann jetzt schon ihren mütterlichen Instinkt erkennen. Es ist wirklich traurig, dass die schreckliche Krankheit ihnen so früh die eigene Mutter nahm.

Eines aber hat der Krebs nie geschafft: uns die Liebe zu nehmen, die wir für Angie empfinden. Im Gegenteil, wir lieben sie von Tag zu Tag mehr. Auch konnte der Krebs Angie nie ganz aus unserem Leben entfernen. Jeden Tag denken wir an sie und lächeln.

Mein Leben dreht sich um die Kinder. Mittlerweile liegt Angies Tod mehr als zwei Jahre zurück, aber meine Trauer ist noch immer intensiv wie am ersten Tag. Ihr Grab besuche ich täglich. Am Wochenende kommen die Kinder mit. Ella verabschiedet sich immer mit vielen Küssen auf Angies Bild auf dem Grabstein, winkt zum Abschied und ruft: »Tschüs, Mummy.« Ich bin glücklich. Dank Ella sehe ich Angies herrliches Lächeln jeden Tag. Sie hat es von ihrer Mutter geerbt.

Ich erziehe die Kinder so, wie Angie es mir gezeigt hat. Auf Mums Art. Der besten Art, die es gibt. Ich kann Angie nicht ersetzen, aber das versuche ich auch gar nicht. Auch wenn sie nicht mehr unter uns weilt, ist sie immer noch da. Ich will es ihr recht machen, damit ich mich in späteren Jahren zurücklehnen und stolz auf mich sein kann. Und nicht nur das. Wenn sie eines Tages an die Himmelspforte gelehnt auf mich wartet, soll sie nicht mürrisch zu mir sagen: »Ah ja, Mill. Jetzt bist du also dran.«

Meine Angie war ein Juwel. Und es tröstet mich, zu wissen, dass ich neben ihr zur letzten Ruhe gebettet werde, wenn es so weit ist. Wenn es so weit ist, werde ich diese Welt mit einem Lächeln verlassen, um für immer mit meiner ersten und einzigen großen Liebe zusammen zu sein.

Ruhe in Frieden, meine schöne Angie. Und danke, dass du

mich erwählt hast, dein Leben zu teilen. Sei meiner Liebe gewiss, bis wir uns eines Tages wiedersehen.

Mill X
Dezember 2012

Liebe Mum ...

Hier möchte ich anderen Gelegenheit geben, ihre Zuneigung für Angie in Worten auszudrücken. Den Anfang machen unsere Kinder.

Für meine Mummy.
 Du warst die beste Mummy der ganzen Welt, und eine lustige Mummy, und ich habe Dich ganz doll lieb. Ich weiß noch, wie Du mich immer gekitzelt hast, bis ich lachen musste. Ich liebe Dich immer und ewig,
 Dein Corey Ian

Liebe Mummy, ich hab Dich ganz furchtbar lieb, weil Du mir immer so viele Küsschen gegeben hast und so viel mit mir gelacht hast. Jeden Abend zeigt Daddy mir Deinen Stern, weil Du nämlich jetzt ein Engel bist. Du bist die beste Mummy auf der ganzen Welt, und ich schicke Dir viele, viele Küsse,
 Ella Rose

Für Mum.
 Ich habe Dich sehr lieb. Wir haben immer noch viel Spaß, wenn wir in Urlaub fahren. Daddy macht mit uns Bootsfahrten und erzählt uns Witze, über die wir lachen müssen. Wir gehen auch oft auf den Wasserspielplatz. Wir füttern die Enten, wie Du es immer getan hast. Ich lerne fleißig für die Schule, wie Du es mir gesagt hast. Wenn wir in Urlaub fahren, schauen wir uns immer Deine Plakette an und legen Blumen hin. Wir denken immer an Dein liebes Gesicht und an Dein Lachen. Ich musste immer lachen, wenn Du statt Jake ›Danny long legs‹ zu mir gesagt hast. Du hast immer viel mit uns geschmust.

Wenn ich Dad einen Kuss gebe, gebe ich ihm immer auch noch einen für Dich. Dad kauft uns viele Spielsachen und hat versprochen, mir eine Gitarre wie seine zu schenken und mir beizubringen, wie man darauf spielt. Dad hat uns erzählt, dass Du so gern Ferrero Rocher mochtest und sie immer versteckt hast, damit er sie nicht klaut. Dein Lachen und Lächeln vergessen wir bestimmt nie. Wenn Du mit uns in Urlaub gefahren bist, haben wir immer viel unternommen. Deine Lieblingsessen im Urlaub waren Fish and Chips und Doughnuts. Du und mein Dad, ihr wart das tollste Paar der Welt.

Ich hab Dich lieb, Mummy, Jake XXX

Für Mummy.

Ich hab dich immer ganz doll lieb. Wenn Dad einmal so alt ist wie Granddad, wollen wir gut für ihn sorgen. Wir haben viel Spaß mit Dad, wenn wir an den Strand gehen. Er fährt immer mit uns Boot, und wir dürfen auf dem Rummel auf alle Karussells. Im Urlaub gehen wir hinauf zum Café und schauen uns Deine Plakette an. Wenn Daddy Zeit hat, gehen wir auf den Wasserspielplatz und füttern die Enten für Dich. Das macht Spaß. Dad hat Ella und mir Dein Schlafzimmer gegeben. Wenn ich Dad einen Kuss gebe, gebe ich ihm immer gleich noch einen für Dich mit. Ich sorge für den kleinen Dackel, den Dad Dir zu Weihnachten geschenkt hat. Manchmal helfe ich Dad, Ella für die Schule anzuziehen. Wir haben viele Bilder von Dir aufgehängt, und ich lerne fleißig für die Schule, wie Du es gesagt hast. Bei der Schulparty zum sechzigsten Jahrestag der Thronbesteigung der Königin habe ich den ersten Preis für das Kleid gewonnen, das Dad mir gekauft hat.

Viele liebe Küsse. Ich liebe Dich für immer,
Deine Jade XX

Für Mum.

Ich wünschte, Du wärst noch bei uns, Mum. Ich hab Dich so lieb und vermisse Dein Lachen. Wenn Du gelacht hast, musste ich auch immer lachen. Wir haben überall im Haus Bilder von Dir aufgehängt. Dad hat jetzt ein Tattoo von Dir auf der Brust. Ich bin fleißig in der Schule, wie Du es gesagt hast. Wir fahren oft in Urlaub und haben viel Spaß. Ich helfe Dad oft.

Ich hab Dich sehr lieb, Mum.

Connor XXX

Für Mum.

Ich vermisse Dich, Mum. Ich vermisse unser gemeinsames Lachen und werde nie vergessen, wie Du in Deinen letzten Lebensjahren mit Deiner Krankheit umgegangen bist. Nichts schien Dir etwas anhaben zu können – nicht einmal die schreckliche Krankheit Krebs konnte das Lächeln aus Deinem Gesicht vertreiben. Du hast bis zum Ende Dein Lachen nicht verloren und zeigtest den Mut eines Gladiators, Mum. Du warst nicht nur eine wunderbar liebevolle, sondern auch eine mutige Mutter. Ich bin stolz, eine Mutter wie Dich gehabt zu haben. Du hast mir immer gesagt, ich solle etwas aus meinem Leben machen. Ich habe Deinen Rat befolgt, Mum, und ein eigenes Unternehmen gegründet. Ich hoffe, dass Du so stolz auf mich bist, wie wir es auf Dich sind. Ich werde Dich nie vergessen, Du warst EINFACH DIE BESTE. VOLLER LIEBE,

REECE XXX

Mam, die Liebe war Dein Leben,
    Was wir brauchten, war Dir klar,
    Und Du hast es uns gegeben,
    Bin voll der Liebe immerdar.

Ich habe Dich sehr lieb,
Damon XX

Für meine wunderbare Mutter.
Wie stolz ich doch sein darf, eine Mutter wie Dich gehabt zu haben. Du warst eine Jackpot-Mam. Nie werde ich Dein herrliches Lachen vergessen. Solange Du bei uns warst, gab es nie wirklich düstere Stimmung bei uns zu Hause. Ich wünschte, Du hättest die Geburt meines ersten Kindes Isaac noch miterleben dürfen. Ich denke immer an Dich, und das wird auch so bleiben. In ewiger Liebe,
Ryan XX

Liebe Angie,
was soll ich über eine Schwester wie unsere Angie sagen? Sie war die beste Schwester, die ein Bruder sich nur wünschen kann. Sie war freundlich, fröhlich und sprach nie schlecht über andere Leute. Eigentlich war sie, wie es im Song von Bruno Mars heißt: ›Amazing, just the way she was …‹. Wahrscheinlich wird sich jeder an ihr Lachen erinnern. Ich weiß noch, wie ich meine damalige Freundin und jetzige Ehefrau Diane zum ersten Mal mit nach Hause brachte. Wir kamen durch den Garten. Oben am Fenster stand unsere Angie und lachte laut. Diane wollte wissen, wer da so lachte, und ich lächelte sie an und sagte: Das ist unsere Angie. Sie ist verrückt.
Bestimmt schaut sie jetzt auf uns hinunter und lacht herzlich über uns.
Als unsere Angie starb, ist mir das Herz gebrochen. Ich vermisse sie unendlich.
Ich werde Dich immer lieben, Angie.
Dein Bruder Neil XXX

Meine schöne Tochter Angie Rose werde ich nie vergessen. Wir haben so viel Schönes miteinander erlebt, so viel Freude gehabt. Du hast mein Leben bereichert.

Du warst etwas Besonderes. Eine Ausnahmetochter. Und du hast mir 48 Jahre lang nur Freude bereitet.

Wo immer im Himmel Du jetzt bist – ich hoffe, Du lachst nach wie vor und amüsierst Dich mit Deiner Mum Winnie.

Ich bitte um Gottes Segen für Euch beide und umarme und küsse Euch.

In ewiger Liebe,
Dad XX

Für Angie.

Kein Tag vergeht, an dem ich nicht an Dich denke und Dich unendlich vermisse. Die schreckliche Krankheit hat mir nicht nur eine wunderbare zukünftige Schwiegermutter, sondern auch meine beste Freundin genommen. Wir hatten eine herrliche Zeit miteinander. Wenn ich eines Tages selbst Kinder habe, werde ich ihnen erklären, was für eine faszinierende Frau ihre Oma Angie war. Ruhe in Frieden, Angie.

Deine Sophie XX

Angie war eine wundervolle und wirklich schöne junge Frau, aber sie war eine noch viel tollere Ehefrau, Mutter und Schwägerin. Ihre Kinder und ihr Ehemann bedeuteten ihr alles. Sie konnte herrlich ansteckend lachen, und man wusste sofort, dass es Angie war, wenn man dieses Lachen hörte. Wir vermissen sie bitterlich, aber sie hier auf Erden zu verlieren war ein Gewinn für den Himmel.

Wir schicken Dir unsere ganze Liebe,
Malc und Eileen XX

Ich vermisse meine Schwester Angie sehr. Für mich war sie eine beste Freundin, und sie lachte immer – selbst dann noch, als sie schon schwer krank war. Angie lebte für ihre Kinder. Sie waren ihre ganze Welt. Wir trafen uns jede Woche, tranken zusammen Kaffee und tratschten. Tage kommen und gehen, aber Schmerz und Leere bleiben. Angie, ich werde Dich nie vergessen.

Ich habe Dich sehr lieb,
Wendy XX

Unsere Angie war der fröhlichste Mensch, den ich je erlebt habe. Sie lachte sogar noch, als längst nichts mehr lustig war. Wenn unsere Angie da war, konnte niemand traurig sein. Angie mochte keinen Kummer. Ich höre noch immer ihr Lachen, als wäre es gestern gewesen. Unsere Angie wird immer in unseren Herzen bleiben, und wir erinnern uns gern der kostbaren Zeit, die wir mit ihr verbringen durften.

Wir werden Dich immer lieben, Angie.
Jonathan, Joni und die Kinder XXX

Ich kannte Angie, seit sie als kleines Mädchen nebenan wohnte, und durfte miterleben, wie zu einer wunderbaren Frau und Mutter heranreifte. Wer hätte je gedacht, dass wir eines Tages Brüder heiraten würden?

Angie lebte für ihre Familie. Aber das Leben kann grausam sein, und manche Menschen ziehen schlechte Karten, leider war dies bei Angie der Fall. Und doch lebte sie ihr Leben intensiver als die meisten anderen und ging mit dem, was das Leben für sie bereithielt, voller Mut und Würde um.

Angie liebte Kinder und wird auch dank ihrer großen Familie jedermann im Gedächtnis bleiben. Ihre Familie aber wird sich sicher hauptsächlich an ihr ansteckendes Lachen erinnern.

Ruhe in Frieden, Angie.
Lynn und Barry

Für meine Schwester Angie.
Du warst die schönste, aufmerksamste und liebevollste Schwester, die man sich wünschen kann. Und Du warst mutig bis zuletzt. Ich werde Dich nie vergessen. Du bleibst für immer in unseren Herzen. Gern denken wir an unsere herrlichen Urlaube in Rhyl, Flamborough und Benidorm und an den Spaß und das Lachen, die uns dort begleiteten. In Terrys und meinem Herz wird immer ein Stück fehlen – und dieses Stück bist Du, Angie.
Wir lieben Dich für immer
Diane, Terry, Carina und Kane

Als ich gebeten wurde, einige Worte über Angie zu schreiben, war ich sehr stolz und fühlte mich geehrt. Aber einige Worte genügen nicht, um diese besondere Frau zu beschreiben.

Wahrscheinlich hat Angie vielen Menschen eine Menge bedeutet. Ihre wichtigste Rolle aber war die der Ehefrau und Mutter für ihren Mann Ian und die acht Kinder. Immer sprach sie voller Liebe von ihnen, und nur ihre Augen spiegelten die Angst, die sie in Wirklichkeit empfand. Ich selbst habe vier Kinder, aber während der zwei Jahre, in denen ich Angie betreute, habe ich niemanden erlebt, dem seine Familie wichtiger war.

Angie besaß eine seltene Art von Präsenz. Sie musste nicht wütend oder laut werden, um Aufmerksamkeit zu erhalten. Sie musste nur einen Raum betreten und lächeln. Eines Tages, als sie einen Termin gemacht hatten und ich überlegte, worum es ging, kam sie mit Ian herein und setzte sich. Sie sah sehr hübsch und sehr gesund aus. Ich sagte: »Angie, Sie sehen toll aus. Ihr Haar sitzt fantastisch.«

Daraufhin nahm sie die Perücke ab. Ich war zutiefst schockiert und wusste nicht, wie ich reagieren sollte. Als ich sie anschaute, zuckten zuerst ihre Mundwinkel, dann lächelte sie, und schließlich lachte sie laut. Ian und ich mussten ebenfalls lachen. Sie schaffte es, auch ein problematisches und schwieriges Treffen humorvoll zu gestalten. So war Angie. Sie wusste, wie schwer es für Ian war, und versuchte, ihn fröhlich zu stimmen, um ihn zu schützen.

Bei einem Treffen zur Vorbereitung auf den Besuch bei der Onkologin erzählte mir Angie, dass sie in dieser Woche zum letzten Mal mit eigenen Zähnen käme. Ich verstand nicht recht, was sie meinte. Auf meine Rückfrage hin erklärte sie mir, dass man ein neues Medikament an ihr ausprobieren wolle. Weil aber einer ihrer Zähne locker war und man befürchtete, dass ihr Zahnfleisch während der Behandlung nicht heilen könnte, musste sie sich vor Beginn des Tests alle Zähne ziehen lassen. Ich war entsetzt und fragte sie, wie man so viel Mut aufbringen könnte. Leise antwortete sie: »Ich muss alles versuchen, um länger bei meiner Familie bleiben zu können.« Sie lächelte mich an. Ich warf ihrem sichtlich aufgewühlten Ehemann Ian einen Blick zu, aber Angie sagte nur: »Das ist schon okay. Die falschen Zähne sehen perfekt aus. Ich werde lächeln wie ein Filmstar.« Ich konnte diese mutige Frau nur bewundern, die alles hinnahm, was das Schicksal für sie bereithielt. Ihr Mut versetzte mich in Erstaunen und tut es bis heute.

Lynne Handley
Ansprechpartnerin für Patienten

Angie war eine meiner besten Freundinnen.

Wenn ich an Dich denke, erinnere ich mich immer an die schöne Zeit der Wohnmobil-Urlaube im Ressort Golden Sands in Mablethorpe mit meiner Familie.

Und an die Urlaube in Rhyl in Wales mit Deiner Familie.

An den Tag in Blackpool, als wir uns wie Zwillinge anzogen.
Daran, dass wir immer die gleichen Klamotten liebten.
An die hochhackigen Sacha-Schuhe, in denen wir nicht laufen konnten.
An Dein Lächeln.
An Dein unwiderstehliches Lachen.
An den Tag, als Du mir in der Willowgarth High School anvertrautest, wie gut Dir Milly gefiel.
Du hast mich vorgeschickt, ihn zu fragen, ob er sich mit Dir treffen will.
Als er ja sagte, wurde Dein Lächeln noch strahlender.
Auf alle Wände habt ihr geschrieben: ANGIE + MILLY TOGETHER 4EVER
Nie werde ich diese Erinnerungen an eine gute Freundin vergessen. In Liebe,
Angie (Henstock) XX

Für Angie.
An Deine Liebe, Dein Lächeln und Dein Lachen werde ich mich immer erinnern.
Du warst immer sanft,
und doch stark.
Du hast Deine Familie treu und unendlich geliebt. Die kostbare Vergangenheit und die unvergesslichen Erinnerungen werde ich hüten wie einen Schatz.
Angie war ein Geschenk des Himmels. Sie teilte ihre Liebe und ihre Kraft mit jedem, der mit ihr in Kontakt kam.
Ich vermisse Dich, aber Dein Vermächtnis lebt in Deinen Kindern weiter.
Teresa Clark,
Vorschullehrerin, Milefield Primary School

Angie war eine liebevolle und freundliche Frau. Ihre wunderbare Persönlichkeit berührte viele Menschen. Vor allem uns. Ihr Lächeln konnte einen Raum erhellen. Ich weiß noch, wie Angie und Ian zum 80. Geburtstag meines Mannes kamen, obwohl sie gerade erst ihre erste Chemotherapie beendet hatte. Ihr Lachen erfüllte das Haus und steckte uns alle an. Nie jammerte sie über ihre Krankheit, sondern versuchte immer, das Beste aus der ihr verbleibenden Zeit zu machen. Wie schön wäre diese Welt, wenn wir alle so sein könnten wie Angie.

Ruhe in Frieden, Angela. Mit all unserer Liebe,
Bill und Rose Booth

Wir erinnern uns an Angie als besonders nette Nachbarin, die für jeden ein freundliches Wort und ein Lächeln bereithielt, obwohl sie selbst mit großen Problemen zu kämpfen hatte. Ihr Lachen war ansteckend. Sie war ein ganz besonders netter Mensch.

Ihre Nachbarn Ken und Hilda Haigh.

DANKSAGUNGEN

Folgenden Personen möchte ich für die Hilfe bei der Zusammenstellung dieses Buches danken:

Meiner Mitautorin Lynne Barrett-Lee für ihre Fähigkeit, meine Gedanken und Gefühle in Worte zu fassen, meinen Verlegerinnen Carly und Briony sowie dem gesamten Team von Simon & Schuster und meinem Agenten Andrew Lownie.

Darüber hinaus möchte ich mich bei all denen bedanken, die mir selbst, Angie und unseren Kindern mit Liebe und Unterstützung zur Seite gestanden haben.

An erster Stelle stehen hier unsere Familien, die in jeder einzelnen Phase für uns da waren – vor allem mein Bruder Malcolm und seine Frau Eileen. Ebenfalls danken möchte ich Teresa Clark und der gesamten Belegschaft der Milefield Primary School für den Beistand, den sie unseren Kindern gewährte. Lynne Handley, Ihnen danke ich aus tiefstem Herzen für Ihre Unterstützung bei Angies und meinem zweijährigen Kampf gegen den Krebs (Lynne – Sie waren unser Fels in der Brandung!). Auch den Schwestern auf der Chemotherapie-Station des Barnsley District Hospital danke ich (Ihr seid wirklich allesamt wahre Engel!). Zum Schluss aber möchte ich mich ganz besonders bei meiner wunderbaren Frau Angie für die fünfunddreißig herrlichen Jahre bedanken, mit denen sie mein Leben verschönert hat.

In liebevollem Andenken an Angela Rose Millthorpe, meine Eltern Arthur und Daisy Millthorpe, meine Schwiegermutter Winnie Yoxall und meinen lieben Vetter Anthony Booth.

Gott segne Euch alle.